广东星创天地创新实践

苏炜 张熙 刘嘉慧 编著

华南理工大学出版社
·广州·

图书在版编目（CIP）数据

广东星创天地创新实践 / 苏炜，张熙，刘嘉慧编著. —广州：华南理工大学出版社，2024.6
ISBN 978-7-5623-7740-5

Ⅰ.①广… Ⅱ.①苏… ②张… ③刘… Ⅲ.①农业生产–产业发展–广东 Ⅳ.①F327.65

中国国家版本馆 CIP 数据核字（2024）第 107443 号

Guangdong Xingchuangtiandi Chuangxin Shijian

广东星创天地创新实践

苏炜　张熙　刘嘉慧　编著

出 版 人：柯　宁
出版发行：华南理工大学出版社
　　　　　（广州五山华南理工大学17号楼，邮编510640）
　　　　　http://hg.cb.scut.edu.cn　E-mail：scutc13@scut.edu.cn
　　　　　营销部电话：020-87113487　87111648（传真）
责任编辑：付爱萍
责任校对：李　桢
印 刷 者：广州市人杰彩印厂
开　　本：787mm×960mm　1/16　印张：15.75　字数：305千
版　　次：2024年6月第1版　印次：2024年6月第1次印刷
定　　价：68.00元

版权所有　盗版必究　　印装差错　负责调换

前　言

　　党的二十大报告把"全面推进乡村振兴"摆在更加重要的地位，提出要加快建设农业强国，坚持农业农村优先发展，坚持城乡融合发展，强化农业科技和装备支撑，发展新型农业经营主体和社会化服务。这为新时代农业农村领域开展创新创业指明了方向。

　　星创天地是科学技术部（以下简称"科技部"）科技体制改革在农业领域的重要内容之一，是对"星火计划"的传承和发扬，是现代农业版的众创空间，是推动农业农村创新创业的主阵地。2016年7月，科技部印发《发展"星创天地"工作指引》，提出要按照"政府引导、企业运营、市场运作、社会参与"的原则，以农业高新技术产业示范区、农业科技园区、高等学校新农村发展研究院、农业科技型企业为载体，整合科技、人才、信息、金融等资源，面向科技特派员、大学生、返乡农民工、职业农民等创新创业主体，集中打造一批融科技示范、技术集成、成果转化、融资孵化、创新创业、平台服务于一体的星创天地。经过多年实践，星创天地为服务现代农业发展，提升农业竞争力，为广大农民就业、增收、致富开辟了新空间。

　　广东省按照科技部星创天地建设总体部署，加快推进全省星创天地建设，提出了符合本省实际的星创天地建设思路和方案。五年来，广东省组织申报国家星创天地建设项目2批，组织开展省级星创天地备案4批，广泛发动各类涉农园区（基地）、农业类专业镇、农业类孵化器、高校、科研院所、涉农龙头企业、农业专业合作社参与星创天地建设，累计备案196家，覆盖20个地市、77个县（市、区），在强化乡村振兴人才支撑、拓宽农村创业融资渠道、聚集创新创业资源要素、推动农业农村科技创新、巩固脱贫攻坚成果等方面取得了巨大成效。

为便于广大读者了解星创天地的发展历程、发展成效、建设做法和支持政策，帮助科技主管部门和星创天地建设主体掌握和学习星创天地建设经验，完善星创天地的支持政策，进一步发挥它在促进农业农村领域创新创业的作用，我们在进行深入研究的基础上，撰写了《广东星创天地创新实践》一书。本书分为起源篇、实践篇、实证篇、案例篇四部分，分别对星创天地的政策和工作起源、全国建设实践概况、广东实践和评价、支持政策和发展案例做了阐述。

本书是多人研究的结果，文字风格不尽统一，加之经验有限，虽数易其稿，仍有许多不尽如人意之处，欢迎各位读者批评指正。

作者

2023 年 8 月

目 录

起源篇

第一章　星创天地的来源 ·· 3
 第一节　星创天地是对星火计划的继承 ································· 3
  一、星火计划概述 ··· 3
  二、星创天地与星火计划一脉相承 ··································· 3
  三、星创天地是星火精神的升华 ····································· 4
 第二节　星创天地是对众创空间的拓展 ································· 5
  一、众创空间概述 ··· 5
  二、推动专业化众创空间建设 ······································· 5
  三、星创天地是现代农业版众创空间 ································· 6
 第三节　星创天地是对特派员工作的衔接 ······························· 6
  一、科技特派员制度的起源 ··· 6
  二、科技特派员制度的发展历程 ····································· 7
  三、"科特派"是星创天地的中坚力量 ······························· 8
 第四节　星创天地是对乡村振兴战略的支撑 ····························· 9
  一、乡村振兴战略的提出与最新发展 ································· 9
  二、星创天地助力乡村振兴战略 ···································· 10

实践篇

第二章　全国星创天地建设情况 ·· 15
 第一节　全国建设总体概况 ·· 15
  一、建设进展 ·· 15

二、发展运营模式……………………………………………… 15
　　三、建设成效…………………………………………………… 19
　第二节　部分省份星创天地发展情况………………………………… 20
　　一、天津………………………………………………………… 20
　　二、河北………………………………………………………… 21
　　三、江苏………………………………………………………… 21
　　四、福建………………………………………………………… 22
　　五、湖北………………………………………………………… 23
　　六、湖南………………………………………………………… 24
　　七、海南………………………………………………………… 25

第三章　广东省星创天地建设情况……………………………………… 26
　第一节　星创天地工作情况…………………………………………… 26
　　一、总量建设情况……………………………………………… 26
　　二、建设模式与分类…………………………………………… 26
　　三、区域分布情况……………………………………………… 28
　　四、星创天地建设的重要意义………………………………… 29
　第二节　星创天地建设成效…………………………………………… 30
　　一、强化乡村振兴人才支撑…………………………………… 30
　　二、拓宽农村创业融资渠道…………………………………… 30
　　三、聚集创新创业资源要素…………………………………… 31
　　四、推动农业农村科技创新…………………………………… 32
　　五、脱贫带动效应日渐显著…………………………………… 32
　第三节　星创天地孵化运营模式……………………………………… 32
　　一、模式1——全周期链条模式……………………………… 32
　　二、模式2——电商助推模式………………………………… 33
　　三、模式3——园区集聚模式………………………………… 34
　　四、模式4——高校支撑模式………………………………… 34
　　五、模式5——科研院所支撑模式…………………………… 35

实证篇

第四章　广东省星创天地创新能力评价体系…………………………… 39
　第一节　评价背景……………………………………………………… 39
　　一、研究背景…………………………………………………… 39
　　二、调查情况…………………………………………………… 40
　　三、评价总体情况……………………………………………… 40

目录

第二节 创新能力评价体系构建 ··· 41
 一、功能定位 ··· 41
 二、理论基础 ··· 42
 三、设计原则和方法 ··· 45
 四、样本筛选 ··· 48
 五、评价体系 ··· 49
 六、计算方法 ··· 53
第三节 星创天地创新能力分析 ··· 59
 一、星创天地创新能力总体分析 ······································· 60
 二、星创天地创新能力前60名 ·· 63
 三、不同运营主体星创天地创新能力分析 ··························· 71
 四、不同区域星创天地创新能力分析 ································· 74
 五、不同地市星创天地创新能力分析 ································· 78
第四节 星创天地创新环境分析 ··· 88
 一、创新环境整体分析 ··· 88
 二、创新环境二级指标排名分析 ······································· 91
第五节 星创天地创新投入分析 ··· 106
 一、创新投入整体分析 ··· 107
 二、创新投入二级指标排名分析 ······································· 110
第六节 星创天地创新绩效分析 ··· 125
 一、创新绩效整体分析 ··· 125
 二、创新绩效二级指标排名分析 ······································· 129
第七节 星创天地创新潜力分析 ··· 144
 一、创新潜力整体分析 ··· 144
 二、创新潜力二级指标排名分析 ······································· 148

第五章 星创天地的政策支撑 ··· 163
第一节 星创天地的政策要点 ··· 163
 一、"指引"的政策基础 ··· 163
 二、星创天地政策要义 ··· 166
 三、政策创新实践案例 ··· 167
第二节 星创天地政策创新展望 ··· 171
第三节 典型地区星创天地有关具体政策 ·································· 172
 一、河北 ··· 172
 二、辽宁 ··· 175
 三、黑龙江 ·· 177

四、上海 …… 182
　　五、江苏 …… 186
　　六、福建 …… 189
　　七、湖南 …… 198

第六章　星创天地存在的问题及下一步工作建议 …… 208
　第一节　星创天地创新发展的困难和需求 …… 208
　　一、建设规模偏小偏弱 …… 208
　　二、区域发展不够平衡 …… 210
　　三、政策环境仍待完善 …… 211
　　四、科技产出带动不明显 …… 212
　　五、创新创业人才较欠缺 …… 213
　　六、产业融合发展不深入 …… 214
　　七、面临发展用地的困难 …… 215
　第二节　星创天地下一步发展的策略建议 …… 215
　　一、完善政策体系建设，加大支持力度 …… 215
　　二、建设核心技术联合体，聚焦共性问题 …… 216
　　三、整合涉农创新资源，加快融合发展 …… 216
　　四、增强可持续发展能力，强化造血功能 …… 216
　　五、构建人才培养体系，壮大"主力军" …… 217
　　六、加强监测评价体系建设，打造"广东模式" …… 217

案例篇

第七章　广东省星创天地创新实践案例 …… 221
　　一、金颖孵化星创天地（广州市天河区）…… 221
　　二、智慧星创天地（肇庆市广宁县）…… 223
　　三、淘宝田园星创天地［茂名市信宜市（县级）］…… 225
　　四、河源市源城区弘稼农业科技星创天地 …… 226
　　五、兴尚农·韶大·现代农业星创天地（韶关市武江区）…… 228
　　六、梅州市五华县潭丰农星创天地 …… 230
　　七、围屋星创天地（梅州市大埔县）…… 232
　　八、广东万顷园艺世界（佛山市南海区）…… 233
　　九、广东工贸"万讯七子"镇安致富中心星创天地 …… 234

参考文献 …… 237
后记 …… 241

起源篇

第一章 星创天地的来源

第一节 星创天地是对星火计划的继承

一、星火计划概述

星火计划是经中国政府批准实施的第一个依靠科学技术促进农村经济发展的计划,是中国国民经济和科技发展计划的重要组成部分。1985年5月,国家科学技术委员会(下文简称"国家科委")向国务院提交《关于抓一批"短、平、快"科技项目促进地方经济振兴的请示》,该请示因引述谚语"星星之火,可以燎原",故取名为"星火计划",意为科技的星星之火,必将燃遍中国农村大地。1986年初,国务院批准实施这项计划。

星火计划的主要任务是认真贯彻政府关于大力加强农业,促进乡镇企业健康发展的方针,引导农村产业结构调整,增加有效供给,推动科教兴农,积极促进并实际推动农村经济增长方式由粗放型向集约型转变,依靠科技进步提高劳动生产率和经济效益,引导农民改变传统的生产生活方式。其目标在于建设一批以科技为先导的星火技术密集区和区域性支柱产业;推动乡镇企业重点行业的科技进步;推动中国西部地区经济发展,培养农村实用技术和管理人才,提高农村劳动者整体素质。

1986年至2015年,通过政府引导,结合市场机制,星火计划把先进适用技术引向农村,促进当地产业发展,有效推进农村工业化和城镇化进程,走出了一条依靠科技振兴农村经济的成功道路,发扬了"依靠科技、开拓创新、务实奉献、为民报国"的星火精神。

二、星创天地与星火计划一脉相承

与星火计划一样,星创天地的提出也面临着经济、科技体制的改革,以及广大农村对科技需求的不断扩大的压力,两者的建设任务与目标是一脉相承的。

20世纪80年代，我国经济体制由计划经济向市场经济转型，建立了家庭联产承包责任制，乡镇工业发展迅猛，农业经济空前活跃，党和政府提出了"经济建设必须依靠科学技术，科学技术工作必须面向经济建设"的科技发展方针。农业生产的专业化、商品化使农民越来越深切地认识到科学技术的重要性，广大农村普遍产生了对科学的需求和渴望。在此背景下，国家科委提出星火计划，主张抓一批"短、平、快"科技项目来促进地方经济振兴。

随着社会主义市场经济体制建成，特别是"十四五"时期，国民经济发展进入了新常态，但农业现代化仍然是"四化同步"的短板，国家实施创新驱动发展战略，推动建设创新型国家，鼓励和支持大众创业、万众创新，然而农业发展方式落后、科技支撑不足、市场化程度低、市场主体不发达等问题依旧普遍存在，只有走创新驱动发展之路，才能使农业强起来、农民富起来、农村美起来。为此，国家提出建设一批发展现代农业的星创天地，推进农业农村创新创业。

三、星创天地是星火精神的升华

与星火计划相比，星创天地的服务对象由"传统农业和传统农民"变成"现代农业和新型职业农民"，示范推广技术由"短、平、快"的实用技术转变为"高、新、特"的农业高新技术，采取的措施由"科技计划手段"转变为"市场服务手段"，服务理念由"输出一人、致富一家"转变为"一人创业、致富一方"，整体目标由"推进农村工业化进程"转变为"促进农村一二三产业融合发展"。

星创天地进一步升华了星火精神，将开创科技创新创业引领农业、农村持续、快速、健康发展的新天地，建设星创天地的目的在于完善农村科技创新服务体系，孵化壮大农业高新技术企业，培育创新型农业企业家。2016年7月，科学技术部（简称"科技部"）印发《发展"星创天地"工作指引》，提出要按照"政府引导、企业运营、市场运作、社会参与"原则，建设一批以农业高新技术产业示范区、农业科技园区、高等学校新农村发展研究院、农业科技型企业等为载体，整合科技、人才、信息、金融等资源，面向科技特派员、大学生、返乡农民工、职业农民等创新创业主体，集中打造融合科技示范、技术集成、成果转化、融资孵化、创新创业、平台服务为一体的星创天地。文件要求星创天地的建设助力推进农村一二三产业融合发展，让农村科技创业之火形成燎原之势。

第二节 星创天地是对众创空间的拓展

一、众创空间概述

众创空间,即创新型孵化器。"众"是主体,"创"是内容,"空间"是载体。众创空间是顺应创新2.0时代用户创新、开放创新、协同创新、大众创新的趋势,把握全球创客浪潮兴起的机遇,根据互联网及其应用深入发展、知识社会创新2.0环境下的创新创业特点和需求,通过市场化机制、专业化服务和资本化途径构建的低成本、便利化、全要素、开放式的新型创业公共服务平台的统称。发展众创空间要充分发挥社会力量的作用,有效利用国家自主创新示范区、国家高新区、应用创新园区、科技企业孵化器、高校和科研院所的有利条件,着力发挥政策集成效应,实现创新与创业相结合、线上与线下相结合、孵化与投资相结合,为创业者提供良好的工作空间、网络空间、社交空间和资源共享空间。

二、推动专业化众创空间建设

专业化众创空间是聚焦细分产业领域,以推动科技型创新创业、服务于实体经济为宗旨的重要创新创业服务平台,强调服务对象、孵化条件和服务内容的高度专业化,是能够高效配置和集成各类创新要素实现精准孵化,推动龙头骨干企业、中小微企业、科研院所、高校、创客多方协同创新的重要载体。

发展专业化众创空间是促进众创空间向纵深发展,鼓励发展众创、众包、众扶、众筹等新模式,推动形成大众创业、万众创新局面的重要举措,对于促进产业转型升级、优化创新资源配置、激发人才创新创业活力、推动体制机制改革创新具有重要意义。

专业化众创空间重点由龙头骨干企业、科研院所、高校等牵头建设。专业化众创空间的运营者可以是法人或其他社会组织,也可以是依托上述组织成立的相对独立的机构。

专业化众创空间应具备以下基本条件:一是以服务科技型创新创业为宗旨,能够紧密对接实体经济,聚焦明确的产业细分领域;二是具备完善的专业化研究开发和产业化条件,能够提供低成本的开放式办公空间,具有专业化的研发设计、检验检测、模型加工、中试生产等研发、生产设备设施和厂房，并提供符合行业特征专业领域的技术、信息、资本、供应链、市场对接等个性化、定制化服务；三是具有开放式的互联网线上平台，集成或整合企业、科研院所、高校等的创新资源、产业资源以及外部的创新创业等线下资源，实现各种资源的共享和有效利用；四是具有活跃的创新和创业群体，特别是有专业化的创客及创业团队积极参与，形成良好的创新创业生态；五是具有创新导师、创业导师服务能力，由专业人士提供技术创新辅导、创业辅导、创业培训；六是具有创业投资基金或创新基金，或与天使投资、创投机构等合作设立股权投资基金，提供创业领域投融资服务、技术创新金融支持服务；七是专业化众创空间与建设主体之间建立良性互动机制，从而服务于建设主体的转型升级和新业务开发、科技成果转化，并具备完善的运营管理制度，有清晰的可持续的运营机制和管理模式。

三、星创天地是现代农业版众创空间

《发展"星创天地"工作指引》指出，星创天地是发展现代农业的众创空间，是农村"大众创业、万众创新"的有效载体，是新型农业创新创业一站式开放性综合服务平台，工作指引将星创天地纳入了众创空间的政策支持。

星创天地是发展现代农业的众创空间，它满足了农村领域创新创业的需求，能够通过市场化机制、专业化服务和资本化运作方式，利用线下孵化载体和线上网络平台，聚集创新资源和创业要素，促进农村创新创业的低成本、专业化、便利化和信息化。在"双创"政策支持下，星创天地为入驻的创业个人和团队提供办公场地，开展创业相关培训，协调贷款和专利申报等服务，从而吸引更多的高校科研团队、返乡创业者和村社干部加入，有效集聚了人才和资金。

第三节　星创天地是对特派员工作的衔接

一、科技特派员制度的起源

科技特派员制度发端于实践，首创于福建，是习近平总书记在福建工作期间亲自倡导、亲自总结、亲自推广的一项重要的农村工作机制创新，是习近平新时代中国特色社会主义思想形成发展过程中的一项重要改革探索和实践成果。

在1999年的福建南平市，由于农业科技服务提供不到位，农业技术推广

体系未能有效建立,大量科技人员"囤聚"在机关单位,未能将农业科技成果在广大农村推广开来,导致科技成果难以转化为生产力。福建南平市委、市政府为解决新时期存在的"三农"问题,对科级干部交流制度进行了一系列的创新与实践,最终产生了科技特派员制度。

科技特派员制度是推动乡村振兴发展的有力抓手,是促进农业农村现代化的重要举措,是支持和鼓励农民就业创业的引擎。该制度实行"三保留、三优先、三鼓励"原则,即"保留待遇、保留编制、保留职务""优先聘任技术职务、优先提拔任用、优先评定科技成果"和"鼓励建立利益共同体、鼓励参与农村市场流通体系建设、鼓励培训新型农民",大大释放了科技人员的创新创业活力,促进了农业生产水平的提高和农业产业结构的调整。相比原有的农业科技工作单一的国家主导运行机制,科技特派员制度实行国家主导和市场驱动两者并存运行的双重机制,其生命力在于市场机制和强化激励——科技特派员与服务对象"风险共担,利益共享"。

科技特派员的群体包括科技人员、大学生、返乡农民工、退转军人、退休技术人员、农村青年及农村妇女等,与此同时,他们在星创天地中也是创新创业主体之一。目前国家启动了特派员专项行动,截至2015年底,包括林业科技特派员、农村流通科技特派员、农村青年科技特派员、巾帼科技特派员等在内的科技特派员队伍共有84.56万人。特派员分为选派型和自发型两类,分别占55%和45%。

二、科技特派员制度的发展历程

1999年,针对"三农"工作存在的突出问题,南平市提出"高位嫁接、重心下移、夯实农村工作基础"的工作思路,向农村下派科技特派员。

2002年,时任福建省省长的习近平同志到南平市调研。他不但对科技特派员工作给予充分肯定,还在《求是》杂志刊文指出,选派科技特派员是在市场经济条件下对农村工作机制的有益探索。同年10月,在总结福建南平市科技特派员实践经验的基础上,科技部在西部有关省份开展科技特派员试点工作。

2003年4月,时任浙江省委书记的习近平同志在浙江淳安县下姜村调研。为解决村民提出的"缺人才、缺资金、缺技术"问题,他当场拍板,"省里研究一下,给你们村派一个科技特派员来。"习近平同志亲自当起了科技特派员工作的推广员。

2004年12月,科技部、人事部出台《关于开展科技特派员基层创业行动试点工作的若干意见》。

2009年6月,科技部等八部门成立科技特派员农村科技创业行动协调指导小组,出台《关于深入开展科技特派员农村科技创业行动的意见》。

2016年5月,国务院办公厅印发《关于深入推行科技特派员制度的若干意见》。

2019年10月,科技部召开"科技特派员制度推行20周年总结会议",习近平总书记对科技特派员制度推行20周年作出重要指示。

科技特派员制度是依靠科技力量服务"三农"工作的一项创新举措。从福建省南平市的探索实践到国家一项制度安排,从一地开花结果到形成经验在全国多省推广,这项制度以科技人才为主体、以科技成果为纽带,契合了中国推动乡村振兴发展的需求。

三、"科特派"是星创天地的中坚力量

(一)特派员作为服务团队工作人员入驻

科技特派员作为星创天地服务团队的工作人员入驻星创天地,帮助打造农业农村领域的众创空间,搭建"农村科技特派员+星创天地"模式,开展技术服务、技能培训,无偿为农民、企业、合作社等各类创业团队和企业提供一系列配套的科技服务,服务环节从农业特色产业的产前、产中直至产后,服务内容包括对当地青年返乡创业、大学生创业人才培训与创业引导、经营主体规范注册登记、土地流转、种植(养殖)品种选择、品牌建设与提升、种植技术支撑、财务管理、政府项目培育与申报、产业规划、知识产权、产品检测与认证等方面,全方位开展农业创新创业的孵化与培育,做到产销对接,实现全链条覆盖。

(二)特派员作为外聘专家提供技术指导

2016年科技部印发《发展"星创天地"工作指引》,要求各地深入推行科技特派员制度,推动"大众创业、万众创新",动员和鼓励科技特派员、大学生、返乡农民工、职业农民等各类创新创业人才深入农村,走一二三产业融合发展之路。

科技特派员具有丰富的实践经验和理论基础,星创天地聘请了一批特派员,以专家的身份为各个创新创业主体提供专业技术指导和服务,推动解决服务科技企业创新"最后一公里"的问题。特派员带着项目、技术、信息深入农村,与农业合作社、家庭农场、企业结成经济利益共同体,开展技术示范、信息传播和技术培训。他们围绕农业品种选育、栽培技术示范、病虫害防治、农业装备应用、精加工技术、农业科普传播等内容,帮助创业主体解决农业产业发展过程中遇到的各类关键技术问题,推广农业科学技术,促进

科研成果转化，实施创新创业，以技术入股等形式到农村领办、创办经济实体并进行技术指导，培养了一大批本土科技人才，培育了一批观念新、技术强、信息多的农科技术示范户。

（三）联合打造星创天地创新驿站

多年来，政府部门持续开展农村科技特派员对接帮扶工作，不断加强农村科技特派员机制建设，将星创天地打造成农村科技特派员支撑农业农村创新的关键服务站，农村科技特派员队伍得以不断发展壮大。

政府建设农村科技特派员创新驿站，旨在联合各个高等院校、科研机构以及技术合作团队，搭建科技和创业孵化体系之间的桥梁，引导和鼓励一批成功创业者、企业家、天使和创业投资人、专家学者来星创天地任兼职创业导师，组建一支高层次专家团队，建设一个科技研发推广中心，打造一个创业导师全程参与的星创天地，推出一批特色优势农产品品牌，培养一批农业科技人才，探索一套有效运行机制，带动创业技术创新、科技服务和示范水平的提升，降低农村创业门槛，减少创业风险。接纳各类创新创业试验者和探索者，通过举办创业沙龙、创业体验、创业大讲堂、创新大比武、创业训练营、大学生创业实习、高层论坛和企业家峰会等活动，孵化新技术、新产品、新企业，重点招引科技人员、大学生、返乡农民工及其他创业者，开展创意交流，凝练创业项目。

第四节　星创天地是对乡村振兴战略的支撑

一、乡村振兴战略的提出与最新发展

2017年10月，党的十九大报告指出，农业农村农民问题是关系国计民生的根本性问题，必须始终把解决好"三农"问题作为全党工作的重中之重，实施乡村振兴战略。

乡村振兴战略的本质是推进农业农村现代化，农业农村现代化的关键在科技进步，创新是实现乡村振兴的战略支撑。要坚持党管农村工作，坚持农业农村优先发展，坚持农民主体地位，要认真贯彻好科学技术是第一生产力、人才是第一资源、创新是第一驱动力要求，坚持乡村全面振兴，坚持城乡融合发展，坚持人与自然和谐共生，坚持因地制宜、循序渐进，让农业成为资本人才密集、有奔头的产业，让农民成为有吸引力的职业，让农村成为安居乐业的美丽家园。

2020年10月，党的十九届五中全会审议通过的《中共中央关于制定国民经济和社会发展第十四个五年规划和二〇三五年远景目标的建议》，对新发展阶段优先发展农业农村、全面推进乡村振兴作出总体部署，为做好当前和今后一个时期"三农"工作指明了方向。2021年1月，《中共中央 国务院关于全面推进乡村振兴加快农业农村现代化的意见》提出，要实现巩固拓展脱贫攻坚成果同乡村振兴的有效衔接，设立衔接过渡期，持续推进脱贫地区乡村振兴，加快农业现代化，构建现代乡村产业体系，推进农业绿色发展，推进现代农业经营体系建设，大力实施乡村建设行动。

二、星创天地助力乡村振兴战略

星创天地的建设聚焦培育新型职业农民，助力打赢精准脱贫攻坚战。

（一）培育新业态新动能，促进乡村振兴产业兴旺

新时代农业的主要矛盾由总量不足转变为结构性矛盾，突出表现为阶段性供过于求和供给不足并存，推进农业供给侧结构性改革是今后一段时期农业发展的重要任务。

星创天地将科技、信息、资金、管理、市场等生产要素集聚后有效导入农村，降低了农村创业难度，拓宽了创业领域，优化了农村创新创业环境，解决了农村创业"周期长、风险大、利润低"的问题，在孵化农业新业态、新模式方面作用显著，有助于激发农业农村创新创业活力，提高农业创新供给质量和产业竞争力，推进农村一二三产业融合发展，大力开发农业多种功能，延长产业链、提升价值链、完善利益链。

（二）孵化创新创业主体，强化乡村振兴人才支撑

实施乡村振兴战略，必须破解人才瓶颈制约，亿万职业农民的培养，是乡村振兴必须要破解的人才难题。

星创天地通过创新创业事业吸引人，吸引科技人才、专业技能人才、高校毕业生等下乡和返乡创新创业；通过服务聚集人，建设全面完善的服务体系，为创业团队和企业提供全方位全覆盖的服务，吸引带动高素质、各类型、多层次人才向农村集聚，开展创业；通过孵化培育人，开展系列创新创业培训课程，培养职业农民，培育高质量的创新创业主体。

（三）构建双创服务平台，深化乡村振兴制度创新

长期以来，农村创新创业难与创业孵化基地的数量不足息息相关，国家出台了建设双创孵化基地的系列相关政策，对建设双创孵化基地的扶持力度很大，但这些政策大多面向城市，其主要服务对象是初创期的公司和大学生

创业者，很少有面向农村、符合农业创新创业需求的孵化基地专门为农村创客提供支持和服务，而星创天地恰好就是补齐这块短板的一个平台。

《发展"星创天地"工作指引》提出，按照"政府引导、企业运营、市场运作、社会参与"原则，整合科技、人才、信息、金融等资源，集中打造融合科技示范、技术集成、成果转化、融资孵化、创新创业、平台服务为一体的星创天地。工作指引强调了星创天地作为一个创新创业服务平台的作用。

实施乡村振兴战略，必须把制度建设贯穿其中，要以完善产权制度和要素市场化配置为重点，激活主体、激活要素、激活市场，着力增强改革的系统性、整体性、协同性。星创天地从本质上探索服务现代农业发展的有效机制和模式，通过市场化机制、专业化服务和资本化运作，它能够有效利用线下孵化载体和线上服务平台，加快创新资源和创业要素集聚，推动解决农业科技成果转化"最后一公里"的问题。

（四）助力脱贫攻坚农民增收，实现乡村振兴生活富裕

乡村振兴，生活富裕是根本。星创天地支撑农业科技立体化服务体系，为巩固拓展脱贫攻坚成果注入了源源不断的科技动能，其建设有助于广泛开展农产品产销对接活动，深化拓展消费帮扶，带动社会就业，实现农民增收，在乡村振兴中起到重要的支撑作用。

星创天地是科技部科技计划体制改革农业领域的重要内容之一，是针对未来农业科技发展打造的新型农业创新创业"一站式"开放性综合服务平台。星创天地以农业科技园区、科技特派员创业基地、科技型企业、农民专业合作社等为载体，通过吸纳返乡农民工、大学生、农业致富带头人创新创业，利用线下孵化载体和线上网络平台，聚集创新资源和创业要素，促进农业科技成果转化与产业化。

农业创新创业平台的建设是当前乡村振兴战略的重要抓手，星创天地是其中的重要载体。它传承着星火精神，以"星火燎原、创新创业、科技顶天、服务立地"为发展宗旨，以实施乡村振兴战略为指引，助力科技特派员工作实施，打造现代农业版的众创空间。

实践篇

第二章 全国星创天地建设情况

第一节 全国建设总体概况

一、建设进展

星创天地是对星火计划的传承和发扬，是现代农业版的众创空间，是推动农业农村创新创业的主阵地，是以农业高新技术产业示范区、农业科技园区、高等院校新农村发展研究院、农业科技型企业等为载体，整合科技、人才、信息、金融等资源，面向科技特派员、大学生、返乡农民工、职业农民等创新创业主体，集中打造融合科技示范、技术集成、成果转化、融资孵化、创新创业、平台服务为一体的综合平台。

据统计，经过多年的建设，科技部备案的国家级星创天地有1824家。2016年，第一批有638家国家级星创天地备案；2017年，第二批有568家国家级星创天地备案；2018年，第三批有618家国家级星创天地备案。经过三批备案，1824家国家级星创天地已实现省级全覆盖，各地还建立了一大批省市级星创天地，并形成了不同规模、各具特色的星创联盟。当前，我国星创天地建设已经形成创业主体大众化、孵化对象多元化、创业服务专业化、组织体系网络化、建设运营市场化的农业众创体系。

二、发展运营模式

目前，星创天地按照依托主体大致可分为以下五种建设模式：园区集聚建设模式、科研机构建设模式、院校支撑建设模式、龙头企业建设模式、农业专业合作社建设模式。按照运营主体的性质和功能，星创天地分别形成了以下几种发展模式：以农业龙头企业和产业科技园区为主的创业孵化运营模式，以科研机构和高等院校为主的科技成果转化运营模式以及以农业专业合作社和事业单位为主的带动帮扶运营模式。

（一）创业孵化运营模式

以龙头企业和科技园区为主的创业孵化运营模式，推动了农业农村创新创业，促进了农业创新和竞争力的提高，加快了农业科技成果转化和推广，提升了农业发展质量，为乡村振兴战略的实施提供了科技驱动。农业科技园区的发展定位与星创天地的建设原则、功能定位极为贴近，而龙头企业是星创天地建设的主力军，他们一般拥有比较雄厚的资金、技术、土地等硬件条件，适合规模化经营，同时由于市场经验比较丰富，具有较强的市场敏感性，能更好地把握产业发展的方向，可以为创新创业主体（创客）提供直接接触市场的机会，更好地提升创新创业主体的运营能力。

2018年，国家级星创天地所孵化的创业团队和企业共授权发明专利1284件、实用新型3064件、外观设计888件、软件著作权1048件、植物新品种301个，获得商标4592个，同时获得1501个省级以上奖励；孵化的创业团队和企业共拥有研发人员25 199人，平均每个星创天地拥有15.62人，研发投入21.44亿元，平均每个星创天地研发投入132.9万元。

案例2-1　智慧蛋鸡星创天地[①]

智慧蛋鸡星创天地位于北京市平谷区峪口镇，其运营主体为北京华都峪口禽业有限责任公司（下文简称"峪口禽业"），是全球第一大蛋鸡制种公司和中国蛋鸡第一品牌，也是世界三大蛋鸡育种公司之一，注册资本1.3亿元。公司先后在北京、山东等地建立了14个创业平台，提供创业岗位1200个，在实现创业人员创业致富的同时，推动蛋鸡产业健康可持续发展，2018年实现收入6.3亿元。智慧蛋鸡星创天地利用峪口禽业全产业链的相关资源，通过"产业+互联网"的方式孵化有关创业型企业和团队，将其发展成为流动蛋鸡超市创业型企业，再通过线上线下一体化的方式对接服务创新型养殖场和养殖户。

按照新型农业经营主体分类，星创天地孵化的创业型企业和团队可以分为家庭农场、专业合作社、农业龙头企业三类。智慧蛋鸡星创天地在全国共培育了4000余户家庭农场，以在各地建立的流动蛋鸡超市为辐射点，星创天地将超市周边的4000余户养殖户组织起来，实现农资产品送货上门、技术服务配送到场，农民足不出户、快快乐乐养好鸡；智慧蛋鸡星创天地培育了1家养殖专业合作社，并与这家合作社共同投资建设养殖基地，由峪口禽业全面负责生产经营管理，合作社不参与经营决策。目前智慧蛋鸡星创天地成功

---

① 资料来源：北京华都峪口禽业有限责任公司调研资料。

培育出大名县小优鸡种养农民专业合作社，还培育了14家农业产业化龙头企业。其中，峪口禽业入资5家蛋种鸡企业，向企业派驻管理、技术团队，全程参与生产管理，助其发展成为有一定规模实力和较大行业影响力的农业产业化龙头企业。峪口禽业还通过派驻优秀经营管理团队的方式，帮助9家企业建立科学的生产管理体系，使其成为养殖行业的标杆企业。

案例2-2　武汉花卉博览园星创天地[①]

武汉花卉博览园星创天地（以下简称"武汉花卉博览园"）是服务于花卉苗木产业的一站式开放综合大型服务平台，面向花卉苗木种植及销售等相关从业者、花卉苗木科研人员、大学生、返乡农民工等创业主体，集花卉苗木产业科技示范、技术推广、科普服务、旅游观赏为一体，打造低成本、专业化、社会化、便捷化的农村科技创业服务平台，从而推进一二三产业融合发展。

在专业服务方面，截至2019年，武汉花卉博览园举办专业创业活动20余场，为入驻商户提供工商登记注册、花卉苗木专业培训、创业培训、市场营销培训、企业融资贷款服务、产品批发采购服务等全套服务。在产业带动方面，武汉花卉博览园联合《中国花卉报》、湖北省林业厅、江夏区人民政府联合举办了第十四、十五届苗木交易会，以及武汉市迎春花市、春季花卉批发采购节、秋季花卉批发采购节等活动。在专项补贴方面，通过运费补贴、批发补贴、采购补贴、现金奖励、奖品奖励等形式促进武汉花卉博览园商户花卉苗木的销售，补贴金额近200万元。实行合伙人制度，武汉花卉博览园优选有新产品和新技术的企业定向培养，以租金入股和直投的模式与企业形成合伙人关系，从而打破传统交易市场单一的租金模式，使得武汉花卉博览园和优质企业形成交互式合作发展关系。

（二）科技成果转化运营模式

科技成果转化运营模式以科研机构和高等院校为主。高等院校、科研院所通过与企业产学研合作，联合科技攻关和培养人才，建立技术开发平台、教学实践基地，设立专项合作基金，集聚了科技、信息、资金、管理等现代生产要素，有效地促进了星创天地建设所需资源的整合，助力农村创新创业，降低创业成本。同时高等院校、科研院所、高职院校作为人才集聚地，可以发挥自身的教育和人才优势，构筑创新创业导师辅导机制，通过创业导师对创客人员（返乡农民工、大学毕业生、军转退人员等）开展不同层次的技术

[①]　资料来源：第三届全国星创天地建设培训班资料。

服务、技能培训,以创业形式推动科技成果转移转化,培训培育各类服务农业农村的创新创业新型主体,为"大众创业、万众创新"注入新动能。

据统计,2018年,1613家(监测有效填报)国家级星创天地,为10 758个创业团队和企业的63 146人提供指导和服务;共开展创新创业活动10 326次,参与人数85万人;组建了19 211人的创业服务团队,拥有创业导师12 525人;1982个创业团队成功转化为创业企业,390家企业被成功孵化,782家企业成为科技型企业;享受地方星创天地支持政策1226项。

案例2-3　沈阳农业大学星创天地[①]

沈阳农业大学"三农"创梦空间星创天地(以下简称"沈阳农大")充分发挥了沈阳农业大学科研基地、农业科技示范园和农业科技特派团等空间载体的作用,开展了具有地方农村特色的产业扶持、科技扶贫、农村电商建设以及返乡人员技术技能培训工作,孵化出"农业采摘机器人""辽宁空牛科技有限公司""神农植物医院""沈阳颜莓相成农业有限公司"等优秀科技型企业40余家。

通过科研项目成果转化,沈阳农大开设农产品、工产品、文创产品、电商产品四大平台,目前已有48个项目入驻,其中18个项目在工商局正式注册,均为创新型、科技型企业。沈阳农大还通过举办创新创业教育类训练营、培训会、沙龙、竞赛、路演等活动,把创新创业融入应用创新型人才培养体系,贯穿人才培养全过程。

(三)带动帮扶运营模式

以农业专业合作社和事业单位为主的带动帮扶运营模式,聚焦创业培育孵化和创业集成示范,在现阶段的乡村振兴工作中起到重要的支撑作用。2018年,星创天地发展带动46万人就业,实现农民增收152.17亿元,带动28.85万户人口脱贫,平均每个星创天地带动脱贫178.87户,同比增加45%,扶贫带动作用明显。同时,星创天地帮助农村优质企业吸引社会资本,加快了资金的汇聚速度,拓宽了企业投融资渠道。这一年,1613家国家级星创天地举办各类投融资洽谈活动共计2638次,平均每个星创天地举办投融资洽谈活动1.64次;3358个创业团队和企业获得投融资,平均每个星创天地中有2.08个创业团队和企业获得了投融资。[②]

---

① 参见第三届全国星创天地建设培训班资料。
② 参见第三届全国星创天地建设培训班资料。

案例2-4 田野上星创天地①

田野上星创天地位于宜昌市夷陵区,运营主体湖北田野上电子商务有限公司是一家集软件开发、平台建设、广告发布、农业农村领域人才孵化和农村电子商务运营于一体的互联网科技企业。田野上星创天地依托"田野上村部落"平台,除了为创客提供丰富的信息资源,还提供了信息发布、互动交流、宣传推广的应用工具。

田野上星创天地是典型的"平台+贫困村+科特派+创客"扶贫带动服务模式,年均实地服务企业100余家,培训500人次,深度服务于湖北省宜昌市夷陵区20个贫困村和408个贫困户,累计带动建档立卡贫困户脱贫278户,实现新增就业270人,带动农户增收240余万元。

三、建设成效

(一)为乡村人才振兴提供有力支撑

星创天地作为聚集人才的有效手段,将科技特派员、大学生等科技人才有效引入农村,将农民工吸引回农村,培养出的新型职业农民开始扎根于农村;举办的星创天地交流会、培训班等活动为学员们提供了关于国家创新创业政策、星创天地运营、企业管理、融资等方面的培训;星创天地还结合创新人才推进计划工作,每年推荐一批星创天地创业负责人参加创新创业人才评选。在三批次国家级星创天地中,共有16名星创天地负责人入选科技创业领军人才名单。《星创天地创新能力评价报告(2019)》统计数据显示,2018年,1824家国家级星创天地累计开展创业教育培训1.05万余次、培训创业人才85.6万人次。

(二)搭建创业平台集聚资源要素

星创天地通过市场化机制、专业化服务和资本化运作方式,利用线上网络平台和线下示范基地,聚集创新资源和创业要素,拓宽融资渠道,促进了农村创新创业的低成本、专业化、便利化和信息化。数据显示,2018年,1824家国家级星创天地共集聚创业导师12 550人,形成了18 438人的创业服务团队,新增创业团队和创业企业3757家,在孵创业团队和创业企业10 781家。"星创智汇营"活动搭建了星创天地与金融资本对接的桥梁,加强了投资机构对农业高新技术产业的关注和投入。1824家国家级星创天地累计举办

---

① 参见湖北田野上电子商务有限公司资料及第三届全国星创天地建设培训班资料。

投融资洽谈活动2462场，获得投融资的创业团队和企业2607个，平均获得投融资数量较2017年增长4%，较2016年增长40%，金融服务效果逐年提升。星创天地中创业团队和企业获得的社会投资金额达97.6亿元。

（三）培育农村创新动能

星创天地激发了各创新创业主体的创新创业热情。星创天地对入驻企业进行孵化和培育，各地新增一大批农村农业企业，为广大农村创造了新的经济增长点，为推进农业供给侧结构性改革注入了强大的动力。同时，星创天地创新能力监测与评价体系也在不断优化和调整，将进一步引导各星创天地加强科技创新。据统计，2018年，1824家国家级星创天地累计培育科技型企业782个，投入研发资金21.4亿元，在孵创业团队和企业获得各种科技奖励1500余项。

（四）促进产业进一步融合发展

星创天地聚焦农产品品牌建设，实现了农业优势产业集群发展，加快了支撑农业产业结构调整升级，加速了一二三产业融合，促进了农村农业现代化建设。为形成多产业融合、多经营主体培育的星创天地发展格局，全国星创天地包含农业龙头企业（占比66.5%）、科技中介服务机构（占比9.5%）、农业院校和科研机构（占比8.8%）、孵化器（占比8.7%）、农业科技园区（占比6.5%）等多种运营主体。

（五）实现科技扶贫、精准扶贫

星创天地创业式扶贫逐步改变了农村产业经济结构，不断调整农民经济收入来源，有效促进了农民持续增收，增强了基层造血功能，积蓄了乡村振兴后劲。在1824家国家级星创天地中，有326家运营主体位于国家级贫困县，占比约17.9%，覆盖率达到22.7%。统计数据显示，1824家国家级星创天地累计帮扶近29万贫困户摆脱贫困。

第二节　部分省份星创天地发展情况

一、天津[①]

据天津市科技局2021年"新闻动态"发布的消息，2020年，天津市全

[①] 参见天津市科技局2021年"新闻动态"资料。

社会研发投入强度达到3.28%，居全国第三；综合科技创新水平指数保持全国前列；技术合同年成交额达1113亿元，获得国家科学技术奖78项；每万人发明专利拥有量达到24.03件，较上一年度增长近1倍。全市市级以上科技企业孵化器80家，其中国家级36家，在孵企业3900家；市级以上众创空间208家，其中国家级备案众创空间88家，专业化众创空间6家，名列全国第三，在孵企业和团队5800个；产业技术研究院20家，衍生和孵化企业达到420家。全市新增国家杰出青年获得者63人累计138人，新增市级杰出青年120人。新遴选市级"创新人才推进计划"人才669人累计910人，入选国家"创新人才推进计划"人才总数达到136人。培育新型企业家531人累计965人。

二、河北[①]

据河北省科学技术厅2021年1月"新闻中心"发布的消息，自2016年河北省开展星创天地建设工作以来，不断加大星创天地培育力度，星创天地建设快速推进，总体规模不断壮大。河北省科技厅2020年创新能力监测评价数据显示，河北省共有五批次省级以上星创天地655家，涵盖了种植业、养殖业、林木育种育苗、农产品加工等省重点优势农业领域，拥有创业导师3179人，创业服务人员1.1万人，创业团队和创业企业人数超过4万人，投入研发经费4.8亿元；举办创新创业活动6036场，累计建设服务平台数量3951个；河北省星创天地举办投融资洽谈活动1489次，获得投融资的创业团队和创业企业655个，获得投融资总额共计11.1亿元；星创天地成功孵化创业企业807个，创业团队和创业企业获得市级以上科技奖励255项；创业团队和创业企业收入共计49亿元，星创天地服务收入45亿元。

三、江苏

2016年7月，江苏省组织召开全省科技部门工作会议，第一时间解读《发展"星创天地"工作指引》的相关要求，部署了申报工作安排。当年全省申报星创天地117家，经专家评审，向科技部推荐备案77家，获批64家，首批备案数量位居全国第一。省级备案星创天地210家，国家级备案的星创天地108家，覆盖全省80%的涉农县（市、区）。据不完全统计，2020年江苏省国家级星创天地共建设线上平台204个，线下平台420个，培育创业服

---

① 河北新闻网：《河北省省级以上星创天地达655家，驱动农村创新创业》，2021年1月7日。

务团队、创业企业619个，开展培训672场，培训近10万人次，带动就业16 115人。①

江苏省积极建设新型农业社会化科技服务体系，服务体系包括星创天地、农业成果交易市场、新农村发展研究院、科技特派员、农业科技型企业、农业科技园区、农村科技服务超市7个部分。其中，星创天地优化集成农业社会化科技服务力量和科技服务成果资源，是带动和引领新农村建设与发展的主要抓手。它有利于建立完善社会资源参与创新创业服务的环境，发挥市场在服务体系资源配置中的决定性作用，最终推动资源高度集聚、运行机制新颖、创新创业成效显著的新型农业社会化科技服务体系的形成。

经过多年的努力，江苏省建设了一批高效农业星创天地、全产业链星创天地及农业新业态星创天地。

高效农业星创天地聚焦特色产业求发展，通过强化产业创新链，加强农业科技创新成果高质量供给，不断提升特色产业的科技含量，推动产业转型升级。常州市"新农人"星创天地围绕现代高效农业，引进农业种养殖新技术，开展特色农业精深加工和农产品电商服务，提供高端实验仪器、创业指导和金融支持等服务，成功孵化了狄尔肯生物科技等企业。

全产业链星创天地针对农业特色产业产前、产中、产后不同时期的特点和需求，强化产业链共性技术集成创新与成果转化，延伸加粗产业链，通过星创天地建设，不断孵化中小微企业。宿城市泥鳅产业链星创天地已初步形成覆盖泥鳅繁育、养殖、加工、销售、旅游等产业的完整产业链，通过"企业+养殖户+科技特派员"模式为企业和创客提供产业链全程技术配套服务，已成功培育企业4家、创客5名。

农业新业态星创天地立足农业多种功能的拓展，促进农业生产与休闲观光融合，突出农产品加工业的发展，培育农村农业新的经济增长点，推动产城融合发展。扬州市黄龙岘星创天地是一站式开放性综合服务平台，重点发展休闲农业、观光农业，为创业农民提供简化审批程序、解读资金政策、配备互联网技术人才等服务，举办各类创新创业活动60场次，已成功培育新型经营主体15个、创客3名。

四、福建

2020年，福建省建成省级以上星创天地102家，其中备案国家级星创天

---

① 据第三届全国星创天地建设培训班江苏省的资料以及江苏省人民政府"江苏双创"门户网站数据。

地49家。国家高新技术企业新增1400家,全省入库省级高新技术企业3700余家。省级新型研发机构156家。培育科技"小巨人"企业2816家、国家科技型中小企业3292家。2020年,新增省级以上技术转移机构26家,全省共登记技术合同10 943项,成交额183.9亿元,同比分别增长24.55%、25.98%;吸纳技术11 886项,成交额513.72亿元,同比分别增长22.3%、22.27%。新增国家级众创空间23家,国家级科技企业孵化器3家。全省获国家新认定省部共建国家重点实验室3个,数量居全国第二。全省引进重大研发机构22个,资助经费1.78亿元。拥有国家级重点实验室10个、工程技术研究中心7家、引才引智示范基地1个、高校国际示范学院1个、高校学科创新引智基地12个、省级重点实验室235个、工程技术研究中心527家、产业技术研究院36家。全省科技企业孵化器备案178家,各类众创空间500多家,其中国家级科技企业孵化器21家、国家备案众创空间77家、国家专业化众创空间4家。坚持和深化新时代科技特派员制度,全省已累计选派科技特派员2.5万多人次。[①]

五、湖北

2020年,湖北省省级星创天地新增备案80家,分布范围覆盖16个地市州、71个县市区,累计拥有国家级星创天地59家、省级星创天地255家、市级星创天地421家。全省各级星创天地面对新冠疫情和洪灾不利因素,集聚科技要素,决战决胜脱贫攻坚。各星创天地运营主体不断提升农业科技成果转化能力,持续发挥农业科技创新创业综合服务平台优势,为乡村振兴提供重要的科技支撑。[②] 为加强星创天地的建设管理,2021年,湖北出台《湖北省星创天地备案管理办法(试行)》,通过绩效评价,评估星创天地运营情况,以此作为培育星创天地的依据。

为乡村振兴注入新动能,星创天地大有可为。2017—2021年,湖北省持续打造一批高质量星创天地,为科技特派员、大学生、返乡农民工、新型职业农民和退伍军人等创新创业主体提供了全链条服务平台,有力支撑县域"双创"扶贫工作的开展,不断提升农村和县域经济的活跃程度。

星创天地汇聚创新创业资源,呵护农业农村科技创客茁壮成长,湖北省涌现出一批县域科技创新典型。襄阳葛百岁特色产业星创天地依靠"葛"技

---

① 据第三届全国星创天地建设培训班福建省的资料以及福建省科学技术厅的新闻报道。

② 据第三届全国星创天地建设培训班湖北省的资料。

术，吸纳农村创客和返乡下乡创业者，发展绿色生态、休闲养生产业，创业团队及企业人数达 420 人，实现收入超 2 亿元；大冶灵祥食品星创天地由返乡创业的大学生和大学生村官发起创立，围绕涉农电商与培训、技术推广、产业扶贫和大学生返乡创业创新等主题模块，从事种植，加工，土鸡、黑土猪养殖扶贫，物流，联营销售及线上销售培训，带动农户增收效果明显。

六、湖南

2016 年，湖南省启动了星创天地试点建设工作，根据省科技厅印发的《湖南省促进星创天地发展与管理办法（试行）》进行谋篇布局，通过中央引导地方科技发展专项、创新平台建设、技术创新引导专项等统筹方式，先后投入 2650 万元，重点围绕培育农村新业态新动能，增强农业产业竞争力，带动农民增收致富，服务农村创新创业的总体要求，推进星创天地建设工作。同时，该工作得到了各地市州、县市区、院校、企业、园区的大力支持，使得项目得以稳步推进。

星创天地实现全省覆盖。2021 年湖南省共有省级以上星创天地 197 家，其中国家级星创天地 75 家（位居全国第 7，中部第 2），覆盖全省 14 个市州，96 个县市区，市州数量最多的分别是邵阳市、常德市、衡阳市。星创天地建设不再以长株潭核心区域发展为主，而是以市州县创新内生动力为支持重点，政策、资金等向湘南地区、大湘西地区倾斜，推动星创天地实现市（州）、县、乡全覆盖，激发农业农村创新创业活力，打通科技创新"最后一公里"，兼顾了区域同步发展，落实了湖南省委、省政府关于支持区域经济发展的方针。2017—2018 年，星创天地支持长株潭地区的省级星创天地有 30 家，占比 20.1%；大湘西地区的省级星创天地有 56 家，占比 37.6%。星创天地的建设不仅为湖南省四大区域同步发展提供了助力，也加快了大湘西地区的农业产业经济发展步伐。[①]

打造星创天地建设"湖南模式"。湖南围绕"农业发展实现农民增收"这一目标，坚持"政府引导、市场主导"和"企业主体、社会参与"两个原则，实现"三农结合""三产融合""三创联合"三三联动，加强产业链、创新链、人才链、服务链四链协同，推进平台、项目、人才、基地、基金五位建设，因地制宜，统筹规划，循序推进各个星创天地由低级逐步向高级发展，通过政策机制、联动机制、考核机制、服务机制对过程进行管理。

---

① 据第三届全国星创天地建设培训班湖南省的资料以及湖南省科学技术厅门户网站数据。

七、海南

截至 2020 年 5 月,海南省从各科研院所、大中专院校、农业科技推广机构、涉农科技企业等单位选派科技人员 342 人到中西部(三区)11 个市县开展农业科技服务工作,其中 110 人在 11 个市县的乡镇挂职任科技副乡镇长,232 人组建省级农业科技扶贫专家服务团,与中西部(三区)11 市县的贫困村开展结对帮扶科技援助工作。与此同时,有关部门还指导全省 18 个市县科技管理部门按每个市县不少于 30 人、每个乡镇不少于 5 人的标准组建市县和乡镇两级农业扶贫专家服务团,推进科技特派员贫困村全覆盖工作,实现 809 名科技特派员对全省 600 个贫困村的科技服务全覆盖。[①]

海南省科技厅投入省级财政科技计划资金,支持龙头农业科技企业、科研院所等在市县农村地区建设了海口"永兴电商扶贫中心星创天地"、白沙"木棉花开星创天地"、琼海"农创汇"等 7 家省级星创天地,海南农馨南药科技产业园星创天地、陵水润达热带特色农业星创空间等 13 家单位备案国家级星创天地。"琼中白马岭生态产业科技集成示范园""乐东香蕉农业科技集成示范园"等 28 个农业科技园被认定为省农业科技集成示范园。

[①] 人民网:《海南省科技厅以推进科技特派员为主抓手 大力推进科技扶贫工作》,2020-06-11。

第三章　广东省星创天地建设情况

第一节　星创天地工作情况

一、总量建设情况

自2016年开始备案工作以来，广东省星创天地规模持续扩大。第一、第二、第三批备案的省级星创天地分别为39家、47家和43家。截至2020年12月，全省共有星创天地196家，其中国家级62家、省级134家。具体情况如下：

2016年7月，广东省推荐26个项目至国家进行备案，经过评审，共有20家星创天地通过科技部第一批备案。

2017年3—5月，组织第一批广东省星创天地备案工作，经登记备案后予以公布，共59家（含国家级20家）星创天地通过备案，获授牌匾。

2017年6月，组织第二批星创天地推荐备案工作，推荐了29个项目至国家进行备案，经过评审，广东省共有20家星创天地通过科技部第二批备案。

2018年4—9月，组织第二批广东省星创天地备案工作，对符合条件的，经登记备案后予以公布，共47家星创天地通过备案。

2018年9月，遴选30家星创天地推荐国家备案，经过评审，广东省共有23家星创天地通过科技部第三批备案。

2019年7—10月，组织第三批广东省星创天地备案工作，经登记备案后予以公布，共43家星创天地通过备案。

2020年12月，组织第四批广东省星创天地备案工作，共49家星创天地通过备案。

二、建设模式与分类

经过多年的建设，广东省星创天地基本形成了创业主体大众化、孵化对象多元化、创业服务专业化、组织体系网络化、建设运营市场化的农业众创体系。与此同时，广东还依托农业孵化育成的建设优势，支撑打造了一批特色明显的高水平众创空间、科技企业孵化器和科技企业加速器。

（一）龙头企业建设成为主要模式

从运营主体的性质来看，目前广东省星创天地主要依托龙头企业、专业合作社、科研院所、高等院校、其他公益事业单位、民办非企业、其他社会团体开展建设。其中龙头企业、专业合作社、科研院所、高等院校四种模式分别有 153 家、14 家、11 家、10 家。

（二）各建设模式特色鲜明

以龙头企业为主的星创天地创业孵化模式，是广东省星创天地的主要运营模式，占比达 78.1%。这种模式有利于发挥优势产业领域企业市场优势，联结各地科技园区，大力推动农业农村创新创业，提高企业农业创新力和竞争力，加快农业科技成果转化和推广。以科研院所和高等院校为主的星创天地创业孵化模式，占比 10.7%。该模式通过将科技、信息、资金、管理等现代生产要素向农村创新创业集聚，降低了创业成本，加快了人才集聚和培育，为"大众创业、万众创新"注入了新动能。以农业专业合作社和事业单位为主的建设模式，在现阶段能更多地关注扶贫、带动就业，全省 20 家星创天地聚焦创业培育孵化和创业集成示范，带动就业，实现农民增收，加快社会资本向农村优质企业汇聚，在脱贫攻坚工作中起到了重要的支撑作用。

（三）支撑一批高水平孵化育成平台

广东省星创天地通过市场化机制、专业化服务和资本化运作，利用线下孵化载体和线上服务平台，加快了创新资源和创业要素集聚，在促进农业创新创业大步迈向低成本、专业化、便利化和信息化的同时，也支撑建成了一大批市级、省级、国家级众创空间，建成了一批市级、省级及以上科技企业孵化器，打造了几个科技企业加速器。如表 3-1 所示，截至 2020 年 12 月，广东省星创天地拥有 16 家市级众创空间、36 家省级众创空间、15 家国家级众创空间、13 家市级科技企业孵化器、15 家省级及以上科技企业孵化器等孵化育成载体基础，建成 6 家市级科技企业加速器（位于广州市、河源市、汕尾市，含虚拟加速器），以及 6 家省级及以上科技企业加速器（位于河源、梅州，含虚拟加速器）。

表3-1 广东各地区星创天地孵化育成载体基础情况

(单位：家)

序号	地区	众创空间	科技企业孵化器	序号	地区	众创空间	科技企业孵化器
1	广州	1（市）3（省）1（国）	2（市）	10	东莞	—	—
2	珠海	1（国）	—	11	中山	1（国）	—
3	汕头	2（省）		12	江门	1（市）1（省）	1（省）
4	佛山	1（省）	2（省）	13	阳江	1（市）1（国）	1（市）
5	韶关	1（市）2（省）	1（省）	14	湛江	2（省）	3（市）
6	河源	3（市）8（省）2（国）	1（市）3（省）	15	茂名	1（市）1（省）1（国）	1（市）
7	梅州	2（市）8（省）5（国）	3（省）	16	肇庆	1（省）	3（市）
8	惠州	2（省）	—	17	清远	3（市）1（省）	2（省）
9	汕尾	1（省）	—	18	云浮	1（市）5（省）2（国）	1（市）

（四）农业产业园区建设情况

在农业科技园区分布上，广东全省拥有9家国家级、29家省级星创天地，其中梅州市省级园区星创天地最多，有6家；在核心区、示范区分布有28家。在现代农业产业园分布上，广东有国家级7家、省级48家，其中河源市省级园区星创天地最多，有10家；在核心区分布有43家。

三、区域分布情况

广东省星创天地的分布与农业大市较为一致，粤北山区成为比较集中的区域。从已完成备案的第一、第二、第三批国家级星创天地的数量来看，珠三角核心区、粤东和粤西地区（沿海经济带）、粤北地区分别有22家、17家、23家，占比分别为35.5%、27.4%、37.1%；从累计完成备案的国家级和省级的数量来看，珠三角核心区、粤东和粤西地区（沿海经济带）、粤北地区分别有69家、43家、84家，占比分别为35.2%、16.3%、48.5%（见图3-1）。

从各地区备案情况看，位于珠三角核心区的广州、粤北的河源以及梅州这三个地区的星创天地的数量较多。如表3-2所示，在总数量上，河源、广

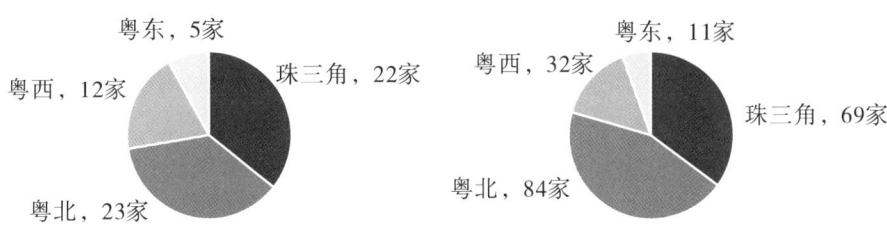

a. 国家级星创天地备案数量分布　　b. 国家级、省级星创天地累计备案数量分布

图 3-1　广东国家级、省级星创天地备案区域分布

州、梅州三个地区分别有 41 家、27 家、27 家，占全省的比重分别为 20.9%、13.8%、13.8%；在国家级星创天地的数量上，广州、河源、梅州、茂名四个地区分别有 12 家、8 家、8 家、6 家，占全省的比重分别为 19.4%、12.9%、12.9%、9.7%。云浮、肇庆、湛江三个地区星创天地的数量也相对领先。截至 2022 年 12 月，潮州市仍未开展星创天地备案工作。

表 3-2　广东省星创天地备案数量情况

（单位：家）

序号	地区	总数量	国家级数量	序号	地区	总数量	国家级数量
1	广州	27	12	11	东莞	4	2
2	深圳	1	0	12	中山	2	1
3	珠海	3	2	13	江门	6	0
4	汕头	3	0	14	阳江	5	1
5	佛山	6	2	15	湛江	9	5
6	韶关	8	2	16	茂名	7	6
7	河源	41	8	17	肇庆	11	3
8	梅州	27	8	18	清远	8	1
9	惠州	9	0	19	揭阳	4	2
10	汕尾	4	3	20	云浮	11	4

四、星创天地建设的重要意义

2018 年 9 月，科技部在江苏省组织召开全国星创天地工作推进会议，对新时期建设星创天地提出了更高定位，着力推进星创天地高质量发展。2019 年 10 月，科技部在江南大学组织第三届全国星创天地建设培训班，进一步规范星创天地备案标准，推动星创天地管理办法的制定，标志着全国星创天地备案工作进入新阶段。

"十四五"期间,星创天地在科技示范、技术集成、成果转化、融资孵化、创新创业等方面继续发挥积极作用:一是打造新载体,通过星创天地建设工作,将科技、信息、资金、管理等生产要素有效导入农村,与"三农"有机结合,给农业插上科技的翅膀,推动更多科技成果加快转化为新技术、新产品,形成新产业、新业态,培育新动能、新活力;二是搭建新舞台,通过星创天地建设,完善创业服务平台,降低创业门槛和风险,为农村科技特派员、大学生、返乡农民工和乡土人才等施展才华提供广阔天地;三是推行新举措,星创天地作为推进科技支撑乡村振兴的重要载体,瞄准脱贫攻坚重点地区突出存在的科技和人才短板,围绕发展特色优势产业,通过开展创业带动提升农民职业技能,增强区域内生发展动力,筑牢农民脱贫致富的基础。

第二节 星创天地建设成效

多年来,广东省星创天地建设产出效应显著,为乡村振兴注入了新动能,引导一大批人才和科技要素向农村集聚,加快驱动了农村领域创新创业。2021年,广东省星创天地在强化乡村振兴人才支撑、拓宽农村创业融资渠道、聚集创新创业资源要素、推动农业农村科技创新、带动和巩固脱贫效应等五个方面取得了突出成效。

一、强化乡村振兴人才支撑

2021年,广东省星创天地累计开展创新创业培训活动1799次,培训创新创业人才9.46万人次。其中,粤北地区累计开展创新创业培训活动828次,培训创新创业人才3.92万人次;珠三角地区累计开展创新创业培训活动860次,培训创新创业人才4.13万人次。据统计,2021年"客天下农电商产业园星创天地"培养创新创业人才4400人次,位列全省第一。在城市方面,梅州市累计开展创新创业培训活动395场次,共培训创新创业人才2.07万人次。

二、拓宽农村创业融资渠道

2021年,广东省星创天地累计举办投融资洽谈活动599场,获得投融资的创业团队和企业有318个,平均每家星创天地获得投融资1.73个。其中,粤北地区累计举办投融资洽谈活动269场,获得投融资的创业团队和企业有234个;珠三角地区累计举办投融资洽谈活动252场,获得投融资的创业团队和企业有62个。据统计,"珠海金湾区特色水果星创天地"获得投融资的创业团队和企业达 35 个。

在投融资洽谈活动举办方面，梅州、河源、广州三个地区举办得最多，均超过 70 场。

在吸引投融资方面，梅州、河源两个地区吸引的创业团队与企业个数最多，分别为 116 个、53 个。

三、聚集创新创业资源要素

调研发现，广东各地星创天地因地制宜，依托自身优势逐步探索出各具特色的聚集创业资源和要素的方式。数据显示，2020 年全省星创天地累计集聚 1661 位创业导师、389 位农村科技特派员以及一批大学生，形成了 3982 人的创业服务团队，创立线上服务平台 573 个、线下服务平台 654 个，新增创业团队和创业企业 1041 家，在孵创业团队和创业企业 6079 家，在孵创业团队和企业工作人员 17 951 人，创业团队和企业获得的社会投资金额为 7.53 亿元。其中，珠三角地区累计集聚创业导师 910 人，新增创业团队和创业企业 458 家，在孵创业团队和创业企业共 1757 家，创业团队和企业获得的社会投资金额为 6285.3 万元。

在吸引高质量团队人才方面，广州市、河源市吸引创业导师人数最多，分别为 633 人、229 人。同时，广州市吸引科技特派员以及大学生人数也是最多的，分别为 117 人、2573 人。

如图 3-2 所示，在"在孵创业团队和企业工作人员"方面，广州、梅州、河源三个地区的在孵创业团队和企业工作人员总数最多，分别为 4796 人、2979 人、1749 人。

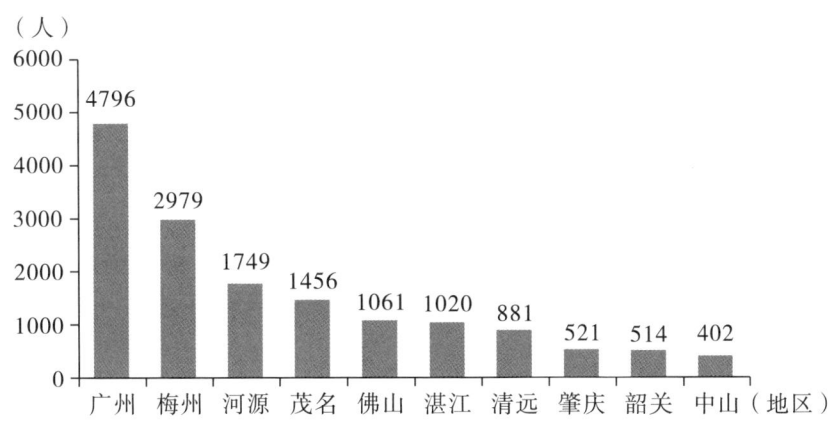

图 3-2 广东各地星创天地在孵创业团队和企业工作人员数量前十名

在吸引投资方面，广州、梅州、河源吸引的社会投资金额最多，分别为4.32亿元、1.74亿元、0.65亿元。

四、推动农业农村科技创新

随着星创天地创新能力检测与评价体系的优化和调整，各星创天地不断加强科技创新。2021年，全省星创天地共培养科技型企业821个，在孵创业团队和企业获得省级以上科技奖励共211项，创业团队和企业的知识产权总数达2490个，成功孵化企业1380个。其中，粤北地区共培养科技型企业201个，在孵创业团队和企业获得省级以上科技奖励72项。

在发明专利方面，全省星创天地共获得发明专利授权388个，其中佛山市、广州市星创天地获得发明专利授权最多，分别是105个、89个。其中，"佛山科学技术学院大学科技园星创天地"获得发明专利授权86个。

在实用新型专利方面，全省星创天地共获得796个，主要集中在河源、佛山、广州三市。其中"佛山科学技术学院大学科技园星创天地"获得的最多，为131个。

在发现植物新品种方面，河源市、湛江市的数量最多，分别为17个、6个，其中"龙远生态农业星创天地"发现得最多，有7个。

五、脱贫带动效应日渐显著

2021年，广东省星创天地共吸纳就业人数36 894人，全省星创天地运营收入14.23亿元；带动贫困户增收，平均每户收入3.83万元。其中，粤北地区吸纳就业人数25 928人；珠三角地区吸纳就业人数7471人。数据显示，"荔之梦星创天地"带动增加贫困户收入每户超过20万元。

在政府财政资金支持方面，广州、河源、佛山获得的政府资金支持额度最大，分别为4438.88万元、3731万元、2067.6万元。

在星创天地运营收入方面，河源、云浮运营收入超过1亿元。佛山市"广东万顷园艺世界"运营收入超过2700万元。

第三节 星创天地孵化运营模式

一、模式1——全周期链条模式

光彩众创星创天地（下文简称"光彩众创"）采用创新全周期链条式的

"孵化器+院校+创业+导师+各类服务机构+创客"模式。光彩众创以自有的孵化器为基础，结合广州市高等院校丰富的师生资源，引进创业导师和各类服务机构（金融、知识产权、财税、法律和政务等），为创业团队提供系统化、全方位、低成本创新创业以及项目孵化服务。

2020年，光彩众创同华南理工大学刘海洋教授合作在山东菏泽市成立光彩牡丹应用研究院，开发了十多个产品并成功上市；光彩众创与华中农业大学、华南农业大学合作引进茄子树栽培项目，茄子树在肇庆市试种成功后，目前正在全省推广。

二、模式2——电商助推模式

电商助推模式以"互联网+生态产业"为核心，依托电商平台市场优势，围绕地方特色"三品一标"农产品的生产销售，开展网络营商、电商、"直播销售"、微商服务等。

案例3-1 智慧星创天地

由智慧星创天地（广宁县智慧网络科技有限公司）主导建设的广宁智慧创业园是以电子商务发展为主导，集人才孵化培训、科技创业创新为一体的综合型园区。智慧星创天地组织125人开展"双创"活动，已孵化4家高新技术企业。2020年，智慧星创天地开展电商培训4855人次，孵化的多家企业（包括部分精准扶贫合作社）在天猫、淘宝、京东、1688、一亩田等自营商城开设店铺120家、网上销售企业11家；建设镇级服务站点16个、村级服务站点109个。在基础信贷服务方面，智慧星创天地新增"美心蛋糕预定""团购分销""校服定购"和快递配送等业务。创业园为创业者提供美工资源、客服资源、财务服务等，让其创业无忧。创办"皆美天猫旗舰店"，初步统计，2020年销售37583单，销售额约350万元。

案例3-2 韶关南雄市文华电子商务孵化港星创天地

韶关南雄市文华电子商务孵化港星创天地（以下简称"文华电子"）围绕党和国家乡村振兴战略，着力打造"零成本"创业、"一站式"服务的"互联网+农业"专业型孵化器，主要立足于南雄市基础产业和特色产业，结合当地农业资源，应用"互联网+"思维致力于推动新一代信息技术与传统产业跨界融合，扶持初创企业不断发展壮大。2020年，有65家企业入驻文华电子。同年，文华电子开展了87期电商人才培训，培训5602人次，为全市900多家网店、392家登记注册电商企业、5400多名电商从业人员提供各种服务；成功开展了 11 场金融对接活动；23 场线上线下品牌宣传推广活动。南雄市大美生活电子商务有限公司入驻并接受园区的系列孵化服务后稳步发展，带动 300 名农民走上养蜂致富的道路，蜂蜜等农产品日销量达到 1500 斤。

三、模式 3——园区集聚模式

珠海市生态农业星创天地基地，位于广东珠海市国家农业科技园区，作为园区集聚模式的典例，为农业创业创新和特色产业主体提供项目评估、政策咨询、创业孵化、技术创新等全方位服务。园区组织的各项培训及座谈活动累计 160 余场，参加人员超过 1 万人次，其中反响较大的培训活动有 2017 年的企业家训练营、2019 年的斗门农业电商、创业创新人才省内考察交流活动以及 2020 年的农村电商"创业+技能"培训等。

珠海市生态农业星创天地基地为珠海农业企业提供资源对接，助力珠海农业的发展，同时着力为特色产业发展提供帮助，目前已有多家企业入驻并获得较好的发展成效：珠海巨迅科技有限公司从事互联网技术开发，2018 年入驻园区，在园区提供的帮助与服务下，总收入已超过 200 万元，并获得 6 项有效知识产权证书；珠海市八匹马电子商务有限公司，2019 年成立了直播团队，参加斗门区直播带货比赛包揽前两名，目前年产值约 8000 万元，主打产品柳州螺蛳粉月单量达 20 万单，并在深圳设立了分公司，发展规模进一步扩大。

四、模式 4——高校支撑模式

佛山科学技术学院（以下简称"佛科院"）大学科技园星创天地是高校支撑模式的范例。它依托佛科院优势学科专业，建设特色专业化生物医药科技园及粤桂黔高铁经济带现代农业科技示范区，着力提升佛山在生物科技领域的知名度及影响力。

科技园实践经验丰富，积极培育新型农业经营主体，将佛科院培育的水果玉米"佛甜 10 号"推广到农村示范种植，种植面积 120 多亩，产量达到 24 万斤，创造收益 70 万元；推进"产教融合、校企合作"，园区企业佛山市草绿毯园林科技有限公司的屋顶立体绿化、疏水盘种植技术，荣获第二十四届全国发明展览会"发明创业奖·项目奖"。截至 2020 年，园区在园企业 50 家，创业团队 2 个，协同培育高新技术企业 132 家；建设公共基础服务、专业技术服务、产业化支撑服务线上线下平台 89 个；拥有一支职业化服务队伍和专业化导师队伍，管理团队 20 人，并从高等院校、政府机关、行业机构、龙头企业聘用创业导师45人。

五、模式5——科研院所支撑模式

金颖孵化星创天地属于科研院所支撑模式。它依托广东省农业科学院科技成果转化服务平台优势，以农业全产业链为出发点，集聚创新创业资源要素，着力构造全链条孵化育成体系。截至2020年12月，入驻农业龙头企业、高新技术企业等现代农业科技企业120家。通过线上线下同步服务模式，促进资源对接、成果转化和创业孵化，同时建设公共服务技术平台、轻资产服务体系以及金融服务站，为企业提供技术支撑与服务指导，深化产学研合作，积极落实企业融资需求，推进科技金融助农发展。

金颖孵化星创天地孵化服务面积超过1.3万平方米，孵化成功的企业中，5家为高新技术企业，2家在"新四板"挂牌，另有4家企业被收购，成效显著。

实证篇

第四章 广东省星创天地创新能力评价体系

第一节 评价背景

一、研究背景

本书课题组以《发展"星创天地"工作指引》为依据,根据年度星创天地创新能力数据采集工作情况,以星创天地监测指标体系为基础,设计了广东省星创天地创新能力评价体系。星创天地创新能力评价坚持以高水平农业农村创新创业为宗旨,推动科技创新示范和创新创业活动健康持续发展,助力现代农业良性发展,进一步明晰广东省市区、县城星创天地的创新主体,加快构建起政府支持、企业主导、平台服务的持续高质量创新主体组织机制,为市区、县城农业农村科技创新与现代农业建设提供有力保障。

通过对广东省星创天地创新能力构成要素的分析研究,课题组建立起一个以创新环境、创新投入、创新绩效和创新潜力为一级指标(内含20个二级指标)的创新能力评价指标体系。其中:(1)创新环境包含孵化育成和产业园区载休建设基础、星创天地举办投融资洽谈活动次数、星创大地线下服务平台数量、星创天地创业教育培训以及"返乡农民工和职业农民"创业人数占"创业团队和企业"人数的比重等5个二级指标;(2)创新投入包含创业服务团队人数与"创业团队和企业"数量的比例、创业导师人数、科技特派员创业人数占"创业团队和企业"人数的比重、"创业团队和企业"获得的社会投资金额以及"创业团队和企业"使用面积等5个二级指标;(3)创新绩效包含新增创业企业数量、"创业团队和企业"新产品销售收入、"创业团队和企业"获得省级以上科技奖励数量、培育的科技型企业数量以及星创天地帮助贫困户户均增收情况等5个二级指标;(4)创新潜力包含"创业团队和企业"人数、星创天地服务收入、星创天地运营成本、"创业团队和企业"研发投入以及获得投融资的"创业团队和企业"数量等5个二级指标。

二、调查情况

本次调查课题组共获得 151 家星创天地的有效数据，按运营主体性质划分，农业龙头企业运营（以下简称"农业龙头企业"）的数量占绝对优势，有 125 家，占比高达 82.8%；农业院校和科研机构运营（以下简称"农业院校和科研机构"）和其他主体（包括其他事业单位、民办非企业单位和其他社会团队）两种性质的星创天地数量一样，均有 9 家，各占 6%；专业合作社性质的星创天地数量有 8 家，占比 5.3%。从地域划分来看，粤北地区的星创天地数量最多，有 73 家，显示出北部地区在星创天地数量方面的优势；其次是珠三角地区和粤西地区，分别有 48 家和 25 家；最少的是粤东地区，仅有 4 家。从地级市情况来看，河源、梅州和广州三地的星创天地数量位居前列，分别有 33 家、24 家和 16 家。

三、评价总体情况

创新能力方面，农业院校和科研机构、农业龙头企业、专业合作社以及其他主体的平均值呈逐渐下降的趋势。农业院校和科研机构的创新能力平均值最大，为 298.4 分；农业龙头企业创新能力平均值为 289.6 分；其他主体和专业合作社的创新能力平均值十分接近，分别为 277.4 分和 275.9 分。（1）在一级指标创新环境方面，农业龙头企业、专业合作社、农业院校和科研机构以及其他主体创新能力平均值呈现由高到低的趋势，分别为 85.9 分、88.8 分、77.1 分和 74.6 分；（2）在一级指标创新投入方面，农业科技院校和科研机构、农业龙头企业、其他主体以及专业合作社创新投入的平均值分别为 57.33 分、49.4 分、51.2 分和 49.2 分；（3）在一级指标创新绩效方面，农业龙头企业、农业院校和科研机构、其他主体和专业合作社的平均值分别为 76.7 分、83.1 分、74.7 分和 67.5 分；（4）在一级指标创新潜力方面，专业合作社、其他主体、农业龙头企业以及农业院校和科研机构的平均值分别为 73.5 分、76.9 分、77.6 分和 80.8 分。

近年来，广东省星创天地整体发展规模持续扩大，建设成效显著。基于采集到的星创天地创新能力数据，课题组建立了评估分析系统，通过星创天地创新能力评价指标体系分析广东省内星创天地发展中的成绩和优势，找寻创新发展典范，梳理发展经验和做法，深入总结发展经验并分析存在的问题和不足，为制定相应的措施和政策提供科学支撑，促进星创天地高水平持续发展。

第二节　创新能力评价体系构建

一、功能定位

（一）贯彻星创天地发展战略

星创天地创新能力评价指标体系按照《发展"星创天地"的工作指引》的指导思想和战略部署，立足推动农业农村创新创业主阵地的定位，科学评价星创天地在激发农业农村创新创业活力、优化农业农村创新创业环境、加快科技成果转移转化、提高农业创新供给质量和产业竞争力、培育新型农业经营主体、加快一二三产业融合等方面的发展情况。在新时代背景下，星创天地已进入提升建设质量的发展阶段，因此评价结果要有利于示范引领星创天地集聚创新资源和创业要素，促进农村科技创业服务环境走向低成本、专业化、便利化和信息化发展道路，从而推进一二三产业融合发展，让农村科技创业之火加快形成燎原之势。

（二）反映星创天地发展绩效

星创天地创新能力评价指标体系是星创天地在具备一定运营管理能力和专业化服务能力，具备一二三产业融合发展的良好基础，具备良好的行业资源和全要素集合，具备线上平台，具有较好的创新创业服务平台（线下平台），具有多元化的人才服务队伍以及具备一定数量的创客聚集及创业企业入驻等备案条件指标的前提下，建立的定性和定量相结合的评价指标体系。该体系可以为解析星创天地工作绩效和发展水平，推广先进发展理念，发挥示范效应，为政府管理部门、农业高新技术企业及新型经营主体等提供更加优质的决策支持服务。

（三）指引星创天地发展方向

星创天地创新能力评价指标体系为制定有关政策和动态管理提供了科学支撑，建立了发展标杆，有效指引星创天地集聚创业人才、技术集成示范、创业培育孵化、创业人才培训、科技金融服务、创业政策集成等迈向更高水平。创新是第一动力，创新要素也日趋多元化，通过星创天地创新能力评价体系，可以充分了解其发展水平、发展潜力、信用状况等，有利于形成系统化分析报告和解决方案，并提供信用报告、信用评级、信用信息查询等服务，为星创天地对接资本市场提供基础支持。

二、理论基础

由于建设星创天地本身是一项创新性工作，同时星创天地创新能力评价体系是一项跨学科、跨专业的应用研究课题，本书课题组基于创新创业理论、创新经济学理论、多元统计分析以及可持续发展等相关基础理论，同时参考借鉴科技部创新调查体系的方法学，加以融合创新，构建了星创天地创新能力的评价指标、评价方法以及分析模型。

（一）创新创业理论

创新就是利用已存在的自然资源创造新事物的一种手段。经济学家熊彼特把创新定义为建立一种新的生产函数，即企业家实行对生产要素的新结合。创新主要有两种：技术创新和社会创新。美国管理学家德鲁克将创新引入管理，明确提出创新不仅是赋予资源以新的创造财富能力的行为，还是组织的一项基本功能和管理者的一项重要职责。著名经济学家诺思认为，世界经济的发展是制度创新与技术创新不断互相促进的过程。

创业是创业者对自己拥有的资源或通过努力对能够拥有的资源进行优化整合，从而创造出更大的经济或社会价值的过程。创业是一种劳动方式，是一种需要创业者运营、组织、运用服务、技术、器物作业的思考、推理和判断的行为。创业不仅仅局限于创办新企业的活动，在现有企业中也存在创业行为。创业者既可以指新创企业的创办人，也包括现有企业中具有创新精神的企业家。

创新创业是指基于技术创新、产品创新、品牌创新、服务创新、商业模式创新、管理创新、组织创新、市场创新、渠道创新等方面的某一点或几点创新而进行的创业活动。在经济学界，创新和创业是两个既紧密联系又有区别的概念。创新是创业的基础和灵魂，而创业在本质上是一种创新活动。创新所释放出来的生产力及其创造出来的市场价值推动了产业和社会的进步，有效避免了经济衰退和社会动荡；而创业不仅有创新的内容，还涉及就业和社会发展以及公平正义。

星创天地是把创业、创新与新型农民、企业这几个关键要素紧密结合在一起，不仅突出打造农业发展的引擎，而且突出打造就业和社会发展的引擎；不仅突出精英创业，而且突出草根创业、实用性创新，体现了创业、创新、新型农民和企业"四位一体"的创新发展总要求，揭示了创新创业理论的科学内涵和本质要求，为创新创业理论及其实践研究开辟了崭新天地。

（二）创新经济学理论

熊彼特在经济学范畴提出了创新的基本概念和思想，形成了最初的创新理论。随着研究的不断深入，他将创新和企业生产联系在一起，建立了以创新理论为基础的创新经济学理论最初的体系。其追随者把熊彼特的创新经济学理论发展成为当代西方经济学的两个重要理论分支——以技术变革和技术推广为对象的技术创新经济学和以制度变革和制度形成为对象的制度创新经济学。

西方经济学界对于技术创新理论的研究主要经历了以下几个阶段，第一，以技术进步为变量，构建生产函数进行研究；第二，以技术创新的模仿和推广为对象进行研究；第三，以技术进步与市场结构的关系为对象进行研究；第四，以国家为技术创新的主体进行研究。

考察整个创新经济学理论的演进轨迹，可以发现以下四个特点：重视动态因素影响的研究；深化内生因素的研究，将内生因素作为经济增长的来源；突出核心因素的研究；强调核心竞争优势的获取与保持。这是创新经济学理论的精髓。

（三）多元统计分析理论

了解一个事物需要对其多个方面进行分析和判断。在统计学中，判断的依据来源于每一个统计指标，通过多个指标来描述、刻画事物的质和量，这些指标构成的指标体系则成为对该事物带有不同侧重的解释。根据不同的指标收集到的各种数据被称为多元数据，需要采取多元统计分析的工具加以分析。多元统计分析是经典统计学的一个分支，是一种综合分析方法，它能够在多个对象和多个指标互相关联的情况下找出规律，很适合农业科学研究的特点。随着计算机的普及，各种统计软件不断推陈出新，多元统计分析的理论也在不断发展，多元统计分析方法已广泛应用于各个领域。星创天地的监测和评价指标正是从多个角度对其工作开展的情况进行全面的分析，其中指标的选取同样借鉴了多元统计分析理论。

（四）产业创新理论

产业创新是指某一项技术创新或形成一个新的产业，或对一个产业进行彻底改造，在许多情况下，产业创新不只是一个企业的创新行为或者结果，而是一个企业群体的创新集合。从依托环境的角度考虑，产业创新是以产业创新体系为依托，以国家创新体系、区域创新体系为背景，以企业创新体系为基础，以技术创新体系为保证的创新活动。

从产业创新内在的逻辑性来看，可分为循序渐进的四个层次。

技术创新。技术创新是产业创新的逻辑起点。当代的技术创新出现了一系列影响深远的高新技术，并互为条件构成了新兴技术群。当某一专业技术取得重大进步，常常由此开始扩散、渗透，从而使原有技术系统得到彻底改造，推动新兴产业的出现。

产品创新。产品创新是企业成功的基础，也是产业创新的关键。具有对原有产业较大替代程度或巨大价格性能比以及全新使用价值的产品创新会吸引大批企业进入，使企业层面的产品创新转化为产业层次的产业创新，同时标志着新兴产业的形成。

市场创新。企业的市场开拓能力是产业创新成功的关键环节。市场创新与技术创新、产品创新互动反馈，形成一个连续不断的过程。市场创新的基本目的是刺激市场需求，促使企业采取极富创造性的方法来使人们认识和接受新产品。

产业融合。产业创新向产业间转变的过程称为产业融合阶段。技术、产业关联的强弱是产业融合程度的决定性因素。若某一产业的核心技术对其他产业有很强的关联，则该产业与其他产业融合的可能性较高，产业创新的空间也较大；反之，产业则容易衰退或被替代。

近年来，越来越多的研究团体注意到产业创新空间背景的重要性，所做的研究突出了地域生产体系、产业区、创新域和地区创新网络等内容。这些研究之所以注意到创新的空间特性，是因为发现大量的创新活动以区域块的形式出现，就像20世纪20年代早期阿尔弗来德·马歇尔所说的产业区的现代翻版（如谢菲尔德和曼彻斯特地区）。随着创新特性日益受到人们的重视，区域研究视角也发生了重大转变：从单个产业的发展转变为跨部门或产业内的价值链分工活动的发展；从游离的企业个体转向企业集群；从片面强调培育大集团转向促进大中小企业形成生命共同体。这些都说明，产业创新正在从更广的视域内趋于系统和综合。

（五）可持续发展理论

星创天地创新能力评价体系不仅重视星创天地目前的创新能力，更重视其未来可持续发展的动力和能力。

可持续发展是既满足当代人的需求，又不危及子孙后代满足自身需求的发展。它是一个密不可分的系统，既要达到发展经济的目的，又要保护好人类赖以生存的包括大气、淡水、海洋、土地和森林在内的自然资源和环境，使子孙后代能够永续发展，安居乐业。

可持续发展作为人类全面发展和持续发展的高度概括，不仅要考虑自然层面的问题，还要考虑人文层面的问题。因此，许多文献研究可持续发展，都把视野拓展到了自然和人文两个领域，不仅研究可持续的自然资源、自然环境与自然生态问题，还要研究可持续的人文资源、人文环境与人文生态问题。研究者从单纯地关注自然—社会—经济系统局部的自然属性，到同时或更加关注社会经济属性,以把握人与自然的复杂关系,寻找全球持续发展的途径。这是现代生态学研究的一个重要特征,也是环境社会学与社会生态学兴起的根源。

三、设计原则和方法

(一)设计原则

星创天地创新能力评价体系按照以下原则进行设计:

(1) 可操作性。本书课题组不仅要充分考虑数据及其指标量化的难易程度,还要兼顾计算方法难易程度,最终形成一个科学合理、简明直观、利于推广的指标体系。要尽量避免选择在统计上无法具体量化和数据不易采集获取的指标。

(2) 非共线性。指标体系尽量简洁,针对不同指标间的共线性使用合理的处理方法。在构建指标体系时要避免关联度高的指标同时出现。

(3) 引导性。星创天地创新能力评价是建立农村创新创业良性奖惩机制的重要事实依据,对激发农业农村创新创业活力、优化农村创新创业环境具有重要意义,因此创新能力评价体系必须具有较强的实用性和导向性。

(4) 先进性。星创天地创新能力评价体系在设计方面充分考虑现有的相关理论方法,并引入大数据的采集渠道和分析方法,在保证数据真实有效性的基础上,在一定程度上进行了理论创新、方法创新和应用创新。

(二)设计方法

(1) 理论研究。通过搜索星创天地相关工作指引与相关政策以及国家创新驱动战略,课题组全面了解了星创天地的实际运行和发展状况,再对星创天地、众创空间、孵化器创新能力评价等相关文献资料进行研究,了解其他权威机构对创新能力评价等相关体系的设计思路与构建过程,同时听取了各方专家对星创天地创新能力评价体系的编制方法、思路以及指标选取提出的建议,对广东省各地市星创天地进行了实地调研,根据调研结果和多次专家论证的结论进行星创天地创新能力评价指标体系的设计。

(2) 构建思路。众创空间是推动创新创业的重要载体,科技企业孵化器是国家创新体系的重要组成部分,二者在实施国家创新驱动发展战略以及全面促进科技创新孵化能力提升方面发挥着不可或缺的作用。作为现代农业版的众创空间,星创天地在加速科技成果转化、扶持农业科技的高新技术创新发展过程中扮演着重要角色,而具有自主创新能力是星创天地实现高质量发展的关键。通过实地调研,课题组发现星创天地仍存在建设规模偏小、自主创新能力不强、科技产出带动不明显等问题。为此,课题组以星创天地为研究对象，通过构建星创天地创新能力评价体系评价广东省星创天地自主创新能力，并提出相应的对策。

经过对比与总结，课题组发现，星创天地中的"创业团队和企业"具有高度的技术创新性（农业科技的研发大多数处于科技前沿，超前研究的特点较为明显。农业科技创新不仅包括拥有自主知识产权的科技研发，也包括农业科技的转化、试验、示范和推广）、资金的高投入性（农业科技企业的技术研究和开发，必须购置大量先进的设备仪器，安装必要的测试设施，消耗昂贵的进口化学试剂，因此没有一定的资金投入作保证是难以进行农业技术研究的）、生产运作的示范性（一方面由于农业科技企业的生产与动植物的自然生产过程紧密相连，产品具有高科技含量；另一方面由于在农业科技企业中，高科技人才的素质与一般员工，特别是使用高技术产品的农民素质差异较大）、科技前瞻性和先导性（农业科技企业能根据时代发展和市场的需求变化，提前研制、开发高新技术产品，并通过其他产品的先进性引导市场的消费导向）等特点。

星创天地创新能力评价体系使用综合评分法（composite grade method）和层次分析法（analytic hierarchy process，AHP），得出最后用来衡量星创天地创新能力的指数。

综合评分法是通过打分来对根据品质划分等级的项目进行量化处理，可用来进行定性排序问题的综合评价，采用无量纲的分数进行评价，适用于评价指标无法用统一量纲进行定量分析的场合。其核心内容是按照不同指标的标准对评价的不同指标进行评分，赋予不同的分值，并以此为基础进行综合评价，采用加权相加，求得总分。综合评分法具有科学、量化等优点，主要表现在引入权值概念、有利于发挥评价指标专家的作用这两个方面，使创新能力评价体系更加客观、准确、完善。

层次分析法用于分析较为复杂模糊的问题，它是将一个复杂的多目标决策问题看作一个整体然后对其进行分解，再对分解后的多目标采用定性指标模糊量化法进行计算，求出层次单排序与总排序，以此作为多指标方案最佳决策的系统方法。层次分析法适用于较难确定的定量分析问题，其主要依据问题的本质与所要求的目标，分析出构成问题的主要因素，再依据各因素间的联系，将其划分为多个层次（目标、决策、方案等），并构建层次结构模型，进行定量与定性分析，从而得到主要因素对问题的重要权重值。

层次分析的权重确定，通常是将各因素进行两两对比，这样得出的结果会更加精确。在进行星创天地创新能力系统分析时，由于各因素之间相互联系与制约，分析过程较为复杂烦琐，同时又缺乏一些相关数据体系，课题组采用层次分析法对其进行决策与排序，为其提供简单实用的构建模型。

（三）创新能力评价体系构建过程

广东省星创天地创新能力评价体系构建过程（见图4-1）主要分为以下几个步骤：

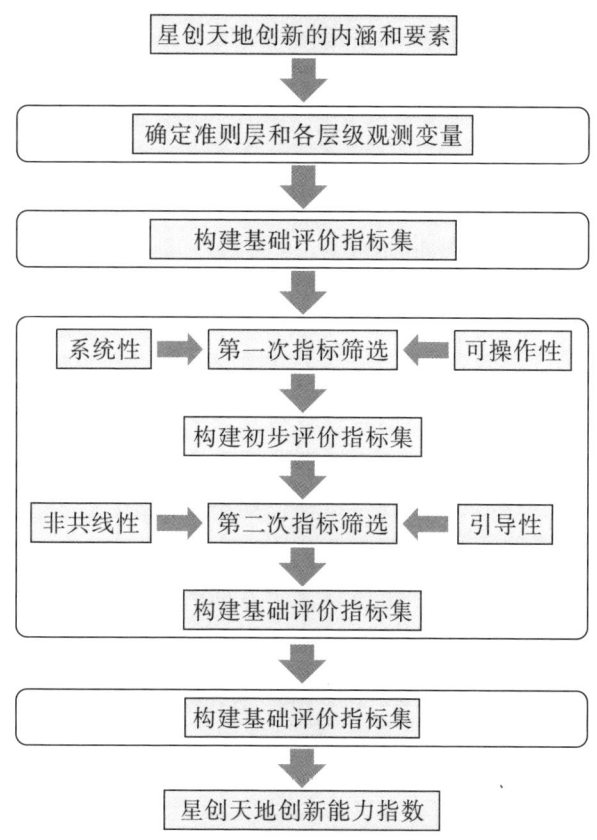

图4-1 广东省星创天地创新能力评价体系构建过程

第一步，确定各层级指标。首先对星创天地创新能力（评价指标体系的目标层）进行概念界定，再将目标层按照概念分解为创新环境、创新投入、创新绩效、创新潜力四个要素，并以此作为构建创新能力评价体系的准则层（一级指标）。准则层是整个体系的中枢要素，其要素之间存在一定的逻辑关系，从而确保科学、准确、全面地对星创天地创新进行指标化的阐述。

第二步，构建基础评价指标集。在建立指标准则层的基础上，采集统计年度内与星创天地相关的各种数据，遴选各层级下的观测变量（二级指标），进而组成基础评价指标集。广东省星创天地创新指数基础指标集共包含48个二级指标。

第三步，指标遴选。指标遴选共进行两次：第一次侧重点在于指标的系统性和可操作性；在第一次遴选的基础上，依据指标的非共线性和指标引导性原则进行第二次遴选；然后将通过两次遴选的 20 个指标纳入最终评价体系。

第四步，生成创新能力指数。利用综合评分法来计算广东省星创天地创新能力指数，利用层次分析法确定指标体系的各指标权重。综合评分计算公式如下：

$$PH = \sum_{i=1}^{n}(S_i \times W_i)$$

其中，PH 为星创天地各参评机构和组织的创新能力得分，S 为第 i 项指标标准化得分，W_i 为第 i 项指标权重，n 为指标数量。

四、样本筛选

本书课题组针对参评机构和组织自身机构属性的基础性资格和任务功能对象及宗旨设置的基础资格门槛条件具有一票否决权。任何参评机构都要满足设定的准入条件（见表 4-1）：一是参评机构和组织自身机构属性必须达到星创天地工作指引要求的基础性资格门槛条件，参评主体要具有独立法人资格，具备一定运营管理和专业服务能力；二是评选机构的任务功能要求主要包含领域、科技和创新创业主体这三个方面的核心内容，任何一项内容的偏离都不属于本项目支持和资助的范畴。

表 4-1　星创天地项目评价样本筛选标准

序号	具体指标
1	具有独立法人资格
2	有明确的技术依托单位
3	有创业导师队伍
4	有创业服务团队
5	最近一年开展创业辅导与培训活动，不少于 10 家的创客和入驻创业企业
6	具有创新创业的线下服务空间和平台
7	涉农为主体，主体功能是围绕着农业、农村、农民发展
8	包含科技创新为主的，围绕着农业产业链的创新和创业
9	服务对象主要是以科技特派员、大学生、返乡农民工、新型职业农民为主体的各类创新创业人员

五、评价体系

（一）评价目的

星创天地创新能力评价体系针对其创新能力进行评价，评价体系充分考虑了我国星创天地初期的发展特征，从而实现引导星创天地的发展，突出重点和方向，并为后续专业化星创天地的建立和完善提供基础资料的目标。

与此同时，星创天地创新能力评价体系还充分考虑了星创天地处于开展初期的基本情况，结合国内外的创新创业理论，借鉴国内外的创新创业评价实践经验，构建多层次的指标模型，设计科学的权重计算模型方法。

（二）评价体系

1. 体系说明

星创天地创新能力评价体系如表4-2所示。

表4-2 创新能力评价体系

一级指标	二级指标
A 创新环境	A1 孵化育成和产业园区载体建设基础
	A2 星创天地举办投融资洽谈活动次数
	A3 星创天地线下服务平台数量
	A4 星创天地创业教育培训
	A5 "返乡农民工和新型职业农民"创业人数占"创业团队和企业人数"比重
B 创新投入	B1 创业服务团队人数与"创业团队和企业"数量的比例
	B2 创业导师人数
	B3 科技特派员创业人数占"创业团队和企业"人数的比重
	B4 "创业团队和企业"获得的社会投资金额
	B5 "创业团队和企业"使用面积
C 创新绩效	C1 新增创业企业数量
	C2 "创业团队和企业"新产品销售收入
	C3 "创业团队和企业"获得省级以上科技奖励数量
	C4 培育的科技型企业数量
	C5 星创天地帮助贫困户户均增收情况

续上表

一级指标	二级指标
D 创新潜力	D1 "创业团队和企业"人数
	D2 星创天地的服务收入
	D3 星创天地运营成本
	D4 "创业团队和企业"研发投入
	D5 获得投融资的"创业团队和企业"数量

(1) 基本说明。

①"创业团队和企业"是指签约入驻星创天地，并且注册地、主要研发和办公场所在星创天地内的创业团队和创业企业。

②星创天地总面积是指星创天地用于星创天地管理办公使用场地、常驻创业团队和企业使用场地、公共服务场地（包括会议室、复印室、餐厅、活动室、实验室等用于公共服务的场地）、自由/长期租用土地的面积之和。

(2) 创新环境。

①孵化育成和产业园区载体建设基础是指地方建设农业科技园区和现代农业产业园载体情况。创新创业机构已成为农业产业园区建设的重要任务，园区载体建设数量能有效反映主导产业和特色产业对星创天地基础支撑水平。计算公式：填报期星创天地所在地市、县（市、区）已创建的农业科技园区和现代农业产业园的数量之和。

②星创天地举办投融资洽谈活动次数是指年度星创天地举办投资者与创业者之间各类投融资洽谈活动次数，表征星创天地在金融投融资方面的服务能力。计算公式：填报期星创天地举办的投资者与创业者之间各类投融资洽谈活动的总次数。

③星创天地线下服务平台数量。星创天地线下服务平台是指创新创业示范场地、种植养殖试验示范基地、创业培训基地、创意创业空间、开放式办公场所、研发和检验测试、技术交易等线下公共服务平台。计算公式：填报期星创天地的线下服务平台的数量。

④星创天地创业教育培训，统计的是星创天地举办的创新创业培训或交流活动，包括开展的网络培训、授课培训、田间培训、一线实训等一系列创业培训活动的总场次数。计算公式：填报期星创天地举办的创新创业培训或交流活动总次数。

⑤"返乡农民工和新型职业农民"创业人数占"创业团队和企业"人数比重。这一指标反映的是返乡农民工和新型职业农民在星创天地中的参与程

度,并体现星创天地对农民创业的支持程度。计算公式:填报期"创业团队和企业"中"返乡农民工和新型职业农民"的数量/填报期"创业团队和企业"人数×100%。

(3) 创新投入。

①创业服务团队人数与"创业团队和企业"数量的比例。该指标是指与星创天地签订协议,专门为创业团队和创业企业进行创业服务的人数,反映的是星创天地对创业团队和企业的服务能力。计算公式:填报期星创天地的创业服务团队人员(含专职人员)人数/填报期"创业团队和企业"数量。

②创业导师人数是指创业导师(含专兼职导师)人数,反映了星创天地在提供创业指导方面的实力。计算公式:填报期星创天地的专兼职导师(星创天地签约的由成功创业者、企业家、天使和创业投资人、专家学者等组成的专兼职导师队伍)人数。

③"科特派"创业人数占"创业团队和企业"人数的比重。该指标是指科技特派员在创业人员中所占的比重,体现了科技特派员在星创天地建设中的作用。计算公式:填报期"创业团队和企业"中科技特派员人数/填报期"创业团队和企业"人数×100%。

④"创业团队和企业"获得的社会投资金额。该指标是指填报期"创业团队和企业"获得银行融资、星创天地投资和社会投资(债权融资、种子基金、天使投资、股权融资、新三板或上市等)的总金额,体现了社会资本及星创天地对"创业团队和企业"的认可、投入程度。计算公式:填报期"创业团队和企业"获得的社会投资金额总额。

⑤"创业团队和企业"使用面积。这个指标反映星创天地在办公场所方面对"创业团队和企业"的支持力度,体现星创天地的平台服务能力。计算公式:填报期"创业团队和企业"在星创天地中办公场所的面积。

(4) 创新绩效。

①在孵创业企业。这个指标统计的是累计签约入驻的创业企业数量,它反映了星创天地的培育能力。计算公式:填报期累计签约入驻的创业企业数量。

②新产品销售收入。该指标反映"创业团队和企业"所研发成果的市场化能力。计算公式:填报期"创业团队和企业"的新产品(采用新技术原理、新设计构思研制生产,或结构、材质、工艺等某一方面有所突破或较原产品有明显改进,从而显著提高了产品性能或扩大了使用功能,对提高经济效益具有一定作用,并进入市场进行流通的产品)的销售收入。

③"创业团队和企业"获得省级以上科技奖励数量是指"创业团队和企业"累计获得的各类省级以上及行业协会科技奖励的数量,它反映了"创业

团队和企业"的创新能力和技术实力。计算公式：填报期"创业团队和企业"获得各类省级以上奖励的数量，以个为单位。

④培育的科技型企业数量。该指标反映了星创天地在培育"创业团队和企业"方面的效率和成果。计算公式：填报期星创天地累计培育的科技型企业。

⑤星创天地帮助贫困户户均增收情况是指星创天地、创业团队和企业帮助农户户均增收情况。计算公式：填报期星创天地、创业团队和企业帮助农户户均增收情况，以万元/户为单位。

（5）创新潜力。

①"创业团队和企业"人数，统计的是签约入驻星创天地的在孵创业团队和企业所有工作人员的数量，包括农村科技特派员、大学生、返乡农民工、退伍军人及其他人员的数量。计算公式：填报期"创业团队和企业"的人数。

②星创天地服务收入是指星创天地通过创业教育培训、创业开办活动、连接国际创新资源、落实政策等各种服务形式所获得的服务收入，它反映了星创天地的服务能力和效益。计算公式：填报期星创天地的服务收入额。

③星创天地运营成本包括人员费用、场地费用、管理费用、其他费用和纳税额等，它反映了星创天地的运营效率。计算公式：填报期星创天地的运营成本（包括人员费用、场地费用、管理费用、其他费用和纳税额等）。

④"创业团队和企业"研发投入。这个指标反映了"创业团队和企业"对研发工作的重视程度，表征了他们未来创新发展的能力。计算公式：填报期"创业团队和企业"用于技术研究开发的资金总额。

⑤获得投融资的"创业团队和企业"数量的比重。该指标反映了星创天地及签约入驻的"创业团队和企业"的发展前景和社会的认可度。计算公式：填报期获得投融资的"创业团队和企业"数量/填报期"创业团队和企业"数量×100%。

2. 指标权重

星创天地创新能力评价体系采用专家打分法，根据专家给出的分值，计算出4个一级指标。创新环境、创新投入、创新绩效、创新潜力的权重分别为26%、18%、30%、26%。一级指标权重如表4-3所示。

表4-3 星创天地创新能力一级指标权重

（单位：%）

项目	创新环境	创新投入	创新绩效	创新潜力
权重	26	18	30	26

3. 指标调整

星创天地创新能力评价体系并非一成不变。随着星创天地的不断进步和发展，以及面临的新形势和新任务，星创天地创新能力评价体系以年度为频率对指标重新进行评定和分析，在必要的情况下会对指标进行调整。调整时，注意保持总体结构稳定、结果稳定。近年来，根据实际情况的需要，课题组每年均对部分二级指标有所调整，包括名称调整、数量调整、新增指标、删除指标等，一般调整的上限是二级指标数量的10%。

六、计算方法

星创天地创新能力评价体系的指标计算方法、权重确定方法和综合评价得分方法如下。

（一）定量指标数据的采集

评价指标体系的二级指标数据来自各星创天地机构每年度上报的监测指标统计数据，课题组根据统计的数据进行计算。

（二）定量指标的清洗和预处理

针对星创天地的数据普遍存在异常值和缺失的问题，课题组做了数据预处理。根据数据，先计算出指标的均值 $\overline{X}_i$ 和标准差 σ_i，将范围 $[\overline{X}_i - 5 \times \sigma_i, \overline{X}_i + 5 \times \sigma_i]$ 之外的数据视为异常值，并用均值进行代替，X_{ij} 为 j 星创天地项目第 i 个指标的实际值。

$$X_{ij} = \begin{cases} X_{ij}, X_{ij} \in [\overline{X}_i - 5 \times \sigma_i, \overline{X}_i + 5 \times \sigma_i] \\ \overline{X}_i, X_{ij} \notin [\overline{X}_i - 5 \times \sigma_i, \overline{X}_i + 5 \times \sigma_i] \end{cases}$$

（三）定量指标值计分方法

定量指标分数值是按照累计分布方法进行计算的，计算数据的经验分数位，实现原始数据的无量纲化和基础指数值的计算，因为累计分布依概率收敛于数据的真实分布。

Y_{ij} 表示 j 星创天地项目第 i 个为该指标实际值，即：

$$Y_{ij} = \frac{1}{n} \sum_{k=1}^{n} I(X_{ik} \leq X_{ij})$$

其中，$I(X_{ik} \leq X_{ij})$ 为示性函数，但里面的条件满足时函数值为1，否则为0。上面的公式也就是计算指标中小于等于 X_{ij} 的比例。

（四）数据标准化

在广东省星创天地创新能力评价体系中，各指标之间存在着属性、计量单位、数量级等多方面差异。如果不对数据进行标准化处理，数据计算结果将会出现较大误差,导致评价结果失真。当然,数据标准化应最大限度地保留原始数据的差异信息,并在计算中保证不发生信息转换,最终达到将各种不同性质的观测变量原始数据转化为具有可比性的标准化数据的目的。为提高指数的可读性,更易识别不同星创天地的指数排序和差距,广东省星创天地指标得分采用千分制。标准化公式如下:

$$S_i = \frac{x_i - \min\limits_{1 \leq i \leq N} x_i}{\max\limits_{1 \leq i \leq N} x_i - \min\limits_{1 \leq i \leq N} x_i} \times 800 + 200$$

其中,S_i 为第 i 项指标标准化得分,x_i 为第 i 项指标原始值,N 为 i 指标参评星创天地数量。

(五)创新能力得分

Z_j 为 j 星创天地的创新能力得分,T_i 为第 i 项二级指标的权重,F_i 为第 i 项二级指标所属一级指标权重。

第 j 个星创天地的创新能力得分 Z_j 计算公式如下:

$$Z_j = \sum_{i=1}^{n} F_i T_i Y_{ij}$$

(六)权重确定的方法

在指数化评分的复合系统中,各级子系统或各要素的改变对整个系统的改变程度的贡献不同。因此,需要对指标体系中不同指标的重要程度进行识别。指标的权重就是各指标对整体系统或者目标实现重要程度的度量,由于它反映了各指标在评价对象中的价值地位(系数),因此在多指标综合评价中显得尤为重要。广东省星创天地创新指数作为一种涉及多元指标的综合评价,需要采用合适的赋权方法来确定各指标的权重,保证指数评价的科学性。

本书课题组对当前常用的主观和客观赋权方法进行了多次可行性分析,最终确定选取 AHP 法。AHP 法是将复杂的评价对象排列为一个有序的递阶层次结构的整体,然后在各评价指标之间进行两两比较,判断计算各个评价指标的相对重要性系数,进而赋予权重。AHP 法的核心问题是建立一个构造合理且标准一致的判断矩阵,判断矩阵的合理性受标度的合理性影响。所谓标度是指评价者对各个评价指标重要性等级差异的量化概念。本书采取 5 种判别等级的比例标度法来确定指标重要性的量化标准。

AHP 法具有如下优点:一是思路问题,能够将评价者的思维数字化、系统化、便于接受;二是方法问题,将问题的本质及其包含的各个因素有机地结合起来,对于解决多层次、多目标的综合评价问题具有很强的适用性。为了确保指标赋权的科学性,课题组设计了表格——"星创天地监测指标体系综合情况统计"(见表4-4),并选取科研机构、企业作为赋值对象,最终收到有效统计表182份。课题组利用计量软件对统计结果进行计算,得出了广东省星创天地创新指数各级指标权重,如表4-5所示。

表4-4 星创天地监测指标体系综合情况统计

星创天地运营单位(印章):＿＿＿＿＿＿＿

一、星创天地的基本情况			
星创天地名称		备案时间	
运营主体名称		是否是上市或挂牌企业	□1. 是　□2. 否
通信地址			
直管部门（单位）		所属地市　　　　　所属县（市、区）	
所属镇（街道）			
填表联系人		联系电话	
运营主体性质（勾选）	□1. 高等学校　□2. 科研院所　□3. 其他事业单位　□4. 国有企业 □5. 民营企业　□6. 专业合作社　□7. 民办非企业单位 □8. 其他社会团体　□9. 其他社会组织		
孵化育成载体基础（勾选）	□1. 市级众创空间　□2. 省级众创空间　□3. 国家级众创空间 □4. 市级科技企业孵化器　□5. 省级及以上科技企业孵化器 □6. 市级科技企业加速器（含虚拟加速器） □7. 省级及以上科技企业加速器（含虚拟加速器） 如上方勾选,请填写载体名称:		
星创天地提供的主要服务（勾选,可多选）	1. 提供办公场所□　□1. 是　□2. 否 2. 创业投融资服务□　□1. 是　□2. 否		
	3. 创业教育培训□　□1. 是　□2. 否 4. 创业导师服务□　□1. 是　□2. 否		
	5. 技术创新服务□　□1. 是　□2. 否 6. 创新创业活动□　□1. 是　□2. 否		
	7. 国际合作□　□1. 是　□2. 否 8. 政策落实□　□1. 是　□2. 否		
	9. 其他　□1. 是　□2. 否		

续上表

产业园区建设情况	是否属于农业科技园区（□1. 国家级　□2. 省级）核心区、示范区所在县（市、区）：□1. 是　□2. 否
	是否属于现代农业产业园（□1. 国家级　□2. 省级）核心区所在县（市、区）：□1. 是　□2. 否
	属于其他产业园区，名称：　　　　　　　（产业园区直管部门：　　　）

二、星创天地服务功能

指标名称	指标说明	计量单位	数量
（一）基本条件			
总面积	（2020年）办公场所面积	平方米	
	其中："创业团队和企业"使用场地面积	平方米	
	（2020年）服务场所面积	平方米	
	（2020年）自有/长期租用土地面积（农用）	平方米	
线上服务平台数量	（2020年）星创天地提供的线上服务平台数量	个	
线下服务平台数量	（2020年）星创天地提供的线下公共服务平台的数量	个	
（二）创业人才			
创业服务团队人数	（2020年）与星创天地签订协议，专门为创业团队和创业企业进行创业服务的人员数量	人	
其中：专职人员	（2020年）专职人员人数	人	
创业导师队伍	（2020年）创业导师（含专兼职导师）人数	人	
在孵创业团队和创业企业数量	指根据入驻协议，创业团队或创业企业入驻数量	个	
	累计签约入驻的创业团队和创业企业数量	个	
其中：在孵创业团队	累计签约入驻的创业团队数量	个	

续上表

在孵创业企业	累计签约入驻的创业企业数量	个	
其中：新增创业团队和创业企业	（2020年）签约入驻的创业团队和创业企业数量	个	
创业团队和创业企业人数	签约入驻星创天地的在孵创业团队和创业企业所有工作人员的数量	人	
其中：农村科技特派员	农村科技特派员人数	人	
大学生	大学生人数	人	
返乡农民工	返乡农民工人数	人	
退伍军人	退伍军人人数	人	
其他	其他人员数量	人	
其中：新型职业农民人数	新型职业农民人数	人	
（三）金融服务			
举办的投融资洽谈活动	（2020年）星创天地举办投资者与创业者之间各类投融资洽谈活动次数	场次	
获得投融资的创业团队和企业	（2020年）获得投融资的创业团队和创业企业数量	个	
团队和企业获得投资总额	（2020年）团队和企业获得投资总金额	万元	
（四）创业培训			
举办的创新创业活动	（2020年）星创天地举办的创新创业培训或交流活动总次数	场次	
	（2020年）星创天地举办的培训或交流活动总人次数	总人次	
三、星创天地产出效应			
（一）企业培育			
创业团队和企业的研发投入	（2020年）创业团队和企业用于技术研究开发的资金总额	万元	
创业团队和企业的知识产权数量	创业团队和企业形成的获得国内外知识产权行政部门授权且在2020年有效的知识产权数	个	

续上表

其中：发明专利	/	个	
实用新型专利	/	个	
植物新品种	/	个	
获得省级以上奖励	创业团队和企业累计获得的各类省级以上及行业协会科技奖励的数量	个	
新注册企业	创业团队转化为在工商局注册的企业的数量	个	
培育科技型企业	星创天地累计培育科技型企业	个	
成功孵化企业	星创天地成功孵化的企业数量	个	
新产品销售收入	（2020年）创业团队和企业的新产品（采用新技术原理、新设计构思研制生产，或结构、材质、工艺等某一方面有所突破或较原产品有明显的改进，从而显著提高了产品性能或扩大了使用功能，对提高经济效益具有一定作用，并进入市场流通的产品）销售收入	万元	
（二）社会效应			
就业效应	（2020年）星创天地、创业团队和创业企业吸纳就业总人数	人	
带动增收	（2020年）星创天地、创业团队和创业企业帮助农户户均增收情况	万元/户	
四、星创天地发展潜力			
（一）财税支持			
享受财政资金支持额	星创天地帮助入驻的创业团队和创业企业累计获得各级政府财政资金支持的总额	万元	
（二）运营效率			
运营收入	（2020年）星创天地的运营收入	万元	
其中：服务收入	（2020年）服务收入额	万元	
运营成本	（2020年）星创天地的运营成本	万元	

表 4-5　星创天地创新能力评价体系各指标权重

一级指标	一级指标权重/%	二级指标
A 创新环境	26	A1 孵化育成和产业园区载体建设基础
		A2 星创天地举办投融资洽谈活动次数
		A3 星创天地线下服务平台数量
		A4 星创天地创业教育培训
		A5 "返乡农民工和新型职业农民"创业人数占"创业团队和企业"人数比重
B 创新投入	18	B1 创业服务团队人数与"创业团队和企业"数量的比例
		B2 创业导师人数
		B3 科技特派员创业人数占"创业团队和企业"人数的比重
		B4 "创业团队和企业"获得的社会投资金额
		B5 "创业团队和企业"使用面积
C 创新绩效	30	C1 新增创业企业数量
		C2 "创业团队和企业"新产品销售收入
		C3 "创业团队和企业"获得省级以上科技奖励数量
		C4 培育的科技型企业数量
		C5 星创天地帮助贫困户户均增收情况
D 创新潜力	26	D1 "创业团队和企业"人数
		D2 星创天地的服务收入
		D3 星创天地运营成本
		D4 "创业团队和企业"研发投入
		D5 获得投融资的"创业团队和企业"数量

第三节　星创天地创新能力分析

星创天地创新能力评价是深入落实国务院办公厅发布的《关于加快众创空间发展服务实体经济转型升级的指导意见》以及农业科技创新和三产融合等相关政策的需要，是努力践行《发展"星创天地"工作指引》的重要举措,也是落实《国家创新驱动发展战略纲要》等重要战略的行动抓手。

星创天地创新能力评价体系以星创天地监测指标体系为基础,围绕创新价值实现和创新驱动发展的核心过程,全面考察创新成效的内部和外部因素,综合分析创新能力的投入和产出指标。星创天地创新能力评价在重视结果的同时,也突出强调了创新所具备的基础条件和未来的发展潜力。星创天地创新能力评价体系的建立,是以定量分析的形式描述并解析星创天地的工作绩效和发展水平,弘扬先进发展理念,建设发展创新平台,集聚发展关键要素,优化发展资源配置,发挥发展示范效应,形成发展内生机制,为政府管理部门、农业高新技术企业及新型职业农民提供更优质的决策支持服务。

基于科学性原则、可比性原则、可操作性原则、实用导向性原则、一致性原则和先进性原则,星创天地创新能力评价体系从环境、投入、绩效和潜力四个维度综合衡量星创天地的创新能力,这与事物发展的逻辑规律是相吻合的。星创天地创新能力评价体系包括创新环境、创新投入、创新绩效和创新潜力4个一级指标,权重分别为26%、18%、30%和26%,每个一级指标都包含5个二级指标。

在一级指标创新环境中,孵化育成和产业园区载体建设基础、星创天地举办投融资洽谈活动次数、星创天地线下服务平台数量、星创天地创业教育培训、"返乡农民工和职业农民"创业人数占"创业团队和企业"人数的比重等5个二级指标的权重分别为13.0%、23.4%、20.5%、16.9%和26.2%;在一级指标创新投入中,创业服务团队人数与"创业团队和企业"数量的比例、创业导师人数、科技特派员创业人数占"创业团队和企业"人数的比重、"创业团队和企业"获得的社会投资金额以及"创业团队和企业"使用面积等5个二级指标的权重分别为21.0%、11.3%、18.9%、33.9%和14.9%;在一级指标创新绩效中,新增创业企业数量、"创业团队和企业"新产品销售收入、"创业团队和企业"获得省级以上科技奖励数量、培育的科技型企业数量以及星创天地帮助贫困户户均增收情况等5个二级指标的权重分别为16.6%、13.5%、22.4%、31.6%和15.9%;在一级指标创新潜力中,"创业团队和企业"人数、星创天地服务收入、星创天地运营成本、"创业团队和企业"研发投入以及获得投融资的"创业团队和企业"数量等5个二级指标的权重分别为17.2%、23.8%、18.2%、18.5%和22.3%。

一、星创天地创新能力总体分析

通过创新能力评价计算模型,可以得到广东省星创天地创新能力得分的区间分布情况。调研数据显示,广东省星创天地创新能力得分整体分布在区间[200,480)内，呈现右偏分布，得分及分布数量见图4-2。

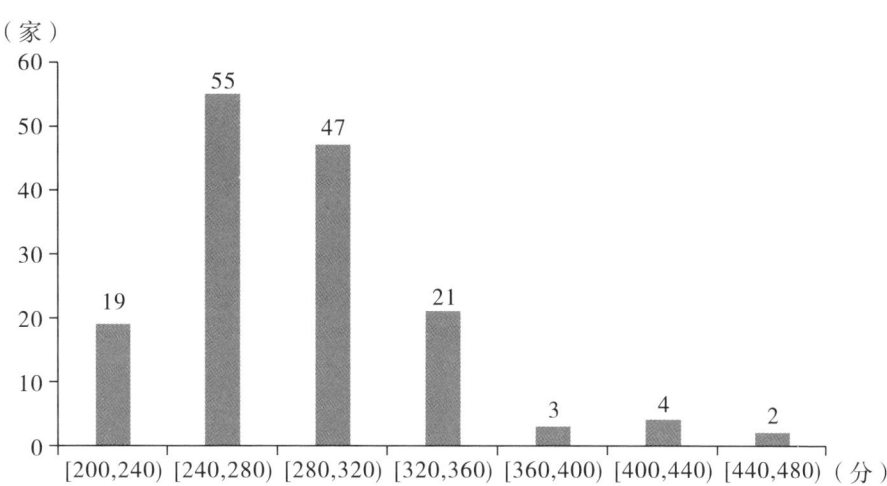

图4-2 星创天地创新能力得分分布数量

创新能力得分在[240,280)的星创天地数量最多，为55家，占比高达36.42%，接近1/3；创新能力得分在[200,240)和[320,360)的星创天地数量相近，分别为19家和21家，占比分别为12.58%和13.91%（见图4-3）。

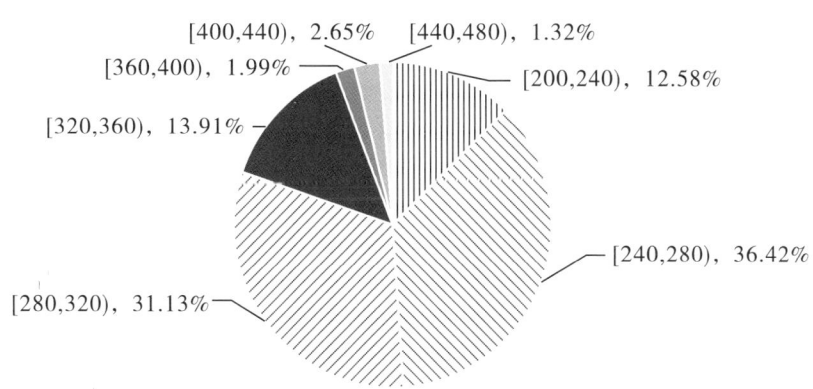

图4-3 星创天地创新能力得分分布及数量占比

2020年，广东省星创天地整体发展较好，创新环境表现突出。根据评价体系，星创天地创新能力指标由创新环境、创新投入、创新绩效、创新潜力四个一级指标构成。如图4-4所示，表现最好的是创新环境，其次是创新潜力，再次是创新绩效，最后是创新投入，平均值分别为84.63分、77.78分、76.50分和50.01分；创新环境、创新投入、创新绩效、创新潜力的最大分值分别是 163.2 分、90.1 分、195.0 分、161.6 分。

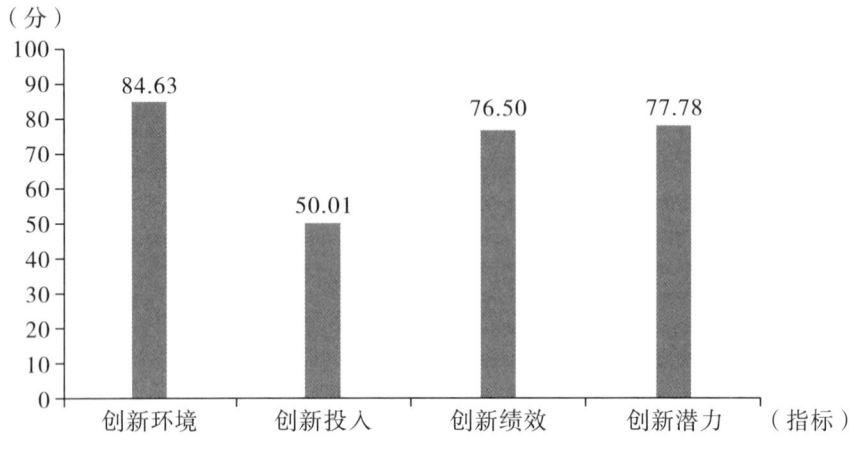

图 4-4　四个一级指标平均值

依据星创天地创新能力得分情况，计算出得分的最大值与最小值之差，将星创天地平均划分为四个组，第一个组得分区间为 [414.9，478.3)，第二组为 [351.5，414.9)，第三组为 [288.1，351.6)，第四组为 [224.6，288.1)。

第一组星创天地数量为 5 家，创新能力得分平均值为 438.97 分；第二组的数量为 4 家，创新能力得分平均值为 385.23 分；第三组的数量为 57 家，创新能力得分平均值为 314.53 分；第四组的数量为 85 家，创新能力得分平均值为 257.92 分（见图 4-5）。

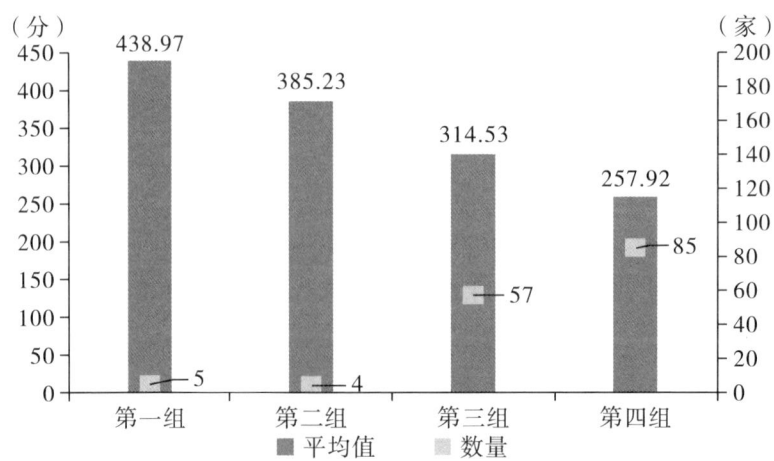

图 4-5　星创天地分组数量及创新能力平均值

在四个组中，创新投入、创新绩效和创新潜力的平均值均随组别而递减。第一组中，创新潜力的平均值最大，为140.91分，创新绩效的平均值大于创新环境，分别为130.03分和101.62分，创新投入的平均值为66.40分；第二组中，创新潜力的平均值为123.51分，略大于创新环境的平均值119.06分，创新投入和创新绩效的平均值分别为55.87分和86.79分；第三组中，创新环境的平均值最大，为94.27分，其次创新潜力的平均值为86.40分，略大于创新绩效的平均值81.71分，创新投入的平均值为52.15分；第四组中，创新潜力的平均值为65.64分，低于创新环境的平均值75.67分和创新绩效的平均值69.30分，创新投入的平均值为47.31分（见图4-6）。

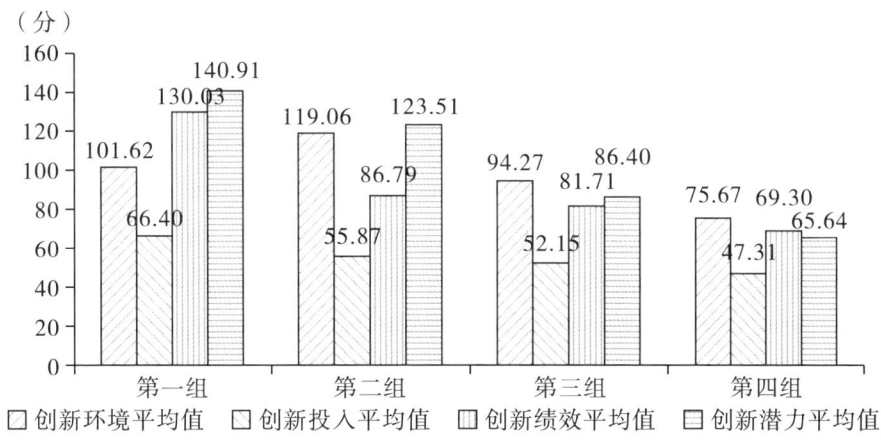

图4-6 星创天地一级指标的平均值

二、星创天地创新能力前60名

课题组数据统计显示，前60名星创天地创新能力的平均值为332分；最大值为478.32分；最小值为292.77分。

位于广州的金颖孵化星创天地排名第一，得分478.32分；佛山科学技术学院大学科技园星创天地排名第二，得分448.29分；梅州的客天下农电商产业园星创天地排名第三，得分为426.93分（表4-6）。

表4-6 星创天地创新能力排名前60名

星创天地名称	所属区域	所属省市	创新能力（分）	排名
金颖孵化星创天地	珠三角	广州	478.32	1
佛山科学技术学院大学科技园星创天地	珠三角	佛山	448.29	2

续上表

星创天地名称	所属区域	所属省市	创新能力（分）	排名
客天下农电商产业园星创天地	粤北	梅州	426.93	3
广东工贸"万讯七子"镇安致富中心星创天地	珠三角	广州	424.78	4
弘科创业园星创天地	珠三角	广州	416.51	5
壹龙星创天地	粤北	梅州	409.93	6
新农人星创天地	珠三角	广州	390.13	7
双丰收星创天地	粤北	河源	372.40	8
东源农村青年科技创业孵化基地	粤北	河源	368.46	9
新绿地休闲农业星创天地	珠三角	广州	350.67	10
顺兴柚业星创天地	粤北	梅州	343.23	11
惠州博罗县药王谷星创天地	珠三角	惠州	343.19	12
智宏星创天地	粤北	梅州	341.82	13
伟景农林星创天地	粤北	河源	341.66	14
珠海金湾区特色水果星创天地	珠三角	珠海	341.28	15
明宇星创天地	粤北	河源	339.16	16
智慧星创天地	珠三角	肇庆	335.63	17
新农汇星创天地	粤北	梅州	334.24	18
柚通柚美星创天地	粤北	梅州	332.85	19
梅州杉富绿色生态农业星创天地	粤北	梅州	327.69	20
梅州兴宁市富荣星创天地	粤北	梅州	325.47	21
梅州五华县潭丰农星创天地	粤北	梅州	324.88	22
龙远生态农业星创天地	粤北	河源	324.18	23
顺喜来农创空间星创天地	珠三角	惠州	323.92	24
达济星创天地	粤北	梅州	323.48	25
华农互联星创天地	粤北	梅州	323.02	26
共富金农星创天地	珠三角	广州	322.54	27
Go！Startup 孵化器	珠三角	广州	322.51	28
韶关南雄市文华电子商务孵化港星创天地	粤北	韶关	322.15	29
大唐特色林果产业星创天地	粤西	云浮	321.32	30
双头双创星创天地	粤北	河源	316.80	31
创客观·众创空间	粤西	湛江	315.87	32

第四章 广东省星创天地创新能力评价体系

续上表

星创天地名称	所属区域	所属省市	创新能力（分）	排名
广东融合生态农业集团有限公司农业产业园	粤北	河源	315.83	33
梅县区金柚产业园星创天地	粤北	梅州	315.77	34
恒生水产养殖星创天地	粤西	阳江	315.00	35
河源东源县铭志农业星创天地	粤北	河源	314.07	36
梅州五华县美宏农业星创天地	粤北	梅州	313.72	37
六色田园创业园星创天地	粤西	湛江	313.70	38
"百工慧"星创天地	粤北	梅州	313.12	39
江门农创中心星创天地	珠三角	江门	311.18	40
东森堂农商对接"星创天地"	粤北	河源	310.69	41
广东万顷园艺世界	珠三角	佛山	309.82	42
岭南绿色农业职业教育星创天地	珠三角	广州	309.23	43
好义三黄胡须鸡星创天地	粤北	河源	307.70	44
梅州市柚之蜜天然饮品星创天地	粤北	梅州	306.52	45
围屋星创天地	粤北	梅州	306.09	46
湛江经济技术开发区海水稻产业星创天地	粤西	湛江	306.00	47
化州化橘红药材发展有限公司星创天地	粤西	茂名	305.43	48
阳江阳东区漠阳香星创天地	粤西	阳江	305.20	49
东莞淡水龟星创天地	珠三角	东莞	304.93	50
十亿人互联网＋品牌农业创客实训星创天地	珠三角	珠海	304.72	51
广州南沙区勤家园·智慧农业星创天地	珠三角	广州	303.99	52
中山坦洲镇坦南创客园星创天地	珠三角	中山	303.64	53
湛江赤坎区启迪海洋＋星创天地	粤西	湛江	302.91	54
珠海市生态农业星创天地基地	珠三角	珠海	302.46	55
华盟农科星创天地	珠三角	中山	302.26	56
韶关曲江区广东亚北智慧农业星创天地	粤北	韶关	300.67	57
广州市正旭农业科技星创天地	珠三角	广州	297.12	58
梦之禽星创天地	粤西	云浮	294.08	59
和平县特色水果生态种植销售星创天地	粤北	河源	292.77	60

注："珠三角"指广州、深圳、珠海、佛山、惠州、东莞、中山、江门和肇庆9个地市；"粤北"指韶关、河源、梅州和清远4个地市。

(一) 梯队分析

根据前60名星创天地创新能力得分的分布情况，课题组将60家星创天地大致分为三个梯队（见图4-7）。其中，金颖孵化星创天地、佛山科学技术学院大学科技园星创天地、客天下农电商产业园星创天地、广东工贸"万讯七子"镇安致富中心星创天地等9家超过365分的星创天地形成第一梯队；新绿地休闲农业星创天地、顺兴柚业星创天地等21家超过320分的星创天地形成第二梯队；双头双创星创天地、"创客观·众创空间"等30家星创天地形成第三梯队。

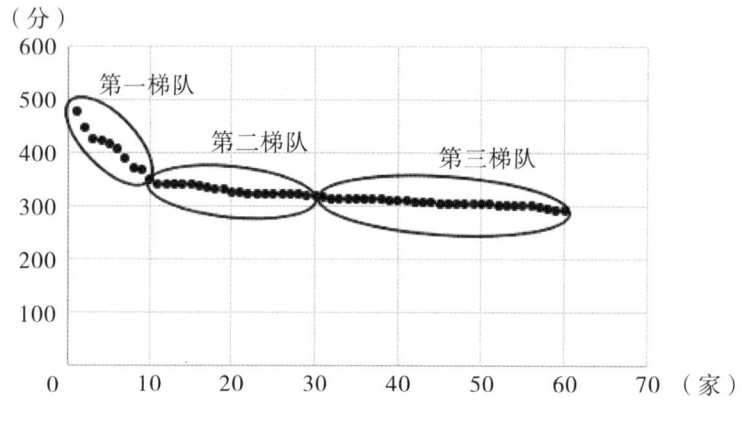

图4-7 广东省星创天地前60名创新能力得分

1. 第一梯队：金颖孵化星创天地、佛山科学技术学院大学科技园星创天地、客天下农电商产业园星创天地等9家星创天地。

广东省星创天地创新能力第一梯队成员分布于广州、佛山、河源和梅州4个地市，其中广州市4个、梅州和河源市各2个、佛山市1个；梯队成员运营主体性质有农业龙头企业、农业院校和科研机构两种，其中农业龙头企业占大多数，比重为77.8%。第一梯队成员的创新能力得分均超过前60名星创天地创新能力平均得分的25.0%，各家星创天地由于所处地市产业建设基础、创新技术发展等差异，在创新能力指标体系的4个一级指标中的表现也各有不同。

例如，金颖孵化星创天地的创新能力得分为478.32分，排名第一，得分遥遥领先于其他星创天地。从各个一级指标来看，金颖孵化星创天地在创新潜力与创新绩效两个方面优势明显，得分排名分别位于创新绩效第一与创新潜力第二；而创新环境（73.2分）仅为该指标最高分的44.9%，创新投入（56.4分）低于单项最高分（90.1分）。依托广东省农科院科技成果转化服务平台优势，集聚创新创业资源要素，构造全链条孵化育成体系，金颖孵化星创天地具有较大的创新潜力和较高的创新绩效，然而专职创业服务团队人才不足、建设规模偏小等问题的存在导致了创新环境和创新投入的得分偏低（见图4-8）。

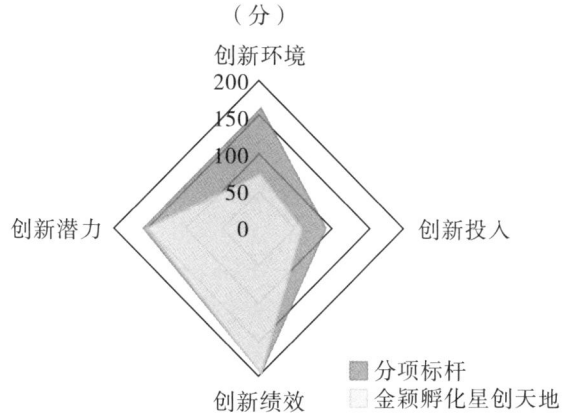

图4-8 金颖孵化星创天地一级指标各项得分示意图

佛山科学技术学院大学科技园星创天地（简称"佛科大"）创新潜力和创新投入大，而创新环境和创新绩效表现相对较弱。一方面，由于借助了佛山的产业优势和科技创新力量，并依托佛山科学技术学院优势学科和专业基础，佛科大得以集聚大量高端人才和先进科研成果，领先于其他星创天地；另一方面，由于当地涉农孵化育成和产业园区载体建设相对落后，政策扶持力度不足，导致其在创新环境方面表现较弱。佛科大以生物科技、动物医院与新兽药研发为主要方向，进行现代中药、新药研究、保健品、人畜共患病和食品安全研究，因成果转化、获得收益需要较长的时间，导致其创新绩效偏低（见图4-9）。

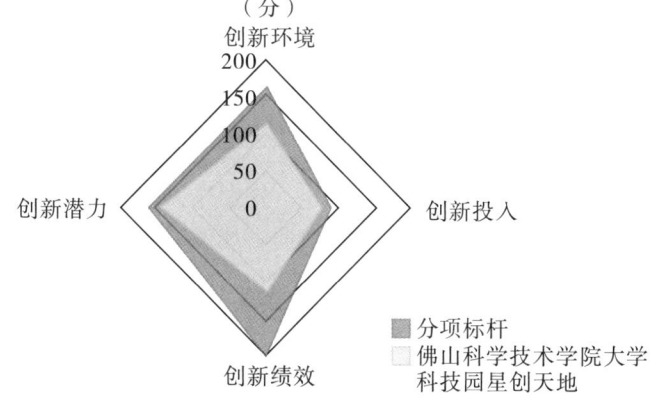

图4-9 佛山科学技术学院大学科技园星创天地一级指标各项得分

客天下农电商产业园星创天地同样表现出了较大的创新潜力（148.9分），排名位于全省第四，加上创新绩效（106.6分）、创新环境（111.0分）、创新投入（60.3分）三个指标不低的得分，使其创新能力得分达426.93分，位列广东省第三。客天下农电商产业园星创天地位于农业科技创新发展处于领先地位的梅州市，先后举办多个新媒体培训班，如"新媒体、新工具、新技术"应用培训班等，并举办了梅州市乡村振兴人才论坛，具有较好的政策环境与人才优势，结合梅州领先的涉农孵化育成机构和产业园区建设基础，集聚了多类型、多层次涉农创新创业资源要素，因此客天下农电商产业园星创天地具有较高的创新能力得分（见图4-10）。

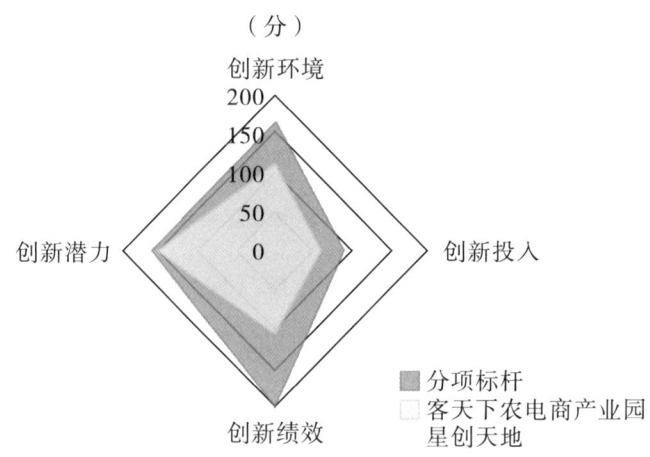

图4-10　客天下农电商产业园星创天地一级指标各项得分

2. 第二梯队：新绿地休闲农业星创天地、顺兴柚业星创天地、惠州博罗县药王谷星创天地等21家星创天地。

第二梯队21家星创天地得分均达到320.0分以上，均值为331.7分，与第一梯队均值415.1分相差83.4分，仍存在较大差距。第二梯队星创天地主要分布在珠三角和粤北地区，分别有7家和13家，分别占33.3%和61.9%，仅有1家分布在粤西地区。

从一级指标的得分来看，第二梯队星创天地创新环境和创新投入得分相对较高，均值分别为104.6分和54.5分，分别达到分项标杆值的64.1%和60.4%；而创新绩效和创新潜力则相对较弱，均值分别为81.5分和91.1分，仅为分项标杆值的41.8%和56.4%。这表明，第二梯队的科技产出带动不够明显，技术服务体系不健全，产品附加值不高，未能形成科技创新带动产业发展的有效模式。这种情况要求第二梯队在未来发展中聚焦共性问题，建设核心技术联合体，增强可持续发展能力，按照优势互补的原则合理分工，优化产业创新链条，全面推动产业技术和产业能力升级（见图4-11）。

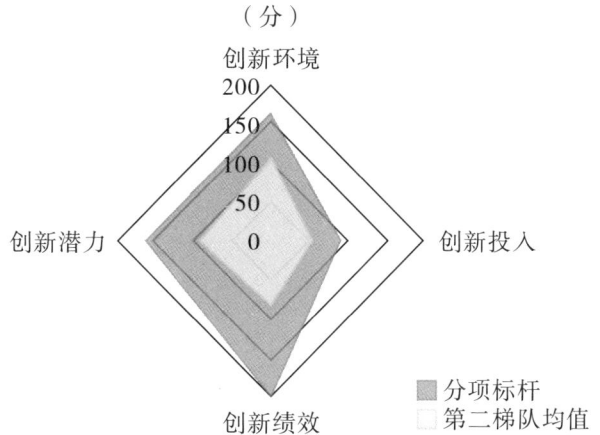

图4-11　第二梯队星创天地一级指标各项平均得分

3. 第三梯队：双头双创星创天地、创客观·众创空间、广东融合生态农业集团有限公司农业产业园等30家星创天地。

第三梯队星创天地主要分布在粤北地区（12家）和珠三角地区（10家），分别占40.0%和33.3%，在粤西地区分布有（8家），占26.7%。在各地市分布中，河源市的数量最多，有6家；其次是梅州市5家、湛江市4家。

从各个一级指标的得分来看，第三梯队各个一级指标得分均值都低于分项标杆值的56.0%。相对来看，第三梯队创新投入的得分情况略好，为标杆值的55.6%；创新环境和创新潜力得分一般；而创新绩效得分则较差，仅为标杆值的42.7%（见图4-12）。

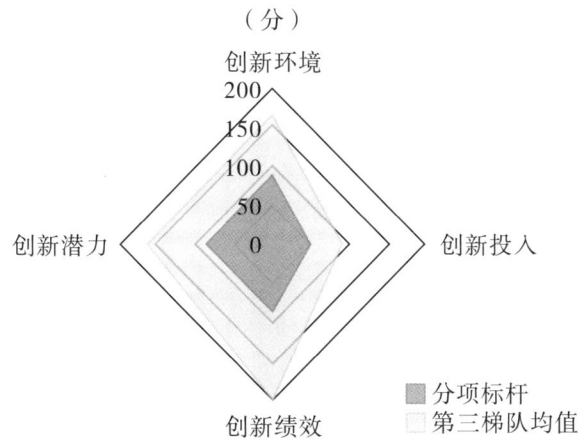

图4-12　第三梯队星创天地一级指标各项平均得分

显然，第三梯队与第二梯队情况相似，同样需要聚焦共性问题，建设核心技术联合体，搭建科研平台和技术服务平台。此外，第三梯队还需要加强构建人才培养体系，对以大学毕业生和返乡农民工为主的入驻创客给予创业扶持，加快人才集聚。

（二）主体、区域和县市分析

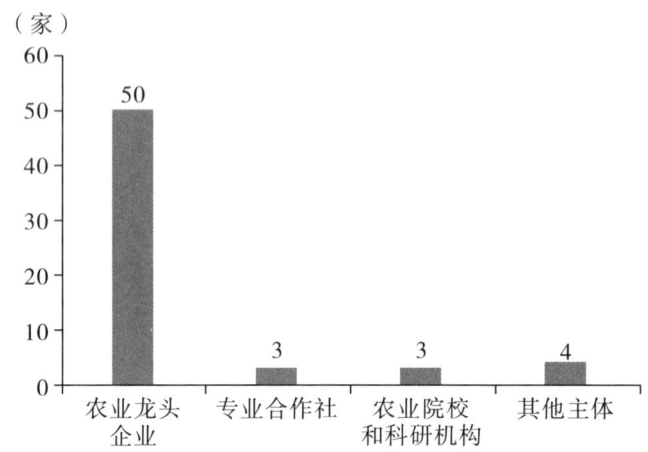

图4-13 前60名星创天地在一级指标的数量

按运营主体性质划分，前60名星创天地中，农业龙头企业的数量最多，有50家，数量优势明显，说明农业龙头企业运营的星创天地起到了良好的带头示范作用，形成了规模，有利于发挥优势产业领域企业市场优势；专业合作社与农业院校和科研机构的数量相同，均只有3家；其他运营主体有4家（见图4-13）。

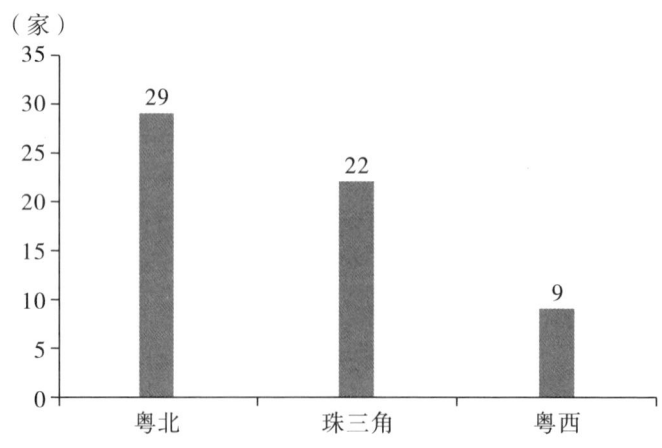

图4-14 前60名星创天地地域分布数量

按所属区域划分,前 60 名星创天地中,粤北地区的星创天地数量最多,为 29 家,数量优势明显;其次是珠三角地区,数量为 22 家;数量最少的是粤西地区,仅 9 家;粤东地区没有星创天地进入前 60 名(见图 4-14)。

按所属地市划分,前 60 名星创天地中,梅州市的星创天地数量最多,为 16 家,数量优势明显;其次是河源市和广州市,数量分别为 11 家和 10 家。梅州市、河源市的星创天地数量排到前列,一共 27 家,说明前 60 名中,粤北地区的星创天地多数集中分布在这两个地级市(见图 4-15)。

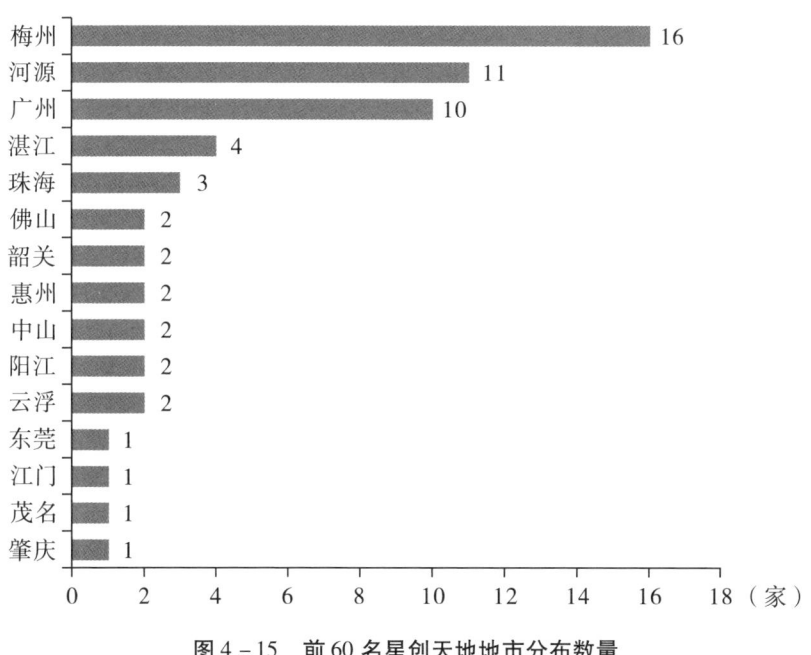

图 4-15 前 60 名星创天地地市分布数量

三、不同运营主体星创天地创新能力分析

根据运营主体性质,课题组将星创天地分为四种,分别是农业龙头企业、农业院校和科研机构、专业合作社以及其他主体。

151 家星创天地中,农业龙头企业的数量占绝对优势,有 125 家,占比高达 82.78%,是其他三种运营主体数量的 4 倍;农业院校和科研机构与其他两种主体性质的星创天地数量一样,均为 9 家,占比均为 5.96%;专业合作社性质的星创天地数量为 8 家,占比为 5.30%。这表明,广东省星创天地的运营主体以龙头企业为主,农业院校和科研机构与其他主体并存(见图 4-16 和图 4-17)。

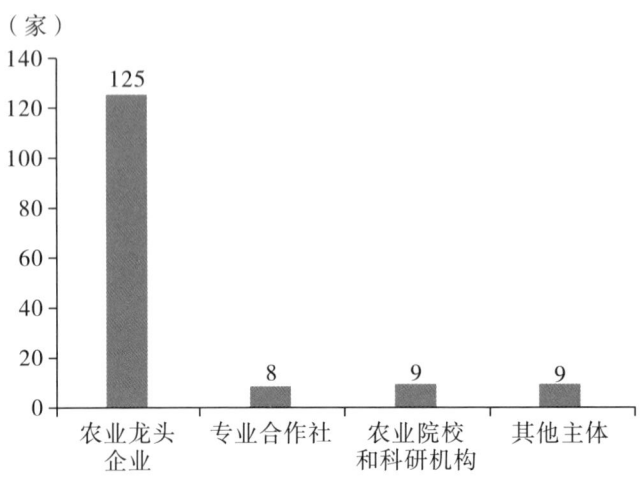

图 4-16 不同运营主体性质星创天地的数量

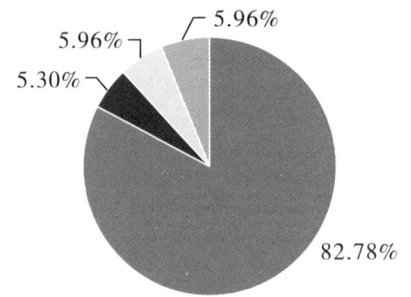

图 4-17 不同运营主体性质星创天地的数量占比

（一）农业院校和科研机构创新能力平均值最大，各运营主体性质的星创天地创新能力得分较好

不同运营主体的星创天地创新能力平均值反映了广东省不同运营主体星创天地创新能力得分的分布趋势以及一般水平。其中，农业院校和科研机构的创新能力平均值最高，为 298.35 分；专业合作社和其他主体的创新能力平均值十分接近，分别为 275.92 分和 277.43 分；农业龙头企业创新能力平均值为 289.58 分。这表明，运营主体为农业院校和科研机构的星创天地具有更强的创新能力。

农业龙头企业的创新能力最大值最为突出，为 478.32 分；其次是农业院校和科研机构，最大值为 424.78 分；专业合作社与其他主体的最大值则较为相近，分别为 315.00 分和 313.12 分（见图 4-18）。

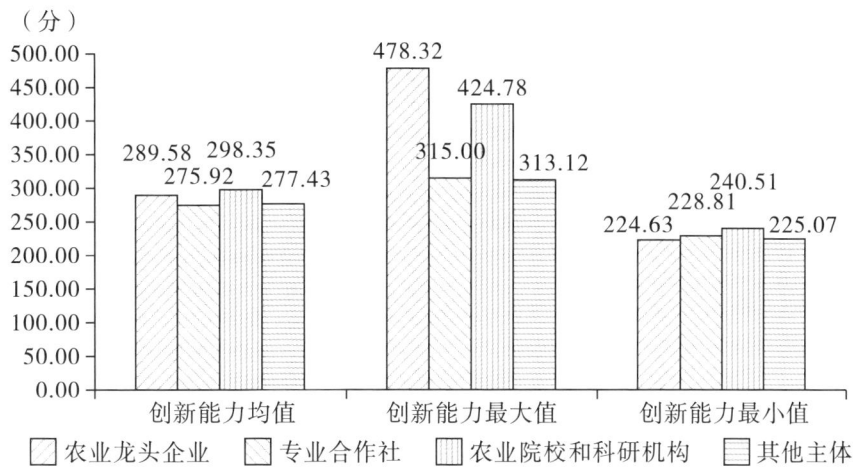

图4-18 各类星创天地创新能力的平均值、最大值和最小值

农业院校和科研机构、专业合作社、其他主体以及农业龙头企业创新能力最小值呈现由高到低的趋势，分别为240.51分、228.81分、225.07分、224.63分。

广东省四种性质星创天地的得分分布与总体得分分布相近，均呈右偏分布。

农业龙头企业、农业院校和科研机构、专业合作社和其他主体的创新能力在区间[240, 280)的数量最多，分别为46家、5家、2家、2家，占对应性质星创天地数量的比重分别为83%、9%、3%和3%。创新能力得分在360分以上的星创天地运营主体性质均为农业龙头企业、农业院校和科研机构，分别有7家和2家，占对应性质星创天地数量的5.6%和22.2%（见图4-19）。

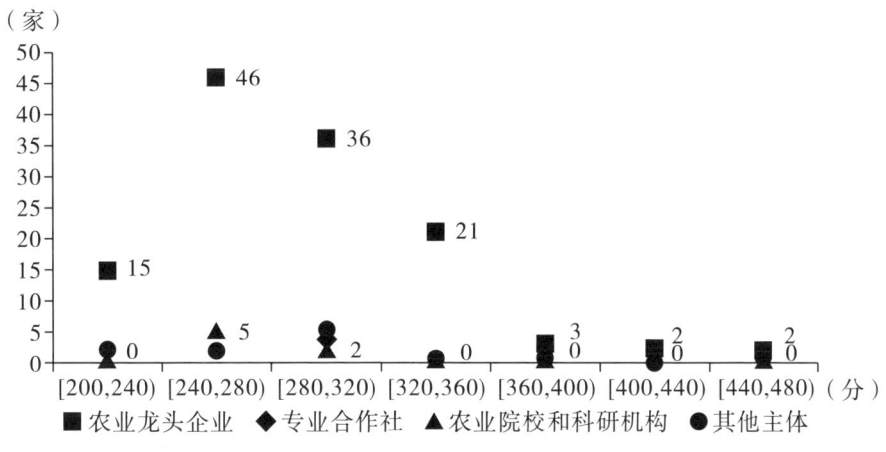

图4-19 四种运营主体星创天地创新能力的得分分布数量

（二）农业龙头企业在四组中处于相对优势地位

课题组依据星创天地创新能力得分情况，计算出得分的最大值与最小值之差，将星创天地平均划分为四个组，再结合各星创天地的运营主体性质分类进行交叉式复合分组。

在第一组中，有农业龙头企业、农业院校和科研机构，创新能力平均值分别为451.2分和420.6分；专业合作社和其他主体创新能力较为落后。

在第二组中，只有农业龙头企业，创新能力平均值最高为385.2分；农业院校和科研机构出现断层现象。

在第三组中，农业龙头企业、农业院校和科研机构的创新能力平均值位居前两位，分别为315.9分和309.2分，均在309分之上；专业合作社和其他主体的创新能力平均值接近，分别为308.9分和305.7分。

在第四组中，农业龙头企业的创新能力平均值为259.1分，位居第一；专业合作社、农业院校和科研机构的创新能力平均值分别位居第二位和第三位，分别为256.1分和255.8分；其他主体位居第四位，创新能力平均值分为242.0分（见图4-20）。

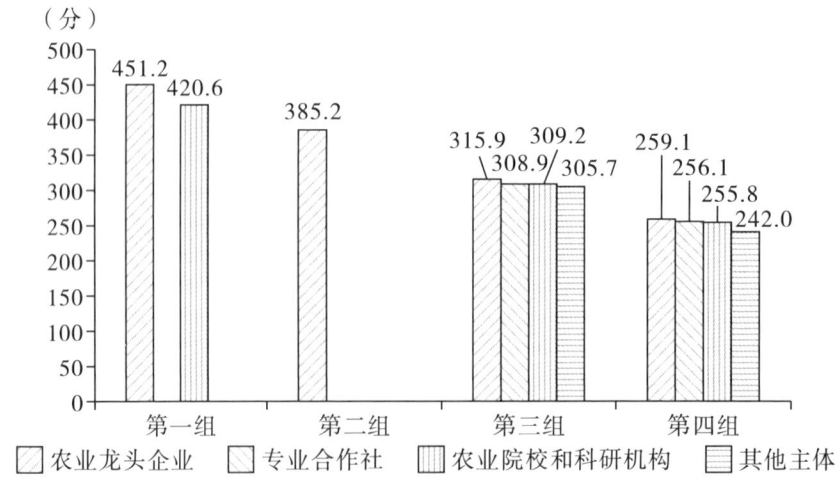

图4-20 四个组各类星创天地创新能力平均值

四、不同区域星创天地创新能力分析

课题组将广东省星创天地所在地域分为四个区域，分别是粤东、粤西、粤北和珠三角地区。粤东地区包括汕头、汕尾2个地市；粤西地区包括阳江、湛江、茂名和云浮4个地市；粤北地区包括梅州、河源、清远和韶关4个地市；珠三角则包括广州、深圳、珠海、佛山、惠州、东莞、中山、江门和肇庆9个地市。

粤北地区的星创天地数量最多，为70家，占比46.36%，显示出粤北地区在星创天地数量方面的优势；其次是珠三角地区和粤西地区，分别为51家和26家，占比分别为33.77%、17.22%；最少的是粤东地区，由于粤东发展水平相对落后，开展星创天地备案工作的时间相对较晚，仅有4家，占比为2.65%（见图4-21和图4-22）。

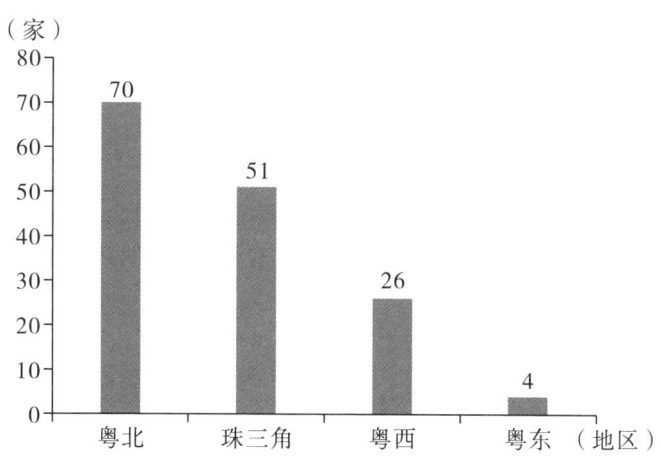

图4-21　各地区星创天地数量

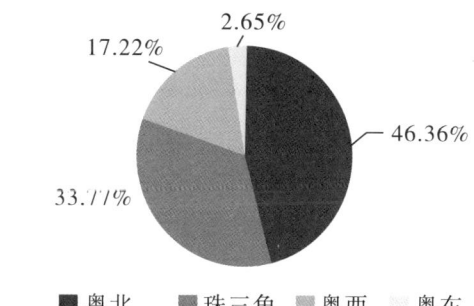

图4-22　各地区星创天地数量占比

（一）珠三角地区星创天地平均创新能力具有领先优势

珠三角地区星创天地创新能力的平均表现优于粤北、粤西和粤东地区。珠三角地区的星创天地创新能力平均值为295.3分，其次是粤北地区的292.8分和粤西地区的272.9分，最后是粤东地区，平均值为233.7分。

就最大值而言，珠三角地区的创新能力得分最大值为478.3分，排名第一；粤北地区、粤西地区和粤东地区依次递减，分别是426.9分、321.3分和239.9分；就最小值而言，四个地区得分较为接近，粤东地区、珠三角地区、粤北地区和粤西地区的最小值分别为 226.9 分、226.6 分、225.1 分、224.9 分（见图 4-23）。

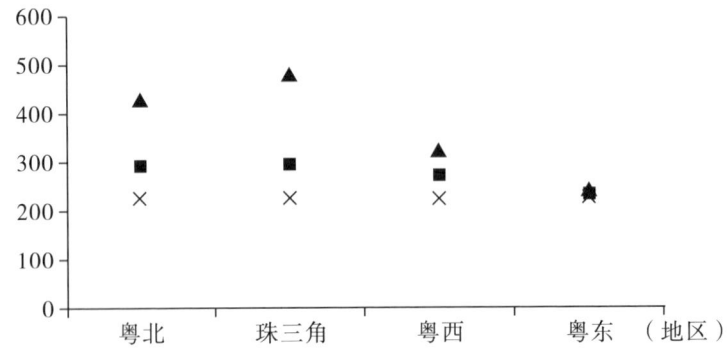

图 4-23　各地区星创天地创新能力最大值、平均值和最小值

（二）星创天地创新能力得分分布

粤北地区的星创天地创新能力得分在 200~440 分之间，同样呈右偏分布，在 320 分以上的有 17 家，占比 12.9%。

粤北地区星创天地创新能力得分主要集中在 [240, 280)、[280, 320) 两个区间，均超过 20 家，分别为 26 家、22 家，占比 37.1% 和 31.4%。粤北地区星创天地在这两个区间分布的总数为 48 家，占比 68.5%，总体占绝大多数（见图 4-24）。

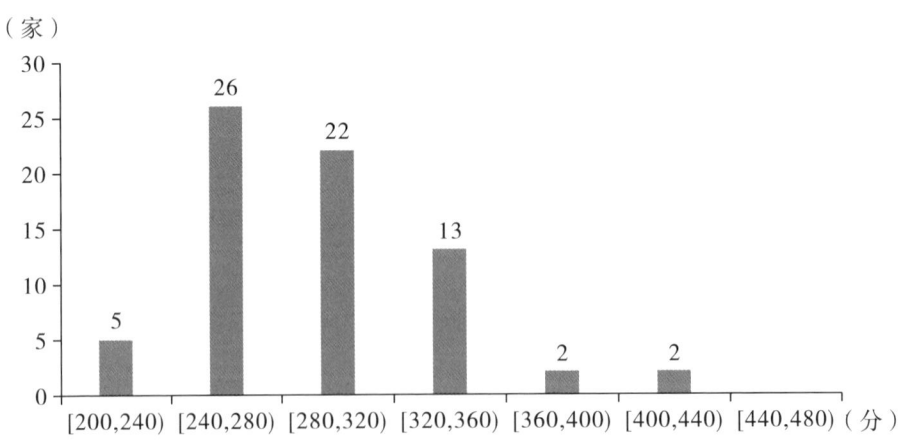

图 4-24　粤北地区星创天地创新能力得分分布数量

珠三角地区的星创天地创新能力得分在 200~480 分之间，320 分以上的有 12 家，占比 23.5%。

珠三角地区星创天地创新能力得分主要集中在［240，280）、［280，320）两个区间，均超过15家，分别为17家、16家，占比33.3%和31.4%。珠三角地区星创天地在这两个区间的总数为33家，占比64.7%，总体占绝大多数（见图4-25）。

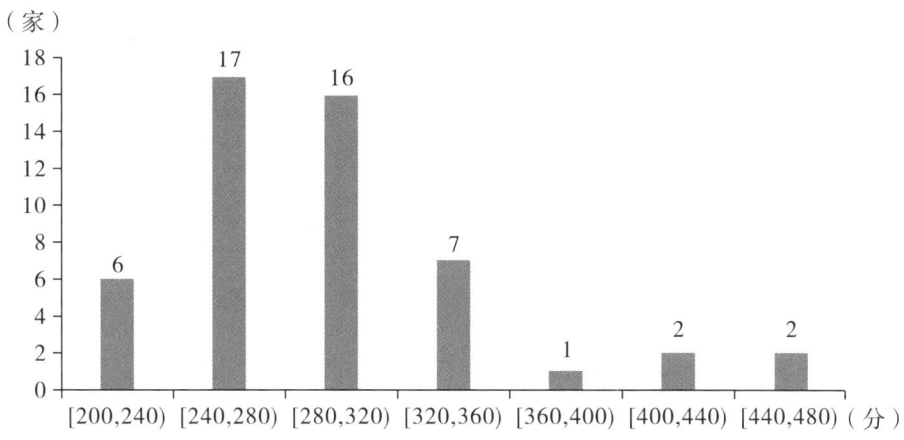

图4-25　珠三角地区星创天地创新能力得分分布数量

粤西地区的星创天地创新能力得分在200～440分之间，280分以上的有10家，占比38.4%。

粤西地区星创天地创新能力得分主要集中在［240，280）、［280，320）两个区间，分别为12家、9家，占比46.2%和34.6%。粤西地区星创天地在这两个区间的总数为21家，占比80.8%，总体上占绝大多数（见图4-26）。

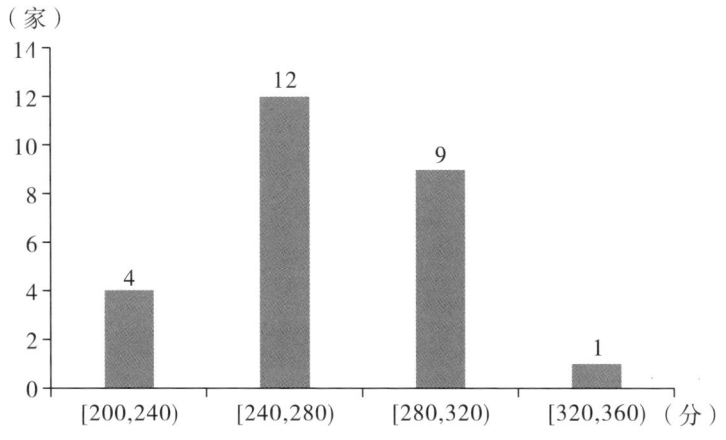

图4-26　粤西地区星创天地创新能力得分分布数量

粤东地区星创天地创新能力得分仅分布在［200，240）一个区间，总共有 4 家。

（三）各地区星创天地在四个一级指标上的表现

在创新环境方面，粤北地区星创天地平均值明显大于其他三个地区，粤北、珠三角、粤西、粤东四个地区平均值由高到低依次递减，分别为 93.2 分、81.0 分、72.6 分、60.7 分；在创新投入方面，粤东和珠三角地区平均值大于粤北和粤西地区；在创新绩效和创新潜力两个方面，珠三角地区平均值均大于其余三个地区，为 81.2 分和 81.3 分，其次是粤北和粤西地区，两个地区平均值较为接近，粤东地区的平均值则相对略低，两个指标平均值分别仅为珠三角地区的 80.1% 和 67.2%（见图 4-27）。

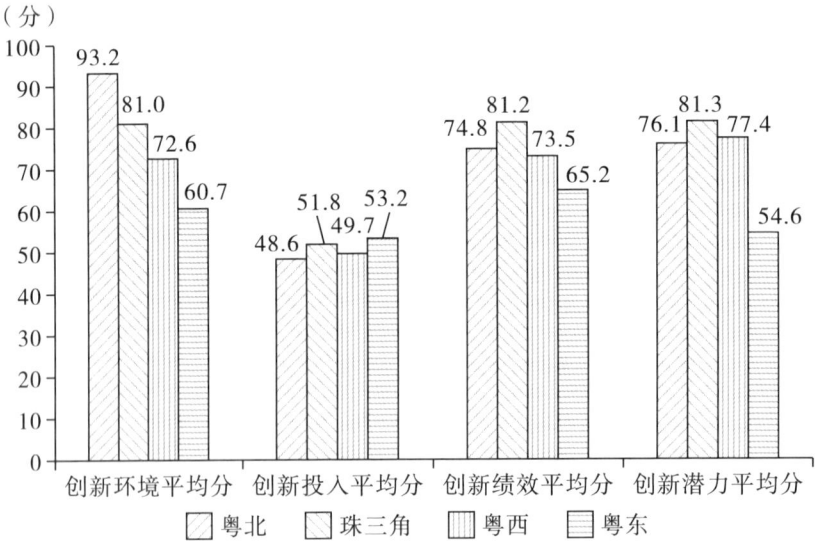

图 4-27　各地区星创天地四个一级指标的平均值

五、不同地市星创天地创新能力分析

2020 年，河源市的星创天地数量最多，有 33 家，占比 21.9%；梅州市的星创天地数量次之，有 24 家，占比 15.9%；广州市的星创天地数量排第三，有 16 家，占比 10.6%（见图 4-28）。

（一）广州市星创天地创新能力平均值最大

2020 年，19 个市级星创天地的创新能力平均值的最大值为 320.79 分，最低分为 228.81 分，相差 91.98 分。其中，广州市星创天地的创新能力平均值最高，为 320.79 分，其次是梅州、珠海、佛山、中山，前五名地市星创天地的创新能力得分平均值均超过 300 分。另外 14 个市级星创天地创新能力平均值在 228.81～283.32 分（见图 4-29）。

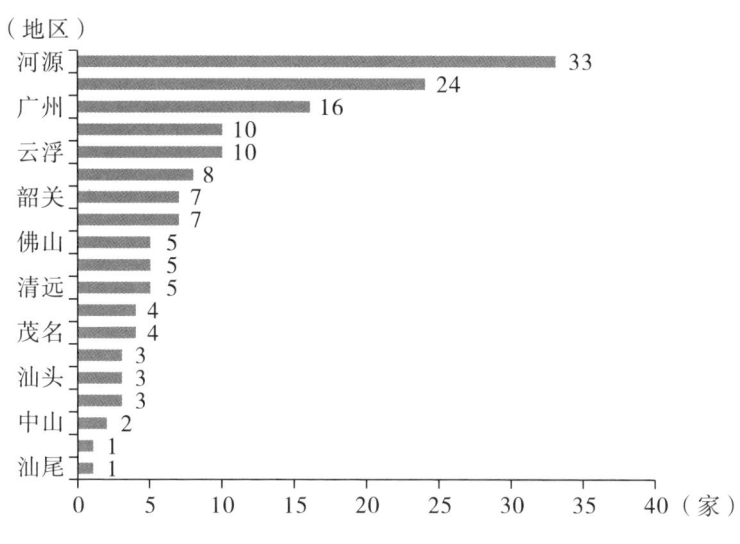

图 4-28　各地市星创天地创新数量

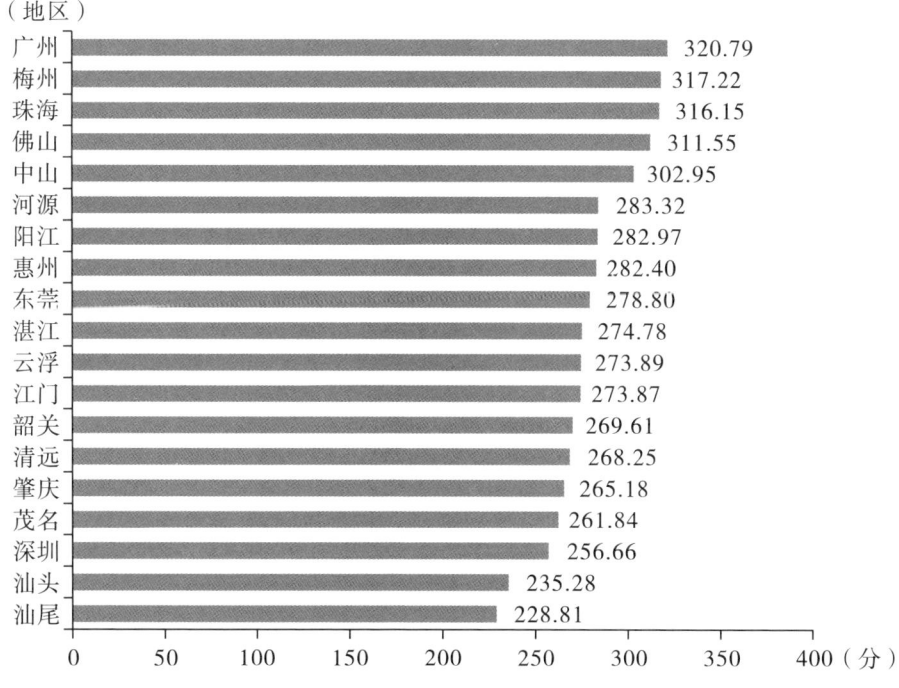

图 4-29　各地市星创天地创新能力平均值

（二）19个地市星创天地创新能力得分分布各异

下面按照星创天地数量从大到小的顺序，对各地市星创天地创新能力得分分布进行分析。

2020年，河源市33家星创天地创新能力得分分布在［200，240）、［240，280）、［280，320）、［320，360）、［360，400）等5个区间，数量分别为2家、18家、8家、3家和2家。得分在280分以上的星创天地有13家，占比39.4%（见图4-30）。

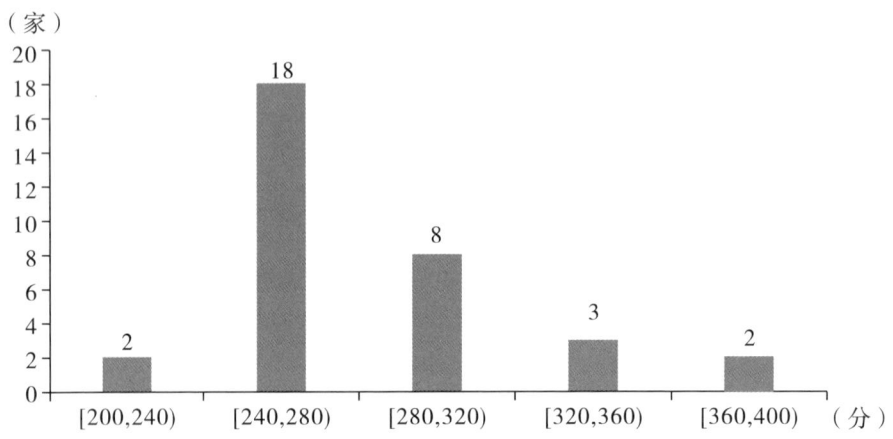

图4-30　河源市星创天地创新能力得分分布数量

2020年，梅州市24家星创天地创新能力得分分布在［240，280）、［280，320）、［320，360）、［400，440）等4个区间，数量分别为3家、10家、9家和2家。得分在320分以上的星创天地有11家，占比45.8%（见图4-31）。

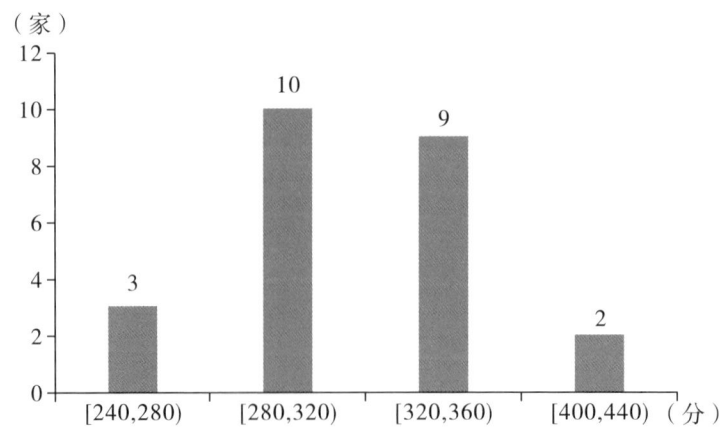

图4-31　梅州市星创天地创新能力得分分布数量

2020年，广州市16家星创天地创新能力得分分布在［200，240）、［240，280）、［280，320）、［320，360）、［360，400）、［400，440）、［440，480）等7个区间，数量分别为2家、3家、4家、3家、1家、2家和1家。得分在360分以上的星创天地有4家，占比25%（见图4-32）。

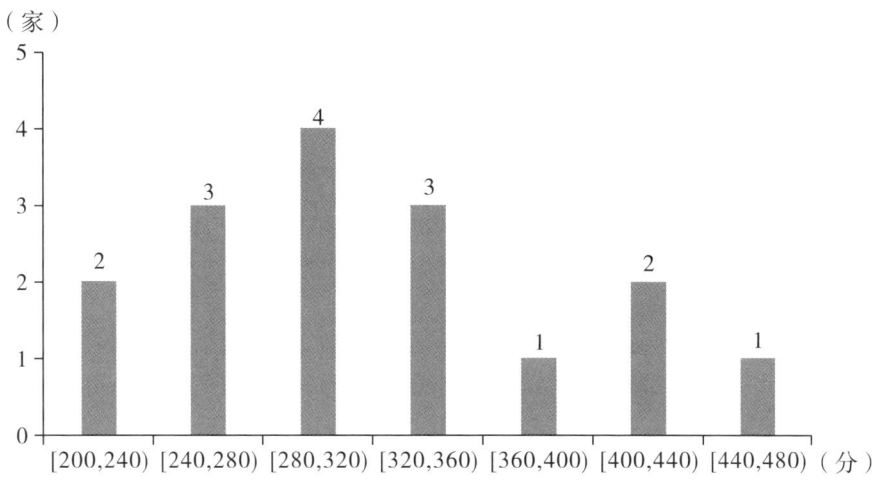

图4-32　广州市星创天地创新能力得分分布数量

2020年，云浮市10家星创天地创新能力得分分布在［240，280）、［280，320）、［320，360）等3个区间，数量分别为7家、2家、1家。得分在280分以上的星创天地有3家，占比30%（见图4-33）。

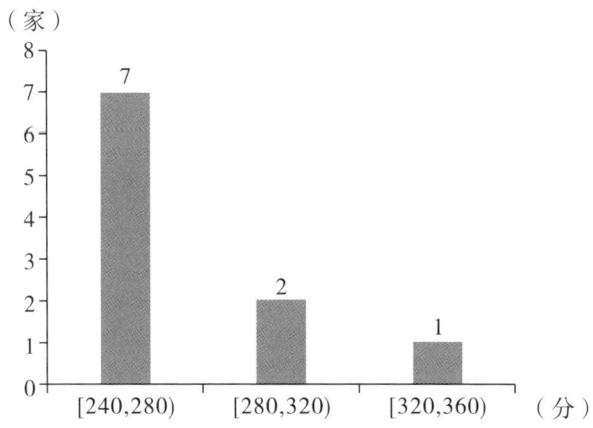

图4-33　云浮市星创天地创新能力得分分布数量

2020年，肇庆市10家星创天地创新能力得分分布在［200，240）、［240，280）、［320，360）等3个区间，数量分别为1家、8家、1家（见图4-34）。

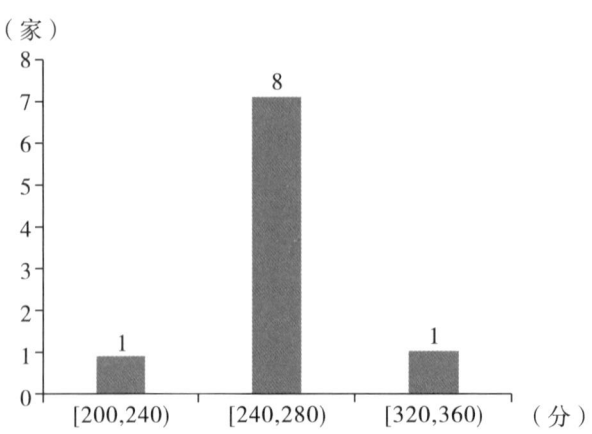

图 4 - 34　肇庆市星创天地创新能力得分分布数量

2020 年，湛江市 8 家星创天地创新能力得分分布在 [200，240)、[240，280)、[280，320) 等 3 个区间，数量分别为 3 家、1 家和 4 家。得分在 280 分以上的星创天地有 4 家，占比 50%（见图 4 - 35）。

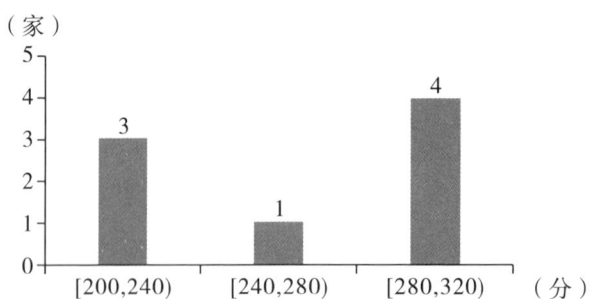

图 4 - 35　湛江市星创天地创新能力得分分布数量

2020 年，韶关市 7 家星创天地创新能力得分分布在 [200，240)、[280，320)、[320，360) 等 3 个区间，数量分别为 3 家、3 家和 1 家（见图 4 - 36）。

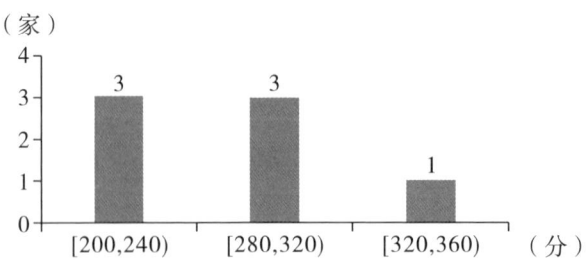

图 4 - 36　韶关市星创天地创新能力得分分布数量

2020年,惠州市7家星创天地创新能力得分分布在[200,240)、[240,280)、[280,320)、[320,360)等4个区间,数量分别为1家、2家、2家和2家。得分在280分以上的星创天地有4家,占比57.14%(见图4-37)。

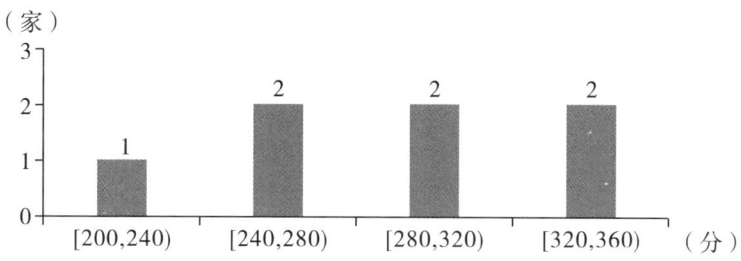

图4-37 惠州市星创天地创新能力得分分布数量

2020年,佛山市5家星创天地创新能力得分分布在[200,240)、[240,280)、[280,320)、[440,480)等4个区间,数量分别为1家、1家、2家和1家。得分在280分以上的星创天地有3家,占比60%(见图4-38)。

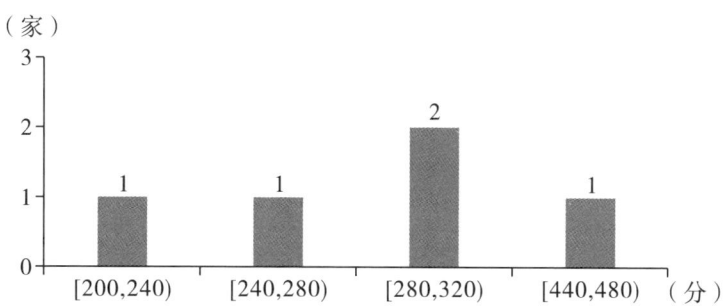

图4-38 佛山市星创天地创新能力得分分布数量

2020年,清远市5家星创天地创新能力得分全部分布在[240,280)区间。

2020年,阳江市5家星创天地创新能力得分分布在[240,280)、[280,320)等2个区间,数量分别为2家和3家(见图4-39)。

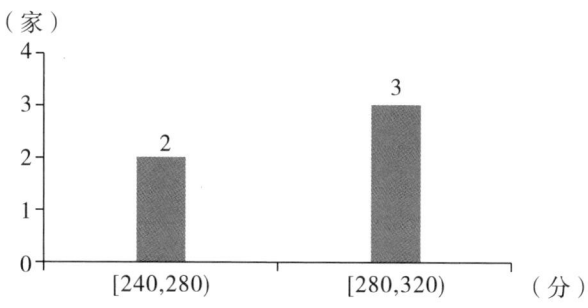

图4-39 阳江市星创天地创新能力得分分布数量

2020年，江门市4家星创天地创新能力得分分布在[200，240)、[240，280)、[280，320)等3个区间，数量分别为1家、1家和2家（见图4-40）。

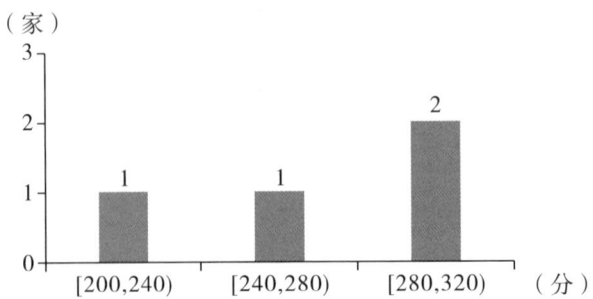

图4-40　江门市星创天地创新能力得分分布数量

2020年，茂名市4家星创天地创新能力得分分布在[200，240)、[240，280)、[280，320)等3个区间，数量分别为1家、2家和1家（见图4-41）。

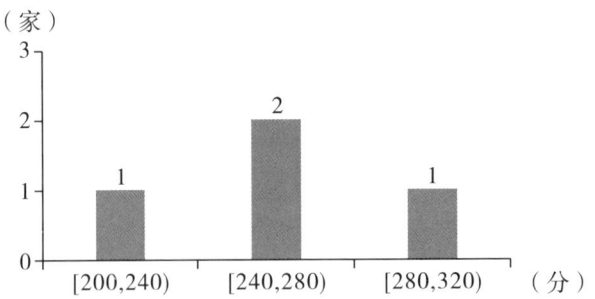

图4-41　茂名市星创天地创新能力得分分布数量

2020年，汕头市仅有3家星创天地，创新能力得分分布在[200，240)区间。

2020年，珠海市3家星创天地创新能力得分分布在[280，320)、[320，360)等2个区间，数量分别为2家和1家（见图4-42）。

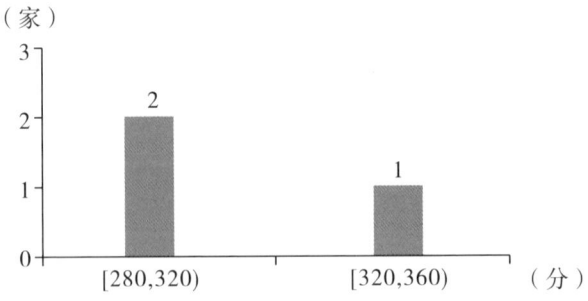

图4-42　珠海市星创天地创新能力得分分布数量

2020年，东莞市3家星创天地创新能力得分分布在[240，280)、[280，320)等2个区间，数量分别为1家和2家（见图4-43）。

2020年，中山市有2家星创天地，创新能力得分分布在[280，320)区间。

2020年，汕尾市仅有1家星创天地，创新能力得分分布在[200，240)区间。

2020年，深圳市仅有1家星创天地，创新能力得分分布在[240，280)区间。

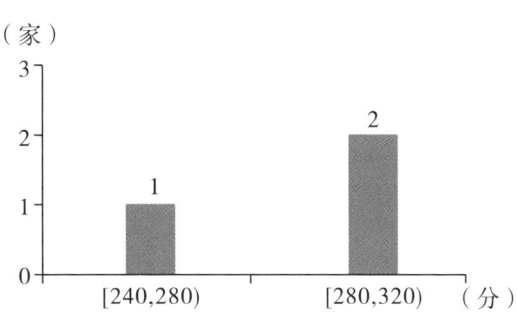

图4-43 东莞市星创天地创新能力得分分布数量

（三）各地市星创天地一级指标的平均值分析

在一级指标创新环境方面，梅州、珠海、河源3个地市星创天地的平均值位居前三名，均在90分以上，分别为106.51分、94.23分和90.51分；其余地市中，14个地市星创天地创新环境的平均值在区间[67，87]，2个地市平均值在区间[57，59]（见图4-44）。

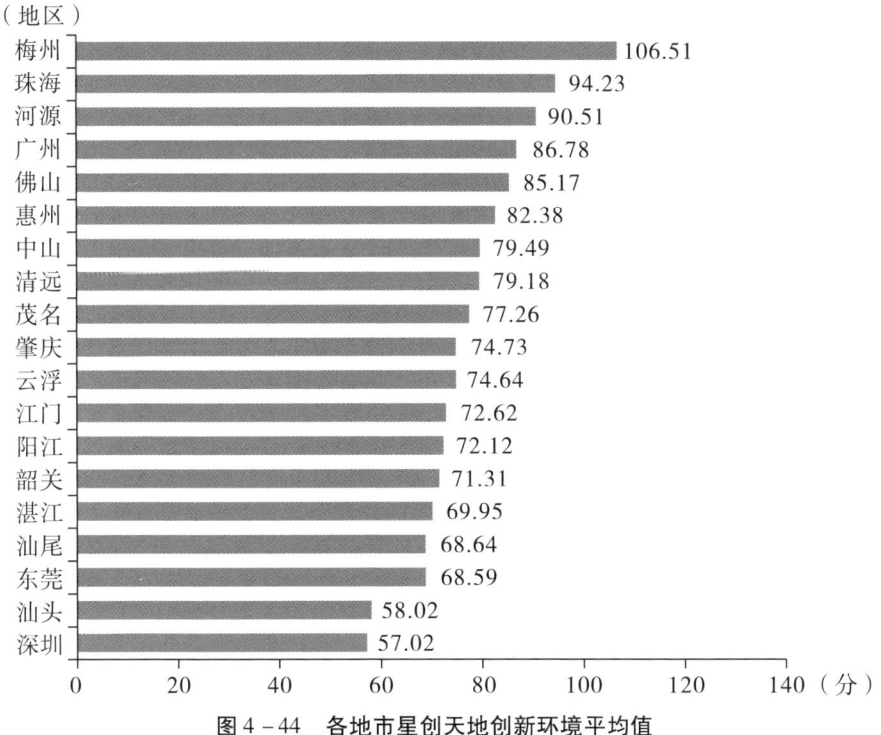

图4-44 各地市星创天地创新环境平均值

在一级指标创新投入方面，汕头、江门和中山3个地市星创天地的平均值超过55分，分别为56.35分、56.14分和55.42分；其余地市中，15个地市星创天地创新投入的平均值在区间［45，55），仅1个地市星创天地创新投入平均值在45分之下（见图4-45）。

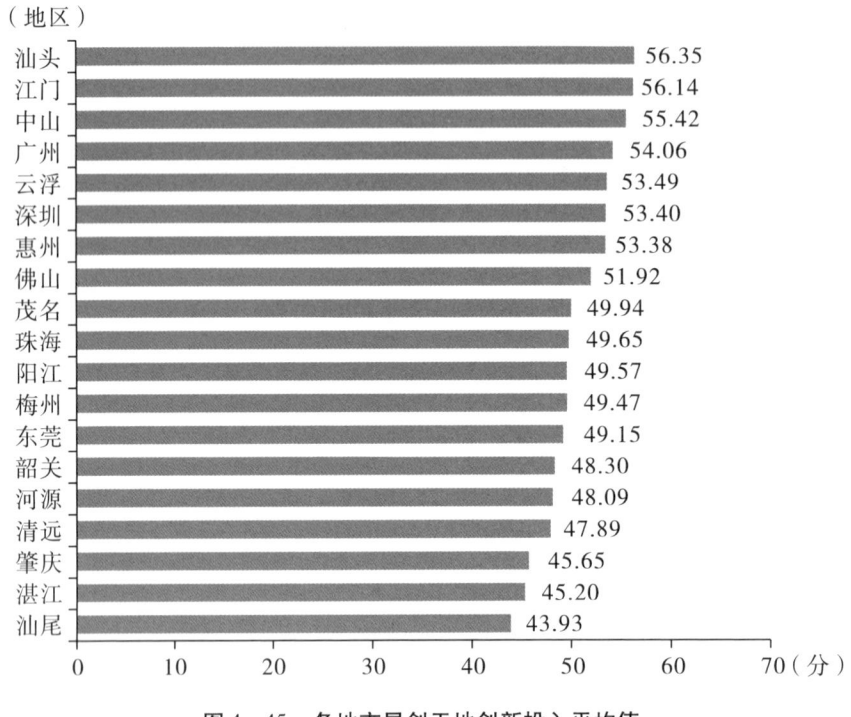

图4-45　各地市星创天地创新投入平均值

在一级指标创新绩效方面，广州、珠海和中山市星创天地的平均值超过84分，分别为91.70分、84.34分和84.20分；其余16个地市中，星创天地创新环境的平均值在区间［60，84）（见图4-46）。

在一级指标创新潜力方面，佛山、广州和珠海市星创天地的平均值超过87分，分别为93.52分、88.25分和87.93分；其余16个地市中，5个地市星创天地创新环境的平均值在区间［82，86.5），9个地市平均值在区间［67，78），仅有2个地市的平均值在区间［54，56)（见图4-47）。

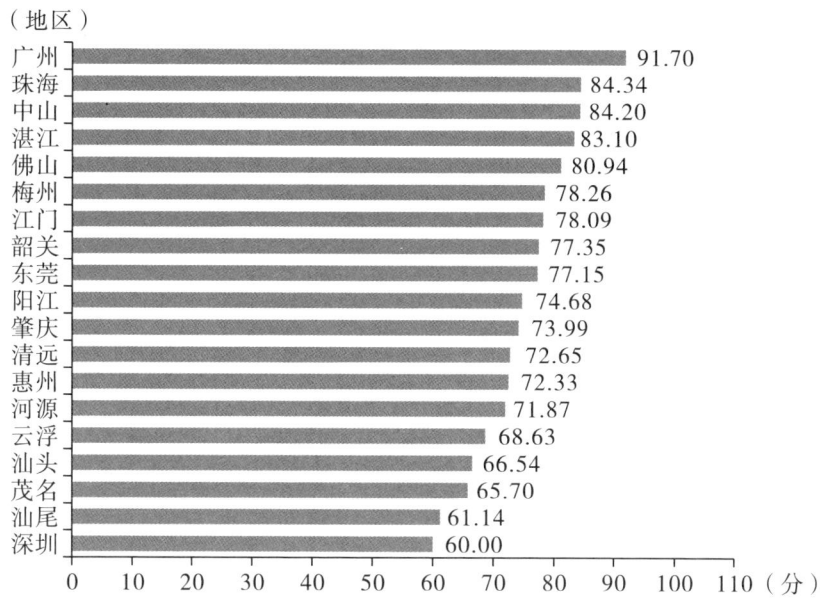

图 4-46 各地市星创天地创新绩效平均值

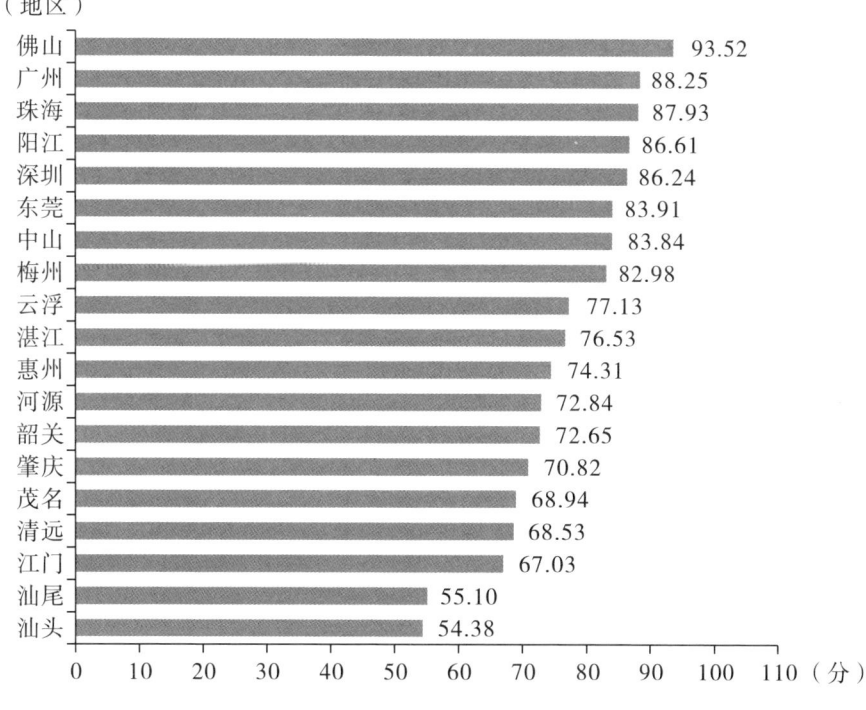

图 4-47 各地市星创天地创新潜力平均值

第四节 星创天地创新环境分析

创新环境是指在创新过程中,影响创新主体进行创新的各种外部因素的总和,主要包括政府对创新的发展战略与规划,对创新行为的政策支持与经费力度以及社会对创新行为的态度等。

广东省星创天地创新能力评价体系中的一级指标"创新环境"旨在考察星创天地在办公环境、人才服务、培训服务、投融资对"创业团队和企业"提供的帮助和扶持力度,以及星创天地提供的环境对创新创业的促进作用。创新环境是创新能力指标评价体系中重要的一级指标,占26%的权重,是权重第二大的一级指标之一。

创新环境包括5个二级指标,包括孵化育成和产业园区载体建设基础、星创天地举办投融资洽谈活动次数、星创天地线下服务平台数量、星创天地创业教育培训、"返乡农民工和职业农民"创业人数占"创业团队和企业"人数比重。

一、创新环境整体分析

2020年,广东省151家星创天地在创新环境方面表现良好,得分呈现右偏分布,最大值163.2分,最小值55.9分,差距较大,相差107.3分,平均值84.7分;创新环境在90分以上(含)的星创天地有44家,占比29.1%。

创新环境在[70,90)区间的星创天地数量最多,为68家,占比45.0%,接近50%;创新环境得分在[50,70)和[90,110)两个区间的星创天地数量较为接近,分别为39家和27家,占比分别为25.8%和17.9%(见图4-48)。

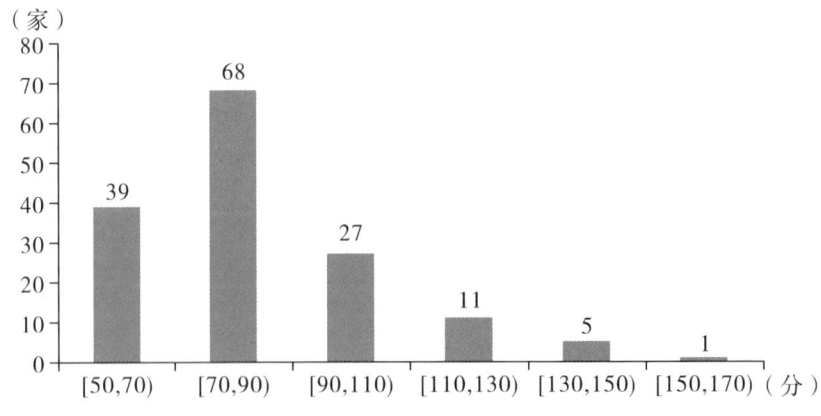

图4-48 星创天地创新环境得分分布情况

（一）在创新环境方面，农业龙头企业和专业合作社相对优秀

在创新环境方面，农业龙头企业和专业合作社平均得分十分接近，仅相差 0.15 分，二者均表现出一定的优势。四种运营主体性质中，农业龙头企业、专业合作社、农业院校和科研机构以及其他主体创新能力平均值呈现由高到低的趋势，分别为 85.90 分、85.75 分、77.11 分和 74.64 分（见图 4－49）。

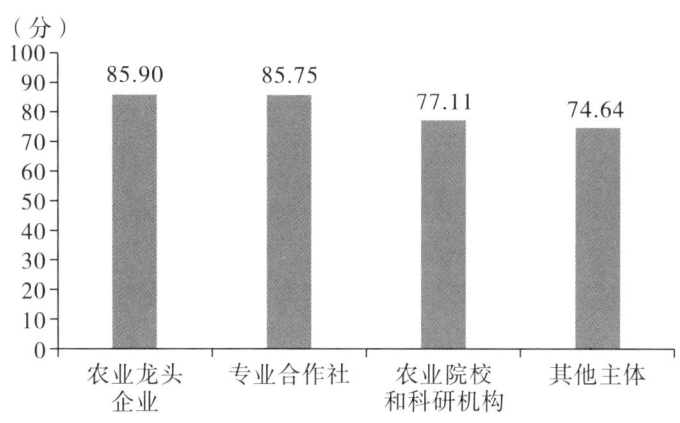

图 4－49　星创天地创新环境平均值

（二）创新环境排名 60 名的星创天地中，粤北地区有 42 家

2020 年，创新环境前 60 名中，在所属区域方面，粤北地区占大多数，有 42 家，珠三角和粤西地区的数量分别为 15 家和 3 家；在所属地市方面，梅州和河源市的数量最多，分别有 23 家和 17 家。

2020 年，广东省 151 家星创天地的创新环境得分中，粤北地区梅州市的智宏星创天地得分最高，为 163.21 分；粤北地区梅州市的壹龙星创天地排名第二，得分为 147.27 分；粤北地区梅州市的梅州杉富绿色生态农业星创天地排名第三，得分为 136.18 分（见表 4－7）。

表 4－7　星创天地创新环境得分前 60 名

星创天地名称	所属区域	所属地市	创新环境（分）
智宏星创天地	粤北	梅州	163.21
壹龙星创天地	粤北	梅州	147.27
梅州杉富绿色生态农业星创天地	粤北	梅州	136.18
新绿地休闲农业星创天地	珠三角	广州	135.27
好义三黄胡须鸡星创天地	粤北	河源	132.03

续上表

星创天地名称	所属区域	所属地市	创新环境（分）
新农人星创天地	珠三角	广州	130.29
梅州五华县美宏农业星创天地	粤北	梅州	125.65
广东工贸"万讯七子"镇安致富中心星创天地	珠三角	广州	125.20
珠海金湾区特色水星创天地	珠三角	珠海	121.21
顺兴柚业星创天地	粤北	梅州	119.04
惠州博罗县药王谷星创天地	珠三角	惠州	116.88
佛山科学技术学院大学科技园星创天地	珠三角	佛山	113.61
梅州梅县区李金柚星创天地	粤北	梅州	113.15
客天下农电商产业园星创天地	粤北	梅州	111.04
淘天然星创天地	粤北	梅州	110.87
东源农村青年科技创业孵化基地	粤北	河源	110.74
新农汇星创天地	粤北	梅州	110.23
华农互联星创天地	粤北	梅州	109.13
双头双创星创天地	粤北	河源	108.71
河源东源县铭志农业星创天地	粤北	河源	108.69
河源市现代农业星创天地	粤北	河源	105.28
龙远生态农业星创天地	粤北	河源	103.79
伟景农林星创天地	粤北	河源	103.70
佛山创意良仓星创天地	珠三角	佛山	100.83
"百工慧"星创天地	粤北	梅州	100.61
围屋星创天地	粤北	梅州	100.24
梅州兴宁市富荣星创天地	粤北	梅州	100.19
Go！Startup 孵化器	珠三角	广州	100.11
顺喜来农创空间星创天地	珠三角	惠州	99.96
梅州五华县潭丰农星创天地	粤北	梅州	98.93
稻味农村电子商务产业园星创天地	粤北	清远	98.27
梅州市柚之蜜天然饮品星创天地	粤北	梅州	97.35
广州市正旭农业科技星创天地	珠三角	广州	94.72
广州南沙区勤家园智慧农业星创天地	珠三角	广州	94.70
橘利化橘红星创天地	粤西	茂名	93.68

续上表

星创天地名称	所属区域	所属地市	创新环境（分）
上莞仙湖茶产业园星创天地	粤北	河源	93.01
大地农林星创天地	粤北	河源	92.56
新城乡星创天地	粤北	梅州	92.55
达济星创天地	粤北	梅州	92.49
"众创汇"星创天地	粤北	梅州	92.44
梅州大埔县兴瑞星创天地	粤北	梅州	92.26
柚通柚美星创天地	粤北	梅州	91.24
河源源城区弘稼农业科技星创天地	粤北	河源	90.55
智慧农业产业文化园星创天地	粤北	梅州、广州	90.14
河源东源县板栗星创天地	粤北	河源	89.36
梅县区金柚产业园星创天地	粤北	梅州	89.14
十亿人互联网+品牌农业创客实训星创天地	珠三角	珠海	88.96
惠州惠城区海纳农业科技园区星创天地	珠三角	惠州	88.86
燕里岩高效农业种植星创天地	粤北	河源	88.68
梦之禽星创天地	粤西	云浮	88.48
明宇星创天地	粤北	河源	88.26
双丰收星创天地	粤北	河源	87.96
肇庆广宁县大北农星创天地	珠三角	肇庆	87.90
清远清城区数字农业农村星创天地	粤北	清远	87.83
金珠农业星创天地	粤北	梅州	87.69
广东融合生态农业集团有限公司农业产业园	粤北	河源	87.47
河源源城区天仙湖茶产业星创天地	粤北	河源	87.39
湛江赤坎区启迪海洋+星创天地	粤西	湛江	86.78
九里红百香果星创天地	粤北	河源	86.36
华盟农科星创天地	珠三角	中山	86.29

二、创新环境二级指标排名分析

2020年广东省星创天地调查数据显示，孵化育成和产业园区载体建设基础、星创天地举办投融资洽谈活动次数、星创天地线下服务平台数量、星创天地创业教育培训、"返乡农民工和职业农民"创业人数占"创业团队和企业"人数比重的平均值分别为17.1个、3.2次、3.0个、10.3次和0.01%。

（一）二级指标总体情况

创新环境中3个二级指标的重要程度相对较高，二级指标重要程度的同比变动各异。星创天地二级指标的权重依据二级指标的变异系数①计算得出，二级指标变异系数越大，说明该指标内部的差异程度越大，该指标的重要程度越高。

调研数据显示，2020年"返乡农民工和职业农民"创业人数占"创业团队和企业"人数比重、星创天地举办投融资洽谈活动次数、星创天地线下服务平台数量等3个二级指标的重要程度较高，变异系数分别约为1.6、1.4、1.2；星创天地创业教育培训、孵化育成和产业园区载体建设基础等二级指标的重要程度相对较低，变异系数分别为1.0和0.8。

（二）孵化育成和产业园区载体建设基础

该指标反映了广东省星创天地所属地市星创天地整体的孵化育成载体和产业园区载体的建设基础情况，统计数据包括了众创空间、科技企业孵化器、科技企业加速器、农业科技园区以及现代农业产业园。2020年，广东省151家星创天地的孵化育成和产业园区载体建设基础数量平均为17.1个，其中农业龙头企业、粤北地区的星创天地平均孵化育成和产业园区载体建设基础情况较好。

（1）主体分析。就运营主体性质而言，农业龙头企业星创天地孵化育成和产业园区载体建设基础的平均数量为18.5个，明显高于另外三种运营性质主体。粤北和珠三角地区农业龙头企业数量最多，占全部农业龙头企业的68.9%。专业合作社、其他主体、农业院校和科研机构等孵化育成和产业园区载体建设基础的平均数量依次递减，分别为12.6个、11.8个和7.1个。

（2）区域分析。就所属区域而言，粤北地区、珠三角地区、粤西地区和粤东地区的星创天地孵化育成和产业园区载体建设基础数量的平均数量分别为23个、13.8个、7.8个和5.7个，呈现出"南北多、东西少"的分布特点。除粤北地区外，其他地区星创天地孵化育成和产业园区载体建设基础数量均低于整体的平均水平，说明广东省星创天地区域发展不够平衡。

（3）前60名分析。孵化育成和产业园区载体建设基础的前60名星创天地中，数量最多的有37个，最少的有14个。排名并列第一的星创天地有24家，分别是梅州市的农业龙头企业智宏星创天地、壹龙星创天地、梅州杉富

---

① 变异系数：是指原始数据标准差与平均数的比，消除测量尺度和量纲的影响，便于进行客观比较。

绿色生态农业星创天地等,它们的孵化育成和产业园区载体建设基础数量为37个(见表4-8)。

表4-8 星创天地孵化育成和产业园区载体建设基础数量

星创天地名称	所属区域	所属地市	孵化育成和产业园区载体建设基础(个)
智宏星创天地	粤北	梅州	37
壹龙星创天地	粤北	梅州	37
梅州杉富绿色生态农业星创天地	粤北	梅州	37
梅州五华县美宏农业星创天地	粤北	梅州	37
顺兴柚业星创天地	粤北	梅州	37
梅州梅县区李金柚星创天地	粤北	梅州	37
客天下农电商产业园星创天地	粤北	梅州	37
淘天然星创天地	粤北	梅州	37
新农汇星创天地	粤北	梅州	37
华农互联星创天地	粤北	梅州	37
"百工慧"星创天地	粤北	梅州	37
围屋星创天地	粤北	梅州	37
梅州兴宁市富荣星创天地	粤北	梅州	37
梅州五华县潭丰农星创天地	粤北	梅州	37
梅州市柚之蜜天然饮品星创天地	粤北	梅州	37
新城乡星创天地	粤北	梅州	37
达济星创天地	粤北	梅州	37
"众创汇"星创天地	粤北	梅州	37
梅州大埔县兴瑞星创天地	粤北	梅州	37
柚通柚美星创天地	粤北	梅州	37
智慧农业产业文化园星创天地	粤北	梅州、广州	37
梅县区金柚产业园星创天地	粤北	梅州	37
金珠农业星创天地	粤北	梅州	37
梅州大埔县福永星创天地	粤北	梅州	37

续上表

星创天地名称	所属区域	所属地市	孵化育成和产业园区载体建设基础（个）
好义三黄胡须鸡星创天地	粤北	河源	32
东源农村青年科技创业孵化基地	粤北	河源	32
双头双创星创天地	粤北	河源	32
河源东源县铭志农业星创天地	粤北	河源	32
龙远生态农业星创天地	粤北	河源	32
伟景农林星创天地	粤北	河源	32
上莞仙湖茶产业园星创天地	粤北	河源	32
大地农林星创天地	粤北	河源	32
河源源城区弘稼农业科技星创天地	粤北	河源	32
燕里岩高效农业种植星创天地	粤北	河源	32
明宇星创天地	粤北	河源	32
双丰收星创天地	粤北	河源	32
广东融合生态农业集团有限公司农业产业园	粤北	河源	32
河源源城区天仙湖茶产业星创天地	粤北	河源	32
九里红百香果星创天地	粤北	河源	32
东森堂农商对接"星创天地"	粤北	河源	32
四伙记农村电商星创天地	粤北	河源	32
龙川绿油星创天地	粤北	河源	32
三乐善品蔬菜及干制品产业园星创天地	粤北	河源	32
绿兴现代农业产业园星创天地	粤北	河源	32
河源东源县龙才创客星创天地	粤北	河源	32
河源龙川县稻丰源米业星创天地	粤北	河源	32
绿地美生态农业星创天地	粤北	河源	32
兆达星创天地	粤北	河源	32
和平县特色水果生态种植销售星创天地	粤北	河源	32
河源东源县勇华星创天地	粤北	河源	32
河源紫金县村长伯伯星创天地	粤北	河源	32
河源高新区"耕耘天下"五指毛桃产业星创天地	粤北	河源	32

续上表

星创天地名称	所属区域	所属地市	孵化育成和产业园区载体建设基础（个）
湾叶油茶产业园星创天地	粤北	河源	32
叶鲜生星创天地	粤北	河源	32
全景星创天地	粤北	河源	32
梦之禽星创天地	粤西	云浮	14
大唐特色林果产业星创天地	粤西	云浮	14
温氏华农养猪训练营星创天地	粤西	云浮	14

（三）举办投融资洽谈活动次数

该指标反映了广东省星创天地在提供投融资方面对创业团队和企业的帮扶力度。2020年，广东省151家星创天地举办投融资洽谈活动的平均次数为3.23次。农业龙头企业以及珠三角地区的星创天地非常积极地举办投融资洽谈活动。

（1）主体分析。从运营主体而言，专业合作社、其他主体、农业龙头企业以及农业院校和科研机构举办投融资洽谈活动的平均次数为2.4次、1.4次、3.5次和1.6次，农业龙头企业表现突出，领先于其他运营主体。

（2）区域分析。从所属区域而言，粤北地区、珠三角地区、粤西地区和粤东地区星创天地平均举办投融资活动的次数分别为2.5次、4.8次、2.5次和1次，珠三角地区的领先优势明显，彰显了珠三角地区星创天地对投融资的重视和对金融服务的支撑力度。

（3）前60名分析。从前60名的星创天地举办投融资洽谈活动的次数来看，最多的35次，最少的3次，两者差距较大。前60名星创天地所属地市方面，梅州、河源和广州市的数量位居前3位，分别为13家、9家和6家。

前四名星创天地均位于珠三角地区且均为农业龙头企业，分别是珠海市的珠海金湾区特色水果星创天地，举办了35次活动；广州市的GO！STARTUP孵化器，举办了22次；惠州市的顺喜来农创空间星创天地，举办了20次；以及佛山市的佛山创意良仓星创天地，举办了18次（见表4-9）。

表4-9 星创天地举办投融资洽谈活动次数

星创天地名称	所属区域	所属地市	星创天地举办投融资洽谈活动次数（次）
珠海金湾区特色水果星创天地	珠三角	珠海	35
Go！Startup孵化器	珠三角	广州	22
顺喜来农创空间星创天地	珠三角	惠州	20
佛山创意良仓星创天地	珠三角	佛山	18
梅州五华县美宏农业星创天地	粤北	梅州	16
肇庆广宁县大北农星创天地	珠三角	肇庆	12
顺兴柚业星创天地	粤北	梅州	11
新农汇星创天地	粤北	梅州	10
大唐特色林果产业星创天地	粤西	云浮	10
新农人星创天地	珠三角	广州	10
创客观·众创空间	粤西	湛江	10
东莞道滘镇龙洲湾都市农业星创天地	珠三角	东莞	10
淘天然星创天地	粤北	梅州	9
华盟农科星创天地	珠三角	中山	9
好义三黄胡须鸡星创天地	粤北	河源	8
新绿地休闲农业星创天地	珠三角	广州	8
恒生水产养殖星创天地	粤西	阳江	8
双头双创星创天地	粤北	河源	7
弘科创业园星创天地	珠三角	广州	7
华农互联星创天地	粤北	梅州	6
河源市现代农业星创天地	粤北	河源	6
四伙记农村电商星创天地	粤北	河源	6
助农电子商务产业园区星创天地	珠三角	肇庆	6
寻皇千岛湖胡蜂生态园星创天地	珠三角	江门	6
江门新奇点星创天地	珠三角	江门	6
阳江阳东区漠阳香星创天地	粤西	阳江	6
中山坦洲镇坦南创客园星创天地	珠三角	中山	6
梅州兴宁市富荣星创天地	粤北	梅州	5

续上表

星创天地名称	所属区域	所属地市	星创天地举办投融资洽谈活动次数（次）
梅州市柚之蜜天然饮品星创天地	粤北	梅州	5
东源农村青年科技创业孵化基地	粤北	河源	5
龙远生态农业星创天地	粤北	河源	5
仁善田园星创天地	粤西	云浮	5
智慧星创天地	珠三角	肇庆	5
德庆县德鑫农业星创天地	珠三角	肇庆	5
肇庆四会市万绿兴花卉．兰花星创天地	珠三角	肇庆	5
德康农业科技星创天地	珠三角	肇庆	5
佛山科学技术学院大学科技园星创天地	珠三角	佛山	5
全域信息进村入户星创天地	珠三角	惠州	5
小尔孵化器	珠三角	东莞	5
壹龙星创天地	粤北	梅州	4
梅州杉富绿色生态农业星创天地	粤北	梅州	4
客天下农电商产业园星创天地	粤北	梅州	4
伟景农林星创天地	粤北	河源	4
广东省广东工贸"万讯七子"镇安致富中心星创天地	珠三角	广州	4
金颖孵化星创天地	珠三角	广州	4
韶关曲江区广东亚北智慧农业星创天地	粤北	韶关	4
湛江经济技术开发区海水稻产业星创天地	粤西	湛江	4
澳士兰牧场星创天地	粤东	汕头	4
智宏星创天地	粤北	梅州	3
围屋星创天地	粤北	梅州	3
达济星创天地	粤北	梅州	3
河源东源县铭志农业星创天地	粤北	河源	3
上莞仙湖茶产业园星创天地	粤北	河源	3

（四）线下服务平台数量

该指标反映了广东省星创天地线下服务平台的建设情况。2020年，广东省151家星创天地的平均线下服务平台数量为3个，粤北地区与专业合作社发展建设具有明显的领先优势。

（1）主体分析。就运营主体性质而言，专业合作社的平均线下服务平台数量为5.5个，远远领先于其他三个性质的运营主体；农业龙头企业、农业院校和科研机构其他主体在线下服务平台方面竞争力稍显不足，平均值分别为3.0个、2.1个和1.8个。

（2）区域分析。粤北地区星创天地的平均线下服务平台数量为3.6个，明显超过整体平均水平；粤西与珠三角地区平均线下服务平台数量较为接近，分别为2.2个与2.8个；粤东地区则较为落后，仅1.8个，为粤北地区的一半。

（3）前60名分析。前60名星创天地的线下服务平台数量，最多33个，最少3个，差距依旧较大。前60名星创天地的所属地市方面，梅州市的数量最多，有15家；其次是河源市，有8家。

前三名的所属区域均为粤北地区，说明粤北地区在乡下服务平台建设方面明显具有领先优势。其中，河源市的专业合作社"好义三黄胡须鸡星创天地"位列第一，有33个线下服务平台；梅州市的农业龙头企业"智宏星创天地"位列第二，有20个线下服务平台；梅州市的农业龙头企业"梅州五华县美宏农业星创天地"位列第三，有17个线下服务平台（见表4-10）。

表4-10　星创天地线下服务平台数量

星创天地名称	所属区域	所属地市	星创天地线下服务平台数量（个）
好义三黄胡须鸡星创天地	粤北	河源	33
智宏星创天地	粤北	梅州	20
梅州五华县美宏农业星创天地	粤北	梅州	17
佛山科学技术学院大学科技园星创天地	珠三角	佛山	16
顺兴柚业星创天地	粤北	梅州	15
梦之禽星创天地	粤西	云浮	10
珠海金湾区特色水果星创天地	珠三角	珠海	6
东莞道滘镇龙洲湾都市农业星创天地	珠三角	东莞	6
围屋星创天地	粤北	梅州	6
兴尚农·韶大·现代农业星创天地	粤北	韶关	6
东森堂农商对接"星创天地"	粤北	河源	6
华盟农科星创天地	珠三角	中山	5

第四章 广东省星创天地创新能力评价体系

续上表

星创天地名称	所属区域	所属地市	星创天地线下服务平台数量（个）
新绿地休闲农业星创天地	珠三角	广州	5
助农电子商务产业园区星创天地	珠三角	肇庆	5
智慧星创天地	珠三角	肇庆	5
小尔孵化器	珠三角	东莞	5
清远高新技术产业开发区天安智谷星创天地	粤北	清远	5
温氏华农养猪训练营星创天地	粤西	云浮	5
惠州惠城区海纳农业科技园区星创天地	珠三角	惠州	5
化州化橘红药材发展有限公司星创天地	粤西	茂名	5
佛山创意良仓星创天地	珠三角	佛山	4
淘天然星创天地	粤北	梅州	4
弘科创业园星创天地	珠三角	广州	4
梅州兴宁市富荣星创天地	粤北	梅州	4
梅州市柚之蜜天然饮品星创天地	粤北	梅州	4
壹龙星创天地	粤北	梅州	4
伟景农林星创天地	粤北	河源	4
九里红百香果星创天地	粤北	河源	4
荔之梦星创天地	珠三角	广州	4
湛江赤坎区启迪海洋+星创天地	粤西	湛江	4
智慧农业产业文化园星创天地	粤北	梅州	4
特色农业与深加工"星创天地"	珠三角	广州	4
广东万顷园艺世界	珠三角	佛山	4
稻味农村电子商务产业园星创天地	粤北	清远	4
十亿人互联网+品牌农业创客实训星创天地	珠三角	珠海	4
新农汇星创天地	粤北	梅州	3
创客观·众创空间	粤西	湛江	3
恒生水产养殖星创天地	粤西	阳江	3
华农互联星创天地	粤北	梅州	3
寻皇千岛湖胡蜂生态园星创天地	珠三角	江门	3

续上表

星创天地名称	所属区域	所属地市	星创天地线下服务平台数量（个）
阳江阳东区漠阳香星创天地	粤西	阳江	3
中山坦洲镇坦南创客园星创天地	珠三角	中山	3
东源农村青年科技创业孵化基地	粤北	河源	3
广东工贸"万讯七子"镇安致富中心星创天地	珠三角	广州	3
韶关曲江区广东亚北智慧农业星创天地	粤北	韶关	3
河源东源县铭志农业星创天地	粤北	河源	3
柚通柚美星创天地	粤北	梅州	3
梅县区金柚产业园星创天地	粤北	梅州	3
双丰收星创天地	粤北	河源	3
岭南绿色农业职业教育星创天地	珠三角	广州	3
六色田园创业园星创天地	粤西	湛江	3
新城乡星创天地	粤北	梅州	3
罗竹星创天地	粤西	云浮	3
广清农业众创空间星创天地	粤北	清远	3
云炬星创天地	珠三角	佛山	3
"众创汇"星创天地	粤北	梅州	3
广东融合生态农业集团有限公司农业产业园	粤北	河源	3

（五）创业教育培训

该指标体现了广东省星创天地在创业教育培训服务活动的开展情况以及对创业团队和企业的帮助程度。2020年，广东省151家星创天地的平均创业教育培训次数为10.2次，农业院校和科研机构在创业教育培训方面优势明显，珠三角地区的星创天地创业教育培训的服务能力最强。

（1）主体分析。运营主体性质方面，其他主体与农业院校和科研机构整体对创业教育培训十分重视，相关培训资源丰富，平均创业教育培训次数分别为10.8次和17.7次，明显优于整体的平均次数10.2次；农业龙头企业和专业合作社在创业教育培训方面稍显不足，分别为9.9次和6.6次；专业合作社仅为农业院校和科研机构的37.3%。

（2）区域分析。在所属区域方面，珠三角地区的星创天地比其他三个地区在创业教育培训方面的服务效果更加突出,创业教育培训平均次数为12.2次,优于粤北地区的10.1次;粤东和粤西地区在创业教育培训方面相对落后。

(3) 前60名分析。前60名星创天地的创业教育培训,培训次数最大值是76次,最小值是10次,差距较大。前60名星创天地中,梅州市教育培训的数量最多,有11家;其次是广州市,数量为9家。

创业教育培训次数排名第一的是粤北地区清远市的农业龙头企业"稻味农村电子商务产业园星创天地",有76次;排名第二的是粤北地区梅州市的农业龙头企业"梅州梅县区李金柚星创天地",有52次;排名第三的是珠三角地区惠州市的农业龙头企业"惠州惠城区海纳农业科技园区星创天地",有50次(见表4-11)。

表4-11 星创天地创业教育培训次数

星创天地名称	所属区域	所属地市	星创天地创业教育培训(次)
稻味农村电子商务产业园星创天地	粤北	清远	76
梅州梅县区李金柚星创天地	粤北	梅州	52
惠州惠城区海纳农业科技园区星创天地	珠三角	惠州	50
客天下农电商产业园星创天地	粤北	梅州	42
十亿人互联网+品牌农业创客实训星创天地	珠三角	珠海	36
阳春市青年创新创业孵化基地星创天地	粤西	阳江	34
佛山科学技术学院大学科技园星创天地	珠三角	佛山	31
东源农村青年科技创业孵化基地	粤北	河源	30
广东省荔枝与龙眼科技创新中心星创天地	珠三角	惠州	30
广东工贸"万讯七子"镇安致富中心星创天地	珠三角	广州	26
清远清城区数字农业农村星创天地	粤北	清远	26
智慧星创天地	珠三角	肇庆	25
弘科创业园星创天地	珠三角	广州	25
"百工慧"星创天地	粤北	梅州	24
佛山创意良仓星创天地	珠三角	佛山	23
珠海市生态农业星创天地基地	珠三角	珠海	22
温氏华农养猪训练营星创天地	粤西	云浮	21
壹龙星创天地	粤北	梅州	20

续上表

星创天地名称	所属区域	所属地市	星创天地创业教育培训（次）
顺喜来农创空间星创天地	珠三角	惠州	20
肇庆广宁县大北农星创天地	珠三角	肇庆	20
肇庆四会市雅兰芳农业科技星创天地	珠三角	肇庆	20
Go！Startup 孵化器	珠三角	广州	18
淘天然星创天地	粤北	梅州	16
广东省中蜂产业星创天地	珠三角	广州	16
兴尚农·韶大·现代农业星创天地	粤北	韶关	15
韶关曲江区广东亚北智慧农业星创天地	粤北	韶关	15
岭南绿色农业职业教育星创天地	珠三角	广州	15
广清农业众创空间星创天地	粤北	清远	15
"众创汇"星创天地	粤北	梅州	15
梅州五华县潭丰农星创天地	粤北	梅州	15
湛江赤坎区启迪海洋+星创天地	粤西	湛江	14
双头双创星创天地	粤北	河源	14
金颖孵化星创天地	珠三角	广州	14
华盟农科星创天地	珠三角	中山	13
韶关市华工星创天地	粤北	韶关	13
江门新奇点星创天地	珠三角	江门	12
河源东源县铭志农业星创天地	粤北	河源	12
柚通柚美星创天地	粤北	梅州	12
肇庆市工贸电子商务创客孵化园星创天地	珠三角	肇庆	12
肇庆四会市甘牧·现代鹅业星创天地	珠三角	肇庆	12
韶关翁源县电子商务产业孵化园星创天地	粤北	韶关	12
惠州惠阳区大橘数字果园星创天地	珠三角	惠州	12
河源源城区弘稼农业科技星创天地	粤北	河源	12
广州黄埔区长洲岛星创天地	珠三角	广州	12
顺兴柚业星创天地	粤北	梅州	11
韶关市玉覃创业园	粤北	韶关	11
橘利化橘红星创天地	粤西	茂名	11

续上表

星创天地名称	所属区域	所属地市	星创天地创业教育培训（次）
围屋星创天地	粤北	梅州	10
新绿地休闲农业星创天地	珠三角	广州	10
龙远生态农业星创天地	粤北	河源	10
梅州兴宁市富荣星创天地	粤北	梅州	10
伟景农林星创天地	粤北	河源	10
荔之梦星创天地	珠三角	广州	10
创客观·众创空间	粤西	湛江	10
中山坦洲镇坦南创客园星创天地	珠三角	中山	10
双丰收星创天地	粤北	河源	10
新城乡星创天地	粤北	梅州	10
大唐特色林果产业星创天地	粤西	云浮	10

（六）"返乡农民工和职业农民"创业人数占"创业团队和企业"人数的比重

该指标体现了"返乡农民工和职业农民"在广东省星创天地的参与程度，以及星创天地对农民创业的支持力度。2020年，广东省151家星创天地的"返乡农民工和职业农民"创业人数占"创业团队和企业"人数的平均比重为0.6%。农业龙头企业以及珠三角地区、粤北地区星创天地"返乡农民工和职业农民"创业人数占"创业团队和企业"人数的比重优势明显。

（1）主体分析。在运营主体性质方面，专业合作社的"返乡农民工和职业农民"创业人数占"创业团队和企业"人数的平均比重为1.0%，高于整体的平均水平，说明专业合作社对"返乡农民工和职业农民"的创业给予了充分的扶持帮助，彰显了专业合作社对实现乡村振兴的带动作用；农业龙头企业和其他主体的比重相同，均为0.6%；农业院校和科研机构的比重较低，还需加强对农民创业的支持。

（2）区域分析。珠三角地区和粤北地区的"返乡农民工和职业农民"创业人数占"创业团队和企业"人数的平均比重均为0.7，高于整体的平均水平，粤东和粤西地区在帮助农民创新创业方面稍显不足，再次表现出"南北高、东西低"的分布特点。

（3）前60名分析。"返乡农民工和职业农民"创业人数占"创业团队和企业"人数的平均比重最高的前60名星创天地中,最高占比为4.9%,最低为0.4%。前60名星创天地的所属地市方面,河源市数量最多,为16家,其次是梅州市,为13家。

排名第一的是珠三角地区广州市的农业龙头企业"新绿地休闲农业星创天地",占比4.9%;珠三角地区惠州市的农业龙头企业"惠州博罗县药王谷星创天地"位列第二,占比4.8%;粤北地区梅州市的农业龙头企业"智宏星创天地"位列第三,占比4.7%(见表4-12)。

表4-12 星创天地"返乡农民工和职业农民"创业人数占"创业团队和企业"人数的比重

星创天地名称	所属区域	所属地市	"返乡农民工和职业农民"创业人数占"创业团队和企业"人数的比重(%)
新绿地休闲农业星创天地	珠三角	广州	4.88
惠州博罗县药王谷星创天地	珠三角	惠州	4.76
智宏星创天地	粤北	梅州	4.65
新农人星创天地	珠三角	广州	4.53
壹龙星创天地	粤北	梅州	4.32
梅州杉富绿色生态农业星创天地	粤北	梅州	4.18
广东工贸"万讯七子"镇安致富中心星创天地	珠三角	广州	4.04
广州市正旭农业科技星创天地	珠三角	广州	3.00
广州南沙区勤家园智慧农业星创天地	珠三角	广州	2.79
橘利化橘红星创天地	粤西	茂名	2.72
化州化橘红药材发展有限公司星创天地	粤西	茂名	1.86
河源东源县铭志农业星创天地	粤北	河源	1.77
六色田园创业园星创天地	粤西	湛江	1.70
河源市现代农业星创天地	粤北	河源	1.65
湛江赤坎区启迪海洋+星创天地	粤西	湛江	1.63
清远清城区数字农业农村星创天地	粤北	清远	1.56
华农互联星创天地	粤北	梅州	1.39
佛山科学技术学院大学科技园星创天地	珠三角	佛山	1.30
双头双创星创天地	粤北	河源	1.30

续上表

星创天地名称	所属区域	所属地市	"返乡农民工和职业农民"创业人数占"创业团队和企业"人数的比重（%）
伟景农林星创天地	粤北	河源	1.16
寻皇千岛湖胡蜂生态园星创天地	珠三角	江门	1.16
十亿人互联网+品牌农业创客实训星创天地	珠三角	珠海	1.09
韶关曲江区广东亚北智慧农业星创天地	粤北	韶关	1.00
东源农村青年科技创业孵化基地	粤北	河源	0.95
新农汇星创天地	粤北	梅州	0.95
梅州五华县潭丰农星创天地	粤北	梅州	0.93
龙远生态农业星创天地	粤北	河源	0.93
阳江阳东区漠阳香星创天地	粤西	阳江	0.93
河源东源县板栗星创天地	粤北	河源	0.93
恒生水产养殖星创天地	粤西	阳江	0.91
燕里岩高效农业种植星创天地	粤北	河源	0.84
河源源城区天仙湖茶产业星创天地	粤北	河源	0.84
德庆县德鑫农业星创天地	珠三角	肇庆	0.81
广东万顷园艺世界	珠三角	佛山	0.81
明宇星创大地	粤北	河源	0.79
罗竹星创天地	粤西	云浮	0.79
龙川绿油星创天地	粤北	河源	0.79
上莞仙湖茶产业园星创天地	粤北	河源	0.77
特色农业与深加工"星创天地"	珠三角	广州	0.74
"百工慧"星创天地	粤北	梅州	0.70
劲农科技星创天地	珠三角	佛山	0.70
梦之禽星创天地	粤西	云浮	0.70
三乐善品蔬菜及干制品产业园星创天地	粤北	河源	0.70
珠海金湾区特色水果星创天地	珠三角	珠海	0.67
淘天然星创天地	粤北	梅州	0.60

续上表

星创天地名称	所属区域	所属地市	"返乡农民工和职业农民"创业人数占"创业团队和企业"人数的比重（%）
清远高新技术产业开发区智农谷星创天地	粤北	清远	0.60
湛江经济技术开发区海水稻产业星创天地	粤西	湛江	0.58
梅州大埔县兴瑞星创天地	粤北	梅州	0.58
肇庆四会市雅兰芳农业科技星创天地	珠三角	肇庆	0.51
广东融合生态农业集团有限公司农业产业园	粤北	河源	0.49
顺喜来农创空间星创天地	珠三角	惠州	0.46
梅州梅县区李金柚星创天地	粤北	梅州	0.42
围屋星创天地	粤北	梅州	0.42
客天下农电商产业园星创天地	粤北	梅州	0.40
韶关市华工星创天地	粤北	韶关	0.40
梅州兴宁市富荣星创天地	粤北	梅州	0.40
河源源城区弘稼农业科技星创天地	粤北	河源	0.37
兆达星创天地	粤北	河源	0.37

第五节　星创天地创新投入分析

创新投入代表星创天地对创新创业投入人力财力的力度，强调创新资源在创业团队和企业的创新活动中所起的重要作用，充足的投入能够为创业团队和企业的创新活动提供良好的保障，科学合理的资源分配能够使资源得到高效利用。该指标考察了星创天地及其"创业团队和企业"在创业人才、服务团队、办公使用面积、创业导师方面的建设和投入情况，彰显了星创天地的创新投入水平。创新投入是创新能力的重要指标之一，权重为18%。

创新投入包括5个二级指标，分别是创业服务团队人数与"创业团队和企业"数量的比例、创业导师人数、科技特派员创业人数占"创业团队和企业"人数的比重、"创业团队和企业"获得的社会投资金额、"创业团队和企业"使用面积等。

一、创新投入整体分析

2020 年,广东省星创天地创新投入得分的最大值为 94.4 分,平均值为 52.9 分,得分整体偏低。创新投入得分在 55 分以上的星创天地有 38 家,占比 25.2%。

创新投入得分主要分布在 [35,45)、[45,55)、[55,65) 三个区间,数量分别为 58 家、55 家和 26 家,占比分别为 38.4%、36.4% 和 17.2%;三个区间的总数量为 139 家,占比 92.1%,总体上占九成(见图 4-50)。

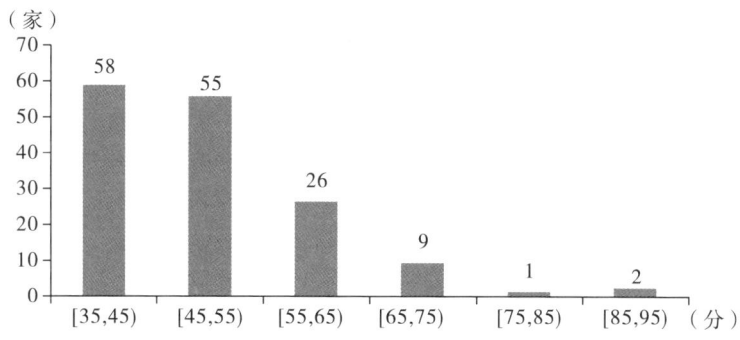

图 4-50　星创天地创新投入得分分布情况

(一)在创新投入方面,农业院校和科研机构具有较大优势

在创新投入方面,农业院校和科研机构的创新投入平均值为 57.33 分,具有较大的领先优势,说明农业院校和科研机构便于将科技、信息、资金、管理等现代生产要素向农村创新创业集聚;其他主体、农业龙头企业以及专业合作社的创新投入平均值依次递减,分别为 51.21 分、49.43 分、49.21 分,这三种性质的星创天地应加大在创新投入方面的力度(见图 4-51)。

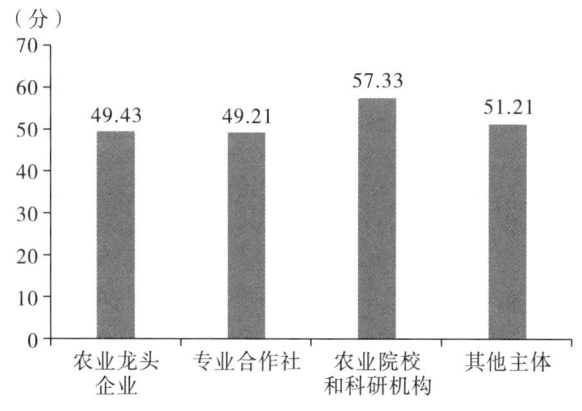

图 4-51　星创天地创新投入平均值

（二）创新投入前 60 名的星创天地中，粤北地区和珠三角地区有较大优势

2020 年，广东省创新投入前 60 名的星创天地中，在所属区域方面，珠三角、粤北、粤东和粤西地区的数量分别为 25 家、24 家、2 家和 9 家，占比分别为 41.7%、40.0%、3.3% 和 15.0%，粤北和珠三角地区仍占有数量优势；在所属地市方面，河源市的数量最多，有 11 家，其次是广州市 10 家。

151 家星创天地的创新投入得分中，粤北地区梅州市的农业龙头企业"梅县区金柚产业园星创天地"的得分最高，为 90.10 分；其次是粤西地区云浮市的农业龙头企业"大唐特色林果产业星创天地"，得分为 87.38 分；排名第三的是珠三角地区佛山市的农业院校和科研机构"佛山科学技术学院大学科技园星创天地"，得分为 75.71 分（见表 4-13）。

表 4-13 星创天地创新投入能力得分前 60 名

星创天地名称	所属区域	所属地市	创新投入（分）
梅县区金柚产业园星创天地	粤北	梅州	90.10
大唐特色林果产业星创天地	粤西	云浮	87.38
佛山科学技术学院大学科技园星创天地	珠三角	佛山	75.71
弘科创业园星创天地	珠三角	广州	74.59
共富金农星创天地	珠三角	广州	71.36
东森堂农商对接"星创天地"	粤北	河源	71.06
阳江阳西县康顺对虾星创天地	粤西	阳江	70.34
怀愉生态种养星创天地	粤东	汕头	68.67
冬虫夏草产业化技术星创天地	珠三角	广州	67.71
化州化橘红药材发展有限公司星创天地	粤西	茂名	66.86
九里红百香果星创天地	粤北	河源	66.80
小尔孵化器	珠三角	东莞	66.60
广东省广东工贸"万讯七子"镇安致富中心星创天地	珠三角	广州	64.98
惠州博罗县药王谷星创天地	珠三角	惠州	64.25
惠州龙门县"神草山庄"星创天地	珠三角	惠州	63.63
梅州兴宁市富荣星创天地	粤北	梅州	63.56
河源紫金县村长伯伯星创天地	粤北	河源	63.49
江门农创中心星创天地	珠三角	江门	63.24

第四章　广东省星创天地创新能力评价体系

续上表

星创天地名称	所属区域	所属地市	创新投入（分）
东源农村青年科技创业孵化基地	粤北	河源	62.86
华农互联星创天地	粤北	梅州	62.55
金珠农业星创天地	粤北	梅州	61.55
双丰收星创天地	粤北	河源	61.35
珠海金湾区特色水果星创天地	珠三角	珠海	61.26
寻皇千岛湖胡蜂生态园星创天地	珠三角	江门	61.03
柚通柚美星创天地	粤北	梅州	60.46
达济星创天地	粤北	梅州	60.41
客天下农电商产业园星创天地	粤北	梅州	60.34
天绿星创天地	粤西	云浮	60.02
广东省荔枝与龙眼科技创新中心星创天地	珠三角	惠州	59.94
广清农业众创空间星创天地	粤北	清远	59.26
清远高新技术产业开发区天安智谷星创天地	粤北	清远	59.03
云浮罗定市亚灿有机稻米星创天地	粤西	云浮	59.01
中山坦洲镇坦南创客园星创天地	珠三角	中山	58.61
湛江经济技术开发区海水稻产业星创天地	粤西	湛江	57.27
叶鲜生星创天地	粤北	河源	56.42
金颖孵化星创天地	珠三角	广州	56.40
潮汕牛肉丸美食星创天地	粤东	汕头	56.11
龙远生态农业星创天地	粤北	河源	55.96
农夫庄园星创天地	粤西	茂名	54.87
全域信息进村入户星创天地	珠三角	惠州	54.34
广东地理信息农业服务"徐闻星创天地"	珠三角	广州	54.20
韶关南雄市文华电子商务孵化港星创天地	粤北	韶关	53.95
仁善田园星创天地	粤西	云浮	53.69
广州南沙区勤家园．智慧农业星创天地	珠三角	广州	53.63
肇庆四会市雅兰芳农业科技星创天地	珠三角	肇庆	53.54
大亚湾深水抗风浪网箱养殖产业基地	珠三角	深圳	53.40
江门新奇点星创天地	珠三角	江门	52.98

续上表

星创天地名称	所属区域	所属地市	创新投入（分）
和平县特色水果生态种植销售星创天地	粤北	河源	52.81
广东省中蜂产业星创天地	珠三角	广州	52.72
新农人星创天地	珠三角	广州	52.52
华盟农科星创天地	珠三角	中山	52.22
绿兴现代农业产业园星创天地	粤北	河源	52.18
广东融合生态农业集团有限公司农业产业园	粤北	河源	51.74
河源源城区天仙湖茶产业星创天地	粤北	河源	51.21
湛江赤坎区启迪海洋+星创天地	粤西	湛江	50.86
兴尚农·韶大·现代农业星创天地	粤北	韶关	50.84
佛山创意良仓星创天地	珠三角	佛山	50.78
韶关市华工星创天地	粤北	韶关	50.37
阳春市青年创新创业孵化基地星创天地	粤西	阳江	50.02
特色农业与深加工"星创天地"	珠三角	广州	49.71

二、创新投入二级指标排名分析

2020年，广东省151家星创天地的创业服务团队人数与"创业团队和企业"数量的比例、创业导师人数、科技特派员创业人数占"创业团队和企业"人数的比重、"创业团队和企业"获得的社会投资金额、"创业团队和企业"使用面积平均值分别为1.4人、7.1人、4.5%、133.1万元和1651.0平方米。

（一）创新投入三个二级指标的重要程度相对较高，二级指标重要程度各异

2020年，创业服务团队人数与"创业团队和企业"数量的比例、科技特派员创业人数占"创业团队和企业"人数的比重、"创业团队和企业"获得的社会投资金额等3个二级指标的重要程度相对较高，变异系数分别为1.7、1.5和2.8；"创业团队和企业"使用面积的重要性相对较低，变异系数为1.2；创业导师人数的重要程度最低，变异系数仅为0.9。

（二）创业服务团队人数与"创业团队和企业"数量的比例

该指标反映了广东省星创天地在服务团队建设方面的投入力度和重视程

度。2020年,广东省151家星创天地的创业服务团队人数与"创业团队和企业"数量的平均比例为1.4,农业院校和科研机构及粤西地区星创天地的创业服务团队优势明显。

(1) 主体分析。就运营主体而言,农业院校和科研机构、农业龙头企业的创业服务团队规模最大,服务能力最强,这两种星创天地创业服务队人数与"创业团队和企业"数量的平均比例均为1.5,高于平均水平;专业合作社和其他主体的比例相对较低,表明这两种运营主体性质的星创天地在这方面投入不足,需要加强创业服务队伍的建设。

(2) 区域分析。就所属区域而言,粤西地区的创业服务团队相对规模最大,平均比例为2.3,比整体的平均水平高出0.9;粤北地区次之,平均比例为1.2;粤东地区和珠三角地区的相对实力稍显落后,需不断提升服务团队规模和质量。

(3) 前60名分析。星创天地创业服务团队人数与"创业团队和企业"数量比例的前60名中最大比例为20.0,最小为1.0,具有较大差距。在前60名星创天地所属地市方面,河源市的数量最多,为11家;肇庆市的数量次之,为8家。

前两名的星创天地均属于粤西地区,第一是阳江市的"阳江阳西县康顺对虾星创天地",比例为20.0;第二是茂名市的"化州化橘红药材发展有限公司星创天地",比例为14.0;排名第三的是粤北地区的"广东融合生态农业集团有限公司农业产业园",比例为7.0(见表4-14)。

表4-14 星创天地创业服务团队人数与"创业团队和企业"数量的比例

星创天地名称	所属区域	所属地市	创业服务团队人数与"创业团队和企业"数量的比例
阳江阳西县康顺对虾星创天地	粤西	阳江	20.00
化州化橘红药材发展有限公司星创天地	粤西	茂名	14.00
广东融合生态农业集团有限公司农业产业园	粤北	河源	7.00
金珠农业星创天地	粤北	梅州	6.67
大唐特色林果产业星创天地	粤西	云浮	6.50
柚通柚美星创天地	粤北	梅州	6.00
小尔孵化器	珠三角	东莞	5.14
东森堂农商对接"星创天地"	粤北	河源	5.00

续上表

星创天地名称	所属区域	所属地市	创业服务团队人数与"创业团队和企业"数量的比例
农夫庄园星创天地	粤西	茂名	5.00
互联网+智慧农业星创天地	粤西	云浮	4.55
叶鲜生星创天地	粤北	河源	3.75
温氏华农养猪训练营星创天地	粤西	云浮	3.38
怀愉生态种养星创天地	粤东	汕头	3.00
九里红百香果星创天地	粤北	河源	3.00
云浮罗定市亚灿有机稻米星创天地	粤西	云浮	3.00
淘天然星创天地	粤北	梅州	2.89
达济星创天地	粤北	梅州	2.86
珠海金湾区特色水果星创天地	珠三角	珠海	2.79
肇庆市工贸电子商务创客孵化园星创天地	珠三角	肇庆	2.65
广东省荔枝与龙眼科技创新中心星创天地	珠三角	惠州	2.50
广东地理信息农业服务"徐闻星创天地"	珠三角	广州	2.50
顺喜来农创空间星创天地	珠三角	惠州	2.50
劲农科技星创天地	珠三角	佛山	2.50
河源源城区天仙湖茶产业星创天地	粤北	河源	2.33
梅州兴宁市富荣星创天地	粤北	梅州	2.10
广州南沙区勤家园.智慧农业星创天地	珠三角	广州	2.00
肇庆四会市甘牧·现代鹅业星创天地	珠三角	肇庆	2.00
德庆县德鑫农业星创天地	珠三角	肇庆	2.00
肇庆广宁县大北农星创天地	珠三角	肇庆	2.00
罗竹星创天地	粤西	云浮	1.88
梅州杉富绿色生态农业星创天地	粤北	梅州	1.82
河源东源县板栗星创天地	粤北	河源	1.75
潮汕牛肉丸美食星创天地	粤东	汕头	1.50
大亚湾深水抗风浪网箱养殖产业基地	珠三角	深圳	1.50
肇庆四会市万绿兴花卉兰花星创天地	珠三角	肇庆	1.50
广东工贸"万讯七子"镇安致富中心星创天地	珠三角	广州	1.42

续上表

星创天地名称	所属区域	所属地市	创业服务团队人数与"创业团队和企业"数量的比例
新绿地休闲农业星创天地	珠三角	广州	1.39
寻皇千岛湖胡蜂生态园星创天地	珠三角	江门	1.25
绿兴现代农业产业园星创天地	粤北	河源	1.25
韶关翁源县万艺电商文创中心星创天地	粤北	韶关	1.25
围屋星创天地	粤北	梅州	1.25
河源龙川县稻丰源米业星创天地	粤北	河源	1.20
澳士兰牧场星创天地	粤东	汕头	1.20
肇庆四会市雅兰芳农业科技星创天地	珠三角	肇庆	1.15
河源东源县龙才创客星创天地	粤北	河源	1.11
德康农业科技星创天地	珠三角	肇庆	1.07
惠州龙门县"神草山庄"星创天地	珠三角	惠州	1.05
江门农创中心星创天地	珠三角	江门	1.00
广东省中蜂产业星创天地	珠三角	广州	1.00
韶关市玉覃创业园	粤北	韶关	1.00
云浮罗定市宝富科技农业星创天地	粤西	云浮	1.00
六色田园创业园星创天地	粤西	湛江	1.00
十亿人互联网+品牌农业创客实训星创天地	珠三角	珠海	1.00
绿地美牛杰农业星创天地	粤北	河源	1.00
清远高新技术产业开发区智农谷星创天地	粤北	清远	1.00
肇庆四会市沙糖桔．智慧农业星创天地	珠三角	肇庆	1.00
湾叶油茶产业园星创天地	粤北	河源	1.00

（三）创业导师人数

创业导师能为创业团队和企业提供专业性的建议，在创业过程中起到一定的引领作用，该指标体现的是广东省各个星创天地创业导师队伍人数及规模的建设情况。2020年，广东省151家星创天地的平均创业导师人数为7.0人，农业院校和科研机构以及珠三角和粤北地区星创天地的创业导师平均人数优势明显。

（1）主体分析。在运营主体性质方面，农业院校和科研机构的平均创业导师人数为12.2人，优于整体平均水平，为创新创业的健康发展提供了支撑；农业龙头企业和其他主体数量较为接近，分别为6.7人和6.6人；专业合作社的平均创业导师为5.1人，相对处于弱势地位。除农业院校和科研机构以外，三种运营主体性质的星创天地的创业导师服务建设均需加强和提升。

（2）区域分析。在所属区域方面，珠三角地区和粤北地区星创天地的平均创业导师人数分别为8.5人和7.0人，显示了这两个地区的创业导师服务优势；粤西与粤东地区的平均创业导师人数处于劣势，仅为珠三角地区的61.1%和50.6%，需要加强创业导师人才的集聚和创业导师的培育，更好地服务创新创业。

（3）前60名分析。前60名星创天地的创业导师人数，人数最多的有45人，最少有6人，存在较大差距。前60名星创天地的所属地市方面，河源市的数量最多，为14家。

前三名中有两家星创天地来自珠三角地区，一家来自粤北地区，两家星创天地运营主体为农业院校和科研机构。排名第一的是珠三角地区的"佛山科学技术学院大学科技园星创天地"，拥有创业导师45人；其次是粤北地区清远市的农业龙头企业"广清农业众创空间星创天地"，有创业导师32人；珠三角地区广州市的农业院校和科研机构"广东工贸'万讯七子'镇安致富中心星创天地"排名第三，有创业导师28人（见表4-15）。

表4-15　星创天地创新投入创业导师人数

星创天地名称	所属区域	所属地市	创业导师人数（人）
佛山科学技术学院大学科技园星创天地	珠三角	佛山	45
广清农业众创空间星创天地	粤北	清远	32
广东工贸"万讯七子"镇安致富中心星创天地	珠三角	广州	28
弘科创业园星创天地	珠三角	广州	28
客天下农电商产业园星创天地	粤北	梅州	25
梅州梅县区李金柚星创天地	粤北	梅州	20
阳春市青年创新创业孵化基地星创天地	粤西	阳江	20
中山坦洲镇坦南创客园星创天地	珠三角	中山	20
惠州龙门县"神草山庄"星创天地	珠三角	惠州	16
湛江赤坎区启迪海洋+星创天地	粤西	湛江	16
广州南沙区勤家园.智慧农业星创天地	珠三角	广州	15

续上表

星创天地名称	所属区域	所属地市	创业导师人数（人）
肇庆四会市雅兰芳农业科技星创天地	珠三角	肇庆	15
共富金农星创天地	珠三角	广州	15
智慧星创天地	珠三角	肇庆	15
Go！Startup 孵化器	珠三角	广州	14
韶关南雄市文华电子商务孵化港星创天地	粤北	韶关	14
十亿人互联网＋品牌农业创客实训星创天地	珠三角	珠海	13
壹龙星创天地	粤北	梅州	13
化州化橘红药材发展有限公司星创天地	粤西	茂名	12
广州黄埔区长洲岛星创天地	珠三角	广州	12
双头双创星创天地	粤北	河源	12
韶关市华工星创天地	粤北	韶关	12
东源农村青年科技创业孵化基地	粤北	河源	12
金颖孵化星创天地	珠三角	广州	12
"百工慧"星创天地	粤北	梅州	11
九里红百香果星创天地	粤北	河源	10
珠海金湾区特色水果星创天地	珠三角	珠海	10
肇庆市工贸电子商务创客孵化园星创天地	珠三角	肇庆	10
广东省荔枝与龙眼科技创新中心星创天地	珠三角	惠州	10
罗竹星创天地	粤西	云浮	10
河源龙川县稻丰源米业星创天地	粤北	河源	10
河源东源县龙才创客星创天地	粤北	河源	10
兴尚农·韶大·现代农业星创天地	粤北	韶关	10
龙远生态农业星创天地	粤北	河源	10
河源东源县铭志农业星创天地	粤北	河源	10
东森堂农商对接"星创天地"	粤北	河源	9
特色农业与深加工"星创天地"	珠三角	广州	9
岭南绿色农业职业教育星创天地	珠三角	广州	9
智宏星创天地	粤北	梅州	9
河源源城区天仙湖茶产业星创天地	粤北	河源	8

续上表

星创天地名称	所属区域	所属地市	创业导师人数（人）
肇庆四会市万绿兴花卉.兰花星创天地	珠三角	肇庆	8
顺兴柚业星创天地	粤北	梅州	8
新农汇星创天地	粤北	梅州	8
韶关翁源县电子商务产业孵化园星创天地	粤北	韶关	8
佛山创意良仓星创天地	珠三角	佛山	8
明宇星创天地	粤北	河源	8
新农人星创天地	珠三角	广州	7
建投星创天地	粤西	湛江	7
橘利化橘红星创天地	粤西	茂名	7
伟景农林星创天地	粤北	河源	7
惠州惠城区海纳农业科技园区星创天地	珠三角	惠州	7
小尔孵化器	珠三角	东莞	6
云浮罗定市亚灿有机稻米星创天地	粤西	云浮	6
湛江经济技术开发区海水稻产业星创天地	粤西	湛江	6
绿地美生态农业星创天地	粤北	河源	6
湾叶油茶产业园星创天地	粤北	河源	6
四伙记农村电商星创天地	粤北	河源	6

（四）科技特派员创业人数占"创业团队和企业"人数的比重

科技特派员是指经地方党委和政府按照一定程序选派，围绕解决"三农"问题，按照市场需求和农民实际需要，从事科技成果转化、优势特色产业开发、农业科技园区和产业化基地建设的专业技术人员。2020年，广东省151家星创天地的科技特派员创业人数占"创业团队和企业"人数的平均比重为4.4%，专业合作社及粤东地区星创天地中科技特派员创业氛围浓厚。

（1）主体分析。在运营主体性质方面，农业院校和科研机构、专业合作社和其他主体的科技特派员人数占"创业团队和企业"的平均比重分别为7.6%、8.1%和6.6%，都在整体平均水平以上，体现了三种星创天地的科技特派员创业实力；农业龙头企业中的科技特派员创业人数相对较少，需要调动科技特派员的创业热情。

（2）区域分析。在所属区域方面，粤东地区星创天地的科技特派员创新创业实践丰富,科技特派员创业人员占比达到 7.6%,而粤西地区的科技特派员占比仅为 3.8%,需要提升和加强科技特派员在创业中发挥的作用。

(3) 前 60 名分析。前 60 名星创天地科技特派员创业人数占"创业团队和企业"的人数比重,最大为 33.3%,最小为 3.2%,存在较大差距;前 60 名星创天地的所属地市方面,河源市数量最多,有 11 家;梅州市次之,有 9 家。

粤东地区汕头市的专业合作社"怀愉生态种养星创天地"位列第一,科技特派员创业人数占比为 33.33%;排名第二的是珠三角地区江门市的"江门农创中心星创天地",科技特派员创业人数占比为 26.67%;排名第三的是珠三角地区惠州市的农业龙头企业"惠州博罗县药王谷星创天地",科技特派员创业人数占比为 25.00%(见表 4-16)。

表 4-16 科技特派员创业人数占"创业团队和企业"人数的比重

星创天地名称	所属区域	所属地市	科技特派员创业人数占"创业团队和企业"人数的比重(%)
怀愉生态种养星创天地	粤东	汕头	33.33
江门农创中心星创天地	珠三角	江门	26.67
惠州博罗县药王谷星创天地	珠三角	惠州	25.00
广东省荔枝与龙眼科技创新中心星创天地	珠三角	惠州	20.00
达济星创天地	粤北	梅州	20.00
潮汕牛肉丸美食星创天地	粤东	汕头	20.00
云浮罗定市亚灿有机稻米星创天地	粤西	云浮	19.05
和平县特色水果生态种植销售星创天地	粤北	河源	18.75
河源紫金县村长伯伯星创天地	粤北	河源	18.18
天绿星创天地	粤西	云浮	17.65
全域信息进村入户星创天地	珠三角	惠州	17.65
金珠农业星创天地	粤北	梅州	16.67
柚通柚美星创天地	粤北	梅州	16.67
叶鲜生星创天地	粤北	河源	16.67
仁善田园星创天地	粤西	云浮	16.67
广东省中蜂产业星创天地	珠三角	广州	16.00

续上表

星创天地名称	所属区域	所属地市	科技特派员创业人数占"创业团队和企业"人数的比重（%）
绿兴现代农业产业园星创天地	粤北	河源	15.30
广东工贸"万讯七子"镇安致富中心星创天地	珠三角	广州	15.15
广东地理信息农业服务"徐闻星创天地"	珠三角	广州	14.29
双丰收星创天地	粤北	河源	12.50
农夫庄园星创天地	粤西	茂名	12.00
龙飞生物星创天地	珠三角	江门	11.76
肇庆四会市雅兰芳农业科技星创天地	珠三角	肇庆	11.63
珠海金湾区特色水果星创天地	珠三角	珠海	10.91
特色农业与深加工"星创天地"	珠三角	广州	10.80
兴尚农·韶大·现代农业星创天地	粤北	韶关	10.00
东森堂农商对接"星创天地"	粤北	河源	10.00
湛江经济技术开发区海水稻产业星创天地	粤西	湛江	10.00
梦之禽星创天地	粤西	云浮	10.00
龙远生态农业星创天地	粤北	河源	8.33
韶关市玉覃创业园	粤北	韶关	8.00
华农互联星创天地	粤北	梅州	7.30
围屋星创天地	粤北	梅州	6.67
劲农科技星创天地	珠三角	佛山	6.67
澳士兰牧场星创天地	粤东	汕头	6.67
客天下农电商产业园星创天地	粤北	梅州	6.33
阳春市青年创新创业孵化基地星创天地	粤西	阳江	5.56
梅州兴宁市富荣星创天地	粤北	梅州	5.56
寻皇千岛湖胡蜂生态园星创天地	珠三角	江门	5.17
罗竹星创天地	粤西	云浮	5.00
云浮罗定市宝富科技农业星创天地	粤西	云浮	5.00
清远高新技术产业开发区天安智谷星创天地	粤北	清远	5.00
广东融合生态农业集团有限公司农业产业园	粤北	河源	4.80

续上表

星创天地名称	所属区域	所属地市	科技特派员创业人数占"创业团队和企业"人数的比重（%）
梅州五华县潭丰农星创天地	粤北	梅州	4.76
河源龙川县稻丰源米业星创天地	粤北	河源	4.55
江门新奇点星创天地	珠三角	江门	4.44
陆丰跨越种养农业科技星创天地	粤东	汕尾	4.17
韶关曲江区广东亚北智慧农业星创天地	粤北	韶关	4.14
华盟农科星创天地	珠三角	中山	3.96
德庆县德鑫农业星创天地	珠三角	肇庆	3.64
惠州龙门县"神草山庄"星创天地	珠三角	惠州	3.55
双头双创星创天地	粤北	河源	3.37
惠州惠城区海纳农业科技园区星创天地	珠三角	惠州	3.33
顺喜来农创空间星创天地	珠三角	惠州	3.33
好义三黄胡须鸡星创天地	粤北	河源	3.33
佛山创意良仓星创天地	珠三角	佛山	3.28
梅州梅县区李金柚星创天地	粤北	梅州	3.23

（五）"创业团队和企业"获得的社会投资金额

该指标体现了星创天地创业团队和企业获得的社会支持投入，以及星创天地在金融方面提供服务的建设情况。2020年，广东省151家星创天地中"创业团队和企业"平均获得的社会投资金额为133.1万元。农业院校和科研机构及粤北和粤西地区星创天地中"创业团队和企业"获得社会投资的能力较强。

（1）主体分析。在运营主体性质方面，农业院校和科研机构、农业龙头企业和其他主体中"创业团队和企业"平均获得的社会投资金额位居前三位，分别为190.3万元、137.5万元和112.0万元，专业合作社吸收投资能力相对较弱，需要加强资金的对接服务。

（2）区域分析。在所属区域方面，粤北和粤西地区"创业团队和企业"平均获得的社会投资金额为147.7万元和142.4万元，均超过了平均水平，具有较大的优势；粤东地区星创天地中"创业团队和企业"平均获得的社会投资金额仅为粤北地区的2.4%，劣势相对明显，需要加强对"创业团队和

(3) 前60名分析。前60名星创天地中"创业团队和企业"所获得的社会投资金额,最大金额为3000万元,最小为20万元。前60名星创天地所属地市方面,梅州市的数量最多,为13家,广州市的数量其次,为8家。

前三名均属于粤北和粤西地区,彰显了这两个地区的优势。排名第一的是粤北地区梅州市的农业龙头企业"梅县区金柚产业园星创天地",其"创业团队和企业"获得的社会投资金额为3000万元;其次是粤西地区云浮的农业龙头企业"大唐特色林果产业星创天地",其"创业团队和企业"获得的社会投资金额为2500万元;排名第三的是粤北地区河源市的孵化器"东源农村青年科技创业孵化基地",其"创业团队和企业"获得的社会投资金额为1200万元(见表4-17)。

表4-17 星创天地创新投入"创业团队和企业"获得的社会投资金额

星创天地名称	所属区域	所属地市	"创业团队和企业"获得的社会投资金额(万元)
梅县区金柚产业园星创天地	粤北	梅州	3000
大唐特色林果产业星创天地	粤西	云浮	2500
东源农村青年科技创业孵化基地	粤北	河源	1200
华农互联星创天地	粤北	梅州	1000
梅州兴宁市富荣星创天地	粤北	梅州	1000
共富金农星创天地	珠三角	广州	1000
冬虫夏草产业化技术星创天地	珠三角	广州	1000
弘科创业园星创天地	珠三角	广州	662.3
珠海金湾区特色水果星创天地	珠三角	珠海	500
东森堂农商对接"星创天地"	粤北	河源	500
湛江经济技术开发区海水稻产业星创天地	粤西	湛江	500
创客观·众创空间	粤西	湛江	500
新农人星创大地	珠三角	广州	400
客天下农电商产业园星创天地	粤北	梅州	368
华盟农科星创天地	珠三角	中山	340
顺喜来农创空间星创天地	珠三角	惠州	300
顺兴柚业星创天地	粤北	梅州	300

第四章　广东省星创天地创新能力评价体系

续上表

星创天地名称	所属区域	所属地市	"创业团队和企业"获得的社会投资金额（万元）
金颖孵化星创天地	珠三角	广州	290
珠海市生态农业星创天地基地	珠三角	珠海	223
广东万顷园艺世界	珠三角	佛山	210
助农电子商务产业园区星创天地	珠三角	肇庆	205
惠州博罗县药王谷星创天地	珠三角	惠州	200
韶关曲江区广东亚北智慧农业星创天地	粤北	韶关	200
韶关市华工星创天地	粤北	韶关	200
广清农业众创空间星创天地	粤北	清远	200
惠州龙门县"神草山庄"星创天地	珠三角	惠州	180
河源东源县铭志农业星创天地	粤北	河源	180
双丰收星创天地	粤北	河源	150
六色田园创业园星创天地	粤西	湛江	150
德康农业科技星创天地	珠三角	肇庆	150
梅州杉富绿色生态农业星创天地	粤北	梅州	145
伟景农林星创天地	粤北	河源	145
智慧星创天地	珠三角	肇庆	144
梅州五华县美宏农业星创天地	粤北	梅州	125
围屋星创天地	粤北	梅州	100
广州南沙区勤家园智慧农业星创天地	珠三角	广州	100
韶关南雄市文华电子商务孵化港星创天地	粤北	韶关	91
阳江阳东区漠阳香星创天地	粤西	阳江	80
小尔孵化器	珠三角	东莞	80
梅州大埔县兴瑞星创天地	粤北	梅州	80
全域信息进村入户星创天地	珠三角	惠州	60
寻皇千岛湖胡蜂生态园星创天地	珠三角	江门	60
恒生水产养殖星创天地	粤西	阳江	60
佛山科学技术学院大学科技园星创天地	珠三角	佛山	60
仁善田园星创天地	粤西	云浮	50

续上表

星创天地名称	所属区域	所属地市	"创业团队和企业"获得的社会投资金额（万元）
中山坦洲镇坦南创客园星创天地	珠三角	中山	50
广州黄埔区长洲岛星创天地	珠三角	广州	50
天绿星创天地	粤西	云浮	35
达济星创天地	粤北	梅州	30
肇庆市工贸电子商务创客孵化园星创天地	珠三角	肇庆	30
东莞道滘镇龙洲湾都市农业星创天地	珠三角	东莞	30
"百工慧"星创天地	粤北	梅州	25
河源紫金县村长伯伯星创天地	粤北	河源	20
特色农业与深加工"星创天地"	珠三角	广州	20
德庆县德鑫农业星创天地	珠三角	肇庆	20
新农汇星创天地	粤北	梅州	20
壹龙星创天地	粤北	梅州	20

（六）"创业团队和企业"使用面积

该指标体现了星创天地在办公场所方面对"创业团队和企业"的支持力度。2020年，广东省151家星创天地中"创业团队和企业"的平均使用面积为1651.0平方米。农业院校和科研机构及珠三角地区星创天地中"创业团队和企业"的平均使用面积优势明显。

（1）主体分析。在运营主体性质方面，农业院校和科研机构"创业团队和企业"的平均使用面积高达2451.1平方米，体现了他们在办公方面的优势；其他主体的平均使用面积亦达到了2000平方米以上，高于平均水平；农业龙头企业和专业合作社则相对落后。

（2）区域分析。在所属区域方面，珠三角地区星创天地中"创业团队和企业"的平均使用面积为2356.92平方米；粤北和粤西地区的平均使用面积低于平均水平，但均达到1000平方米以上；粤东地区"创业团队和企业"在办公使用面积方面存在一定的劣势，需要加强相关方面的建设。

（3）前60名分析。前60名星创天地"创业团队和企业"的使用面积，最大面积为10000平方米，最小面积为1000平方米。前60名星创天地所属地市方面，广州、河源市的数量最多，均有11家；其次是梅州市，有7家。

排名第一的是珠三角地区佛山市的农业龙头企业"佛山科学技术学院大学科技园星创天地",其"创业团队和企业"的使用面积为10000平方米;其次是珠三角地区东莞市的农业龙头企业"小尔孵化器星创天地",其"创业团队和企业"的使用面积为9000平方米;排名第三的是珠三角地区广州市的农业院校和科研机构"弘科创业园星创天地",其"创业团队和企业"的使用面积为8000平方米(见表4-18)。

表4-18 星创天地创新投入的"创业团队和企业"使用面积

星创天地名称	所属区域	所属地市	"创业团队和企业"使用面积(平方米)
佛山科学技术学院大学科技园星创天地	珠三角	佛山	10000
小尔孵化器	珠三角	东莞	9000
弘科创业园星创天地	珠三角	广州	8000
清远高新技术产业开发区天安智谷星创天地	粤北	清远	7745.2
寻皇千岛湖胡蜂生态园星创天地	珠三角	江门	7500
惠州龙门县"神草山庄"星创天地	珠三角	惠州	6700
中山坦洲镇坦南创客园星创天地	珠三角	中山	6700
大亚湾深水抗风浪网箱养殖产业基地	珠三角	深圳	6700
共富金农星创天地	珠三角	广州	6000
金颖孵化星创天地	珠三角	广州	5194.09
韶关南雄市文华电子商务孵化港星创天地	粤北	韶关	5032
双丰收星创天地	粤北	河源	5000
江门新奇点星创天地	珠三角	江门	4628.76
韶关翁源县万艺电商文创中心星创天地	粤北	韶关	4300
河源紫金县村长伯伯星创天地	粤北	河源	4200
九里红百香果星创天地	粤北	河源	4200
河源源城区天仙湖茶产业星创天地	粤北	河源	4084.7
佛山创意良仓星创天地	珠三角	佛山	4000
龙川绿油星创天地	粤北	河源	3950
湛江赤坎区启迪海洋+星创天地	粤西	湛江	3891
东森堂农商对接"星创天地"	粤北	河源	3700
河源东源县板栗星创天地	粤北	河源	3500

续上表

星创天地名称	所属区域	所属地市	"创业团队和企业"使用面积（平方米）
Go！Startup 孵化器	珠三角	广州	3449.73
广清农业众创空间星创天地	粤北	清远	3278.88
新农人星创天地	珠三角	广州	3000
广州南沙区勤家园.智慧农业星创天地	珠三角	广州	3000
天绿星创天地	粤西	云浮	3000
河源高新区"耕耘天下"五指毛桃产业星创天地	粤北	河源	3000
广州市正旭农业科技星创天地	珠三角	广州	3000
新绿地休闲农业星创天地	珠三角	广州	3000
河源东源县龙才创客星创天地	粤北	河源	2600
徐闻县青年互联网创业园	粤西	湛江	2600
广东万顷园艺世界	珠三角	佛山	2500
韶关市华工星创天地	粤北	韶关	2500
壹龙星创天地	粤北	梅州	2500
化州化橘红药材发展有限公司星创天地	粤西	茂名	2500
肇庆四会市万绿兴花卉兰花星创天地	珠三角	肇庆	2500
助农电子商务产业园区星创天地	珠三角	肇庆	2400
明宇星创天地	粤北	河源	2337
冬虫夏草产业化技术星创天地	珠三角	广州	2300
恒生水产养殖星创天地	粤西	阳江	2000
东莞道滘镇龙洲湾都市农业星创天地	珠三角	东莞	2000
广东省广东工贸"万讯七子"镇安致富中心星创天地	珠三角	广州	2000
河源龙川县稻丰源米业星创天地	粤北	河源	2000
肇庆四会市甘牧·现代鹅业星创天地	珠三角	肇庆	2000
客天下农电商产业园星创天地	粤北	梅州	1800
"百工慧"星创天地	粤北	梅州	1800
智慧星创天地	珠三角	肇庆	1731
珠海市生态农业星创天地基地	珠三角	珠海	1688
稻味农村电子商务产业园星创天地	粤北	清远	1688

续上表

星创天地名称	所属区域	所属地市	"创业团队和企业"使用面积（平方米）
陆丰跨越种养农业科技星创天地	粤东	汕尾	1600
智库+星创天地	粤西	阳江	1523
华盟农科星创天地	珠三角	中山	1500
新农汇星创天地	粤北	梅州	1500
韶关翁源县电子商务产业孵化园星创天地	粤北	韶关	1400
梅州梅县区李金柚星创天地	粤北	梅州	1370
"晶坤竹园"农业科技创业联盟星创天地	粤西	湛江	1350
惠州惠城区海纳农业科技园区星创天地	珠三角	惠州	1200
达济星创天地	粤北	梅州	1020
梅县区金柚产业园星创天地	粤北	梅州	1000

第六节 星创天地创新绩效分析

创新绩效是指实施采用新技术后，企业价值的增加，表现为企业业务额的增加。创新绩效旨在揭示星创天地及"创业团队和企业"的创新创业成绩和产品收益等经济效益，以及辐射带动当地和上下游产业发展的效果，是衡量星创天地发展效果的重要参考指标，是彰显其成绩的重要考量，作为创新能力最重要的一级指标，其权重为30%。

一、创新绩效整体分析

创新绩效包含5个二级指标，分别为新增创业企业数量、"创业团队和企业"新产品销售收入、"创业团队和企业"获得省级以上科技奖励数量、培育的科技型企业数量、星创天地帮助贫困户户均增收情况等。

星创天地在创新绩效上表现较好，星创天地的创新绩效得分分布在60～195，从区间[60,70)到[110,195)数量依次递减，整体呈现反J形分布，最大值为195.0分，平均值为76.5分，得分在90分以上有23家，占比为15.2%。

星创天地创新绩效得分主要分布在［60，70）、［70，80）和［80，90）三个区间，数量分别为65家、44家和19家，占比分别为43.1%、29.2%和12.6%；三个区间的总数量为128家，总占比高达84.8%，显示出星创天地创新绩效方面得分总体偏低（见图4-52）。

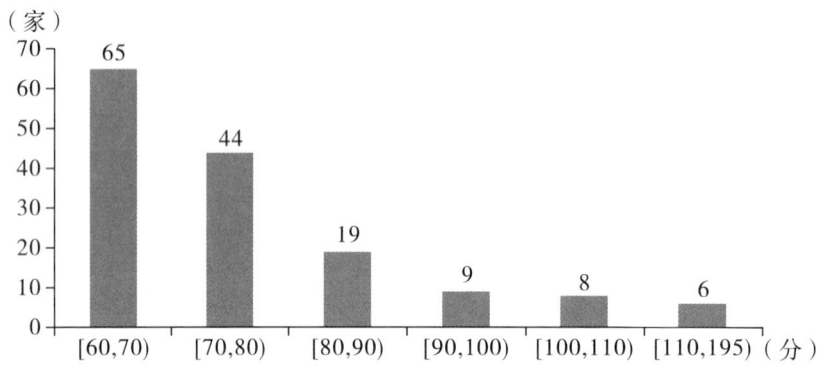

图4-52　星创天地创新绩效得分分布情况

（一）农业院校和科研机构在创新绩效的平均值最高

在创新绩效方面，农业龙头企业、农业院校和科研机构的平均值分别为76.68分、83.14分，都在整体平均值之上，显示出这两种运营主体的优势；其他主体的创新绩效平均值为74.72分，专业合作社的创新绩效平均值为67.51分，在创新绩效方面相对比较落后（见图4-53）。

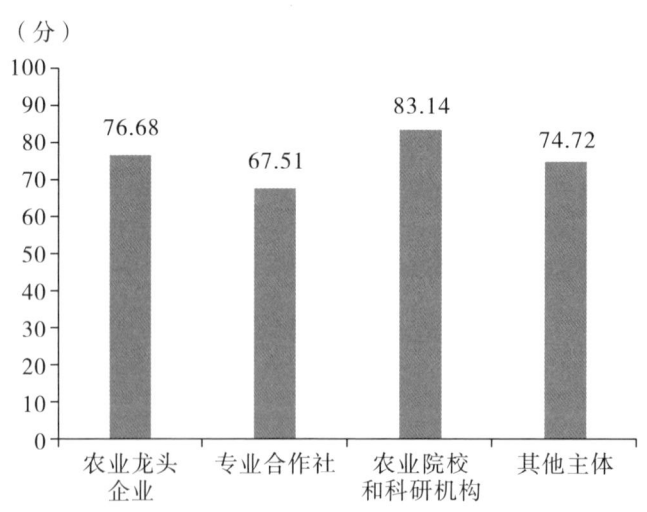

图4-53　星创天地各运营主体创新绩效的平均值

（二）创新绩效前 60 名星创天地中，粤北地区有 24 家，珠三角地区有 23 家

2020 年，广东省创新绩效前 60 名的星创天地中，在所属区域方面，粤北、珠三角、粤西和粤东地区的数量分别为 23 家、23 家、10 家和 1 家，数量占比分别为 38.3%、38.3%、16.7% 和 1.7%；在所属地市方面，梅州市的数量最多，为 11 家，广州市的数量次之，为 10 家。

2020 年，广东省 151 家星创天地的创新绩效得分中，排名前三的星创天地均来自珠三角地区广州市。其中，农业龙头企业"金颖孵化星创天地"得分第一，为 194.95 分；第二是农业院校和科研机构"广东工贸'万讯七子'镇安致富中心星创天地"，得分为 139.97 分；排名第三的是农业院校和科研机构"岭南绿色农业职业教育星创天地"，创新绩效得分为 122.78 分（见表 4-19）。

表 4-19 星创天地创新绩效得分前 60 名

星创天地名称	所属区域	所属地市	创新绩效（分）
金颖孵化星创天地	珠三角	广州	194.95
广东工贸"万讯七子"镇安致富中心星创天地	珠三角	广州	139.97
岭南绿色农业职业教育星创天地	珠三角	广州	122.78
佛山科学技术学院大学科技园星创天地	珠三角	佛山	113.33
江门农创中心星创天地	珠三角	江门	111.13
韶关南雄市文华电子商务孵化港星创天地	粤北	韶关	110.11
客天下农电商产业园星创天地	粤北	梅州	106.62
梅州五华县潭丰农星创天地	粤北	梅州	106.60
壹龙星创天地	粤北	梅州	104.43
湛江经济技术开发区海水稻产业星创天地	粤西	湛江	103.97
东莞淡水龟星创天地	珠三角	东莞	103.91
和平县特色水果生态种植销售星创天地	粤北	河源	102.37
创客观·众创空间	粤西	湛江	102.15
六色田园创业园星创天地	粤西	湛江	100.24
共富金农星创天地	珠三角	广州	97.82
弘科创业园星创天地	珠三角	广州	95.27
梅州大埔县福永星创天地	粤北	梅州	93.98
梅州五华县美宏农业星创天地	粤北	梅州	91.44

续上表

星创天地名称	所属区域	所属地市	创新绩效（分）
韶关曲江区广东亚北智慧农业星创天地	粤北	韶关	91.02
肇庆市工贸电子商务创客孵化园星创天地	珠三角	肇庆	90.90
荔之梦星创天地	珠三角	广州	90.32
中山坦洲镇坦南创客园星创天地	珠三角	中山	89.29
十亿人互联网+品牌农业创客实训星创天地	珠三角	珠海	89.03
新农人星创天地	珠三角	广州	87.26
全景星创天地	粤北	河源	86.94
明宇星创天地	粤北	河源	86.78
清远高新技术产业开发区智农谷星创天地	粤北	清远	86.42
新城乡星创天地	粤北	梅州	85.58
惠州惠城区海纳农业科技园区星创天地	珠三角	惠州	85.49
梦之禽星创天地	粤西	云浮	85.37
东源农村青年科技创业孵化基地	粤北	河源	84.55
湛江赤坎区启迪海洋+星创天地	粤西	湛江	84.06
新绿地休闲农业星创天地	珠三角	广州	83.64
珠海金湾区特色水果星创天地	珠三角	珠海	83.21
劲农科技星创天地	珠三角	佛山	82.81
达济星创天地	粤北	梅州	82.71
龙远生态农业星创天地	粤北	河源	81.62
广州市正旭农业科技星创天地	珠三角	广州	81.17
珠海市生态农业星创天地基地	珠三角	珠海	80.77
韶关市华工星创天地	粤北	韶关	80.67
智慧星创天地	珠三角	肇庆	79.87
河源高新区"耕耘天下"五指毛桃产业星创天地	粤北	河源	79.85
大唐特色林果产业星创天地	粤西	云浮	79.31
广州南沙区勤家园.智慧农业星创天地	珠三角	广州	79.25
华盟农科星创天地	珠三角	中山	79.11
澳士兰牧场星创天地	粤东	汕头	78.96
梅州兴宁市富荣星创天地	粤北	梅州	78.55

续上表

星创天地名称	所属区域	所属地市	创新绩效（分）
河源市现代农业星创天地	粤北	河源	78.37
智库+星创天地	粤西	阳江	78.04
佛山创意良仓星创天地	珠三角	佛山	77.05
阳江阳西县康顺对虾星创天地	粤西	阳江	76.75
阳江阳东区漠阳香星创天地	粤西	阳江	76.57
新农汇星创天地	粤北	梅州	76.53
金珠农业星创天地	粤北	梅州	76.39
广清农业众创空间星创天地	粤北	清远	76.35
智慧农业产业文化园星创天地	粤北	梅州	75.57
恒生水产养殖星创天地	粤西	阳江	75.30

二、创新绩效二级指标排名分析

创新绩效包括新增创业企业数量，"创业团队和企业"新产品销售收入、"创业团队和企业"获得省级以上科技奖励数量、培育的科技型企业数量、星创天地帮助贫困户户均增收情况五个二级指标，2020年上述各指标的平均值分别为3.2个、306.0万元、1.3个、3.2个和1.8万元/户。

（一）创新绩效两个二级指标的重要程度相对较高，二级指标重要程度各异

数据显示，2020年创新绩效中星创天地培育的科技型企业数量、"创业团队和企业"获得省级以上科技奖励数量等2个二级指标的重要程度接近，变异系数分别为3.4和2.3；新增创业企业数量、星创天地帮助贫困户户均增收情况、"创业团队和企业"新产品销售收入等3个二级指标的重要程度略低，变异系数分别为1.7、1.6和1.4。

（二）新增创业企业数量

该指标反映了星创天地将创业团队转化为创业企业的实力，以及星创天地对创业团队的培育情况。2020年，广东省151家星创天地平均新增创业企业3.3个，农业院校和科研机构、农业龙头企业及珠三角地区星创天地中创业企业的平均增加速度较快。

（1）主体分析。就运营主体性质而言，农业院校和科研机构、农业龙头

企业的新增创业企业数量位居前两位，吸引"创业团队和企业"的能力突出，人才集聚效果好，有利于大力推动农业农村创新创业，平均新增5.3个和3.3个，高于其他两种运营主体性质的星创天地。专业合作社与其他主体的创业企业增加得相对较慢，远低于农业院校和科研机构和农业龙头企业。

（2）区域分析。就所属区域而言，珠三角地区星创天地发展最好，平均新增创业企业数量为4.4个；粤北和粤西地区则位于第二梯队，平均新增2.8个和2.5个；粤东地区星创天地中新增创业企业数量相对较少，数量为1.3个，仅为珠三角地区的29.5%。

（3）前60名分析。前60名星创天地新增创业企业的数量，最大值为45个，最小值为2个。前60名星创天地所属地市方面，广州与河源市的数量较多，均为9家。

前三名星创天地，有两家来自珠三角地区广州市，一家来自于粤北地区梅州市，三家均为农业龙头企业。其中广州市的农业龙头企业"金颖孵化星创天地"新增创业企业数量最多，新增45个；排名第二的是梅州市的农业龙头企业"客天下农电商产业园星创天地"，新增28个创业企业；排名第三的是广州市的农业龙头企业"广州市正旭农业科技星创天地"，新增21个创业企业（见表4-20）。

表4-20 星创天地新增创业企业数量

星创天地名称	所属区域	所属地市	新增创业企业数量（个）
金颖孵化星创天地	珠三角	广州	45
客天下农电商产业园星创天地	粤北	梅州	28
广州市正旭农业科技星创天地	珠三角	广州	21
岭南绿色农业职业教育星创天地	珠三角	广州	20
梅州五华县潭丰农星创天地	粤北	梅州	20
梅州五华县美宏农业星创天地	粤北	梅州	17
肇庆市工贸电子商务创客孵化园星创天地	珠三角	肇庆	16
"晶坤竹园"农业科技创业联盟星创天地	粤西	湛江	13
韶关南雄市文华电子商务孵化港星创天地	粤北	韶关	10
中山坦洲镇坦南创客园星创天地	珠三角	中山	10
清远高新技术产业开发区智农谷星创天地	粤北	清远	10
电子商务产业园星创天地	粤西	湛江	8

续上表

星创天地名称	所属区域	所属地市	新增创业企业数量（个）
共富金农星创天地	珠三角	广州	7
云炬星创天地	珠三角	佛山	7
创客观·众创空间	粤西	湛江	6
伟景农林星创天地	粤北	河源	6
韶关曲江区广东亚北智慧农业星创天地	粤北	韶关	6
全景星创天地	粤北	河源	6
龙远生态农业星创天地	粤北	河源	6
顺喜来农创空间星创天地	珠三角	惠州	6
全域信息进村入户星创天地	珠三角	惠州	6
梦之禽星创天地	粤西	云浮	5
湛江赤坎区启迪海洋+星创天地	粤西	湛江	5
澳士兰牧场星创天地	粤东	汕头	5
智库+星创天地	粤西	阳江	5
肇庆四会市雅兰芳农业科技星创天地	珠三角	肇庆	5
梅县区金柚产业园星创天地	粤北	梅州	5
明宇星创天地	粤北	河源	4
恒生水产养殖星创天地	粤西	阳江	4
淘天然星创天地	粤北	梅州	4
徐闻县青年互联网创业园	粤西	湛江	4
广东工贸"万讯七子"镇安致富中心星创天地	珠三角	广州	3
江门农创中心星创天地	珠三角	江门	3
壹龙星创天地	粤北	梅州	3
东莞淡水龟星创天地	珠三角	东莞	3
六色田园创业园星创天地	粤西	湛江	3
十亿人互联网+品牌农业创客实训星创天地	珠三角	珠海	3
韶关市华工星创天地	粤北	韶关	3
广州南沙区勤家园.智慧农业星创天地	珠三角	广州	3
河源市现代农业星创天地	粤北	河源	3
新农汇星创天地	粤北	梅州	3

续上表

星创天地名称	所属区域	所属地市	新增创业企业数量（个）
双头双创星创天地	粤北	河源	3
特色农业与深加工"星创天地"	珠三角	广州	3
惠州博罗县药王谷星创天地	珠三角	惠州	3
"百工慧"星创天地	粤北	梅州	3
河源源城区天仙湖茶产业星创天地	粤北	河源	3
天绿星创天地	粤西	云浮	3
五谷创业村	粤西	茂名	3
河源紫金县村长伯伯星创天地	粤北	河源	3
梅州梅县区李金柚星创天地	粤北	梅州	3
河源龙川县稻丰源米业星创天地	粤北	河源	3
佛山科学技术学院大学科技园星创天地	珠三角	佛山	2
荔之梦星创天地	珠三角	广州	2
新农人星创天地	珠三角	广州	2
惠州惠城区海纳农业科技园区星创天地	珠三角	惠州	2
新绿地休闲农业星创天地	珠三角	广州	2

（三）"创业团队和企业"新产品销售收入

该指标反映了"创业团队和企业"研发成果的市场转化能力。2020年，广东省151家星创天地中"创业团队和企业"新产品销售收入平均306.0万元。农业龙头企业、其他主体以及珠三角地区星创天地"创业团队和企业"的平均新产品销售收入较高。

（1）主体分析。就运营主体性质而言，农业龙头企业、其他主体"创业团队和企业"的平均新产品销售收入较高，分别为312.2万元和331.2万元，均高于平均水平，表现出很好的增长态势，创新效果明显；农业院校和科研机构次之，为295.9万元；专业合作社则相对较低，需加快农业科技成果转化和推广，提高企业农业创新力和竞争力。

（2）区域分析。就所属区域而言，珠三角地区星创天地中"创业团队和企业"的平均新产品销售收入高达338.3万元，有明显的领先优势，呈现出比其他地区更好的发展势头；粤西地区次之，平均新产品销售收入亦达到平均水平之上；粤北地区第三，平均新产品销售收入为291.5万元；粤东地区需要加强建设，促进产业完成升级。

（3）前60名分析。前60名星创天地"创业团队和企业"的新产品销售收入，最高收入2246万元，最低264万元。前60名星创天地所属地市方面，河源市的数量最多，为11家；梅州市的数量次之为10家。

排名第一的是粤西地区湛江市的农业龙头企业"六色田园创业园星创天地"，其"创业团队和企业"新产品销售收入为2246万元；排名第二的是珠三角地区肇庆市的农业龙头企业"肇庆四会市万绿兴花卉兰花星创天地"，其"创业团队和企业"新产品销售收入为2000万元；排名第三的是粤西地区湛江市的农业龙头企业"创客观·众创空间"，其"创业团队和企业"新产品销售收入为1725.52万元（见表4-21）。

表4-21 星创天地"创业团队和企业"新产品销售收入

星创天地名称	所属区域	所属地市	"创业团队和企业"新产品销售收入（万元）
六色田园创业园星创天地	粤西	湛江	2246
肇庆四会市万绿兴花卉兰花星创天地	珠三角	肇庆	2000
创客观·众创空间	粤西	湛江	1725.52
韶关南雄市文华电子商务孵化港星创天地	粤北	韶关	1500
广东工贸"万讯七子"镇安致富中心星创天地	珠三角	广州	1359.77
金颖孵化星创天地	珠三角	广州	1331.05
韶关曲江区广东亚北智慧农业星创天地	粤北	韶关	1316
河源高新区"耕耘天下"五指毛桃产业星创天地	粤北	河源	1276
全景星创天地	粤北	河源	1200
十亿人互联网+品牌农业创客实训星创天地	珠三角	珠海	1200
东源农村青年科技创业孵化基地	粤北	河源	1120
弘科创业园星创天地	珠三角	广州	1000
韶关市华工星创天地	粤北	韶关	1000
惠州惠城区海纳农业科技园区星创天地	珠三角	惠州	1000
广清农业众创空间星创天地	粤北	清远	1000
湛江赤坎区启迪海洋+星创天地	粤西	湛江	983.7
阳江阳东区漠阳香星创天地	粤西	阳江	956

续上表

星创天地名称	所属区域	所属地市	"创业团队和企业"新产品销售收入（万元）
肇庆市工贸电子商务创客孵化园星创天地	珠三角	肇庆	867.4
东森堂农商对接"星创天地"	粤北	河源	800
柚通柚美星创天地	粤北	梅州	800
江门农创中心星创天地	珠三角	江门	661
阳江阳西县康顺对虾星创天地	粤西	阳江	620
肇庆四会市雅兰芳农业科技星创天地	珠三角	肇庆	600
兴尚农·韶大·现代农业星创天地	粤北	韶关	600
华盟农科星创天地	珠三角	中山	562
肇庆四会市甘牧·现代鹅业星创天地	珠三角	肇庆	560
恒生水产养殖星创天地	粤西	阳江	538
梅州五华县潭丰农星创天地	粤北	梅州	532
清远高新技术产业开发区智农谷星创天地	粤北	清远	500
广州南沙区勤家园.智慧农业星创天地	珠三角	广州	500
新农汇星创天地	粤北	梅州	500
清远高新技术产业开发区天安智谷星创天地	粤北	清远	500
顺兴柚业星创天地	粤北	梅州	500
河源源城区弘稼农业科技星创天地	粤北	河源	480
惠州龙门县"神草山庄"星创天地	珠三角	惠州	450
佛山科学技术学院大学科技园星创天地	珠三角	佛山	440
共富金农星创天地	珠三角	广州	410
中山坦洲镇坦南创客园星创天地	珠三角	中山	400
仁善田园星创天地	粤西	云浮	400
智慧星创天地	珠三角	肇庆	386.12
双丰收星创天地	粤北	河源	378
双头双创星创天地	粤北	河源	360
新供销电商扶贫星创天地	粤西	云浮	355.5
澳士兰牧场星创天地	粤东	汕头	346.18
壹龙星创天地	粤北	梅州	336.36

续上表

星创天地名称	所属区域	所属地市	"创业团队和企业"新产品销售收入（万元）
龙远生态农业星创天地	粤北	河源	330
小尔孵化器	珠三角	东莞	330
围屋星创天地	粤北	梅州	310
珠海市生态农业星创天地基地	珠三角	珠海	308
伟景农林星创天地	粤北	河源	300
河源东源县铭志农业星创天地	粤北	河源	300
珠海金湾区特色水果星创天地	珠三角	珠海	300
梅州兴宁市富荣星创天地	粤北	梅州	300
华农互联星创天地	粤北	梅州	300
梅州杉富绿色生态农业星创天地	粤北	梅州	300
叶鲜生星创天地	粤北	河源	300
电子商务产业园星创天地	粤西	湛江	280
客天下农电商产业园星创天地	粤北	梅州	264

（四）"创业团队和企业"获得省级以上科技奖励数量

该指标体现了星创天地中创业团队和企业的创新科研实力。2020年，广东省151家星创天地中"创业团队和企业"获得省级以上科技奖励数量平均为1.3个。农业院校和科研机构以及珠三角地区星创大地中的"创业团队和企业"获得省级以上科技奖励数量较多。

（1）主体分析。在运营主体性质方面，农业院校和科研机构的"创业团队和企业"获得省级以上科技奖励平均数量为4个，体现出农业院校和科研机构的创新人才等资源与科研实力的优势；农业龙头企业和其他主体分别为1.1个和1个，实力落后于农业院校和科研机构；专业合作社获得省级以上科技奖励平均数量不足1个，在该方面出现短板，需要加强在科研创新方面投入。

（2）区域分析。在所属区域方面，珠三角、粤西地区星创天地中"创业团队和企业"获得省级以上科技奖励的平均数量为1.9个和1.4个，均在整体的平均水平之上，彰显出良好的竞争力；粤北和粤东地区则不足1个，处于落后状态。

（3）前60名分析。前60名星创天地中"创业团队和企业"获得省级以上科技奖励的数量，最多20个，最少1个。前60名星创天地所属地市方面，河源和梅州市的数量最多，均为12家；其次是广州市，有7家。

前三名中，两家星创天地的运营主体性质为农业院校和科研机构，一家为农业龙头企业。其中，珠三角地区广州市的农业院校和科研机构"广东工贸'万讯七子'镇安致富中心星创天地"排名第一，其"创业团队和企业"获得20个科技奖励；其次是珠三角地区佛山市的农业龙头企业"佛山科学技术学院大学科技园星创天地"，其"创业团队和企业"获得15个科技奖励；排名第三的是粤西地区湛江市的农业龙头企业"湛江经济技术开发区海水稻产业星创天地"，其"创业团队和企业"获得15个科技奖励（见表4-22）。

表4-22　星创天地"创业团队和企业"获得省级以上科技奖励数量

星创天地名称	所属区域	所属地市	"创业团队和企业"获得省级以上科技奖励数量（个）
广东工贸"万讯七子"镇安致富中心星创天地	珠三角	广州	20
佛山科学技术学院大学科技园星创天地	珠三角	佛山	15
湛江经济技术开发区海水稻产业星创天地	粤西	湛江	15
岭南绿色农业职业教育星创天地	珠三角	广州	14
东莞淡水龟星创天地	珠三角	东莞	10
伟景农林星创天地	粤北	河源	8
共富金农星创天地	珠三角	广州	6
明宇星创天地	粤北	河源	6
大唐特色林果产业星创天地	粤西	云浮	6
梦之禽星创天地	粤西	云浮	5
创客观·众创空间	粤西	湛江	4
江门农创中心星创天地	珠三角	江门	4
梅州兴宁市富荣星创天地	粤北	梅州	4
客天下农电商产业园星创天地	粤北	梅州	4
智慧农业产业文化园星创天地	粤北	梅州	4
惠州惠城区海纳农业科技园区星创天地	珠三角	惠州	3
劲农科技星创天地	珠三角	佛山	3
达济星创天地	粤北	梅州	3

续上表

星创天地名称	所属区域	所属地市	"创业团队和企业"获得省级以上科技奖励数量（个）
淘天然星创天地	粤北	梅州	3
华盟农科星创天地	珠三角	中山	2
广州南沙区勤家园.智慧农业星创天地	珠三角	广州	2
新农汇星创天地	粤北	梅州	2
智慧星创天地	珠三角	肇庆	2
龙远生态农业星创天地	粤北	河源	2
珠海市生态农业星创天地基地	珠三角	珠海	2
华农互联星创天地	粤北	梅州	2
兆达星创天地	粤北	河源	2
智宏星创天地	粤北	梅州	2
寻皇千岛湖胡蜂生态园星创天地	珠三角	江门	2
德庆县德鑫农业星创天地	珠三角	肇庆	2
罗竹星创天地	粤西	云浮	2
九里红百香果星创天地	粤北	河源	2
"百工慧"星创天地	粤北	梅州	2
佛山创意良仓星创天地	珠三角	佛山	2
六色田园创业园星创天地	粤西	湛江	1
韶关曲江区广东亚北智慧农业星创天地	粤北	韶关	1
东源农村青年科技创业孵化基地	粤北	河源	1
阳江阳西县康顺对虾星创天地	粤西	阳江	1
双丰收星创天地	粤北	河源	1
双头双创星创天地	粤北	河源	1
围屋星创天地	粤北	梅州	1
珠海金湾区特色水果星创天地	珠三角	珠海	1
惠州惠阳区大橘数字果园星创天地	珠三角	惠州	1
全域信息进村入户星创天地	珠三角	惠州	1
惠州博罗县药王谷星创天地	珠三角	惠州	1
天绿星创天地	粤西	云浮	1

续上表

星创天地名称	所属区域	所属地市	"创业团队和企业"获得省级以上科技奖励数量（个）
新农人星创天地	珠三角	广州	1
顺喜来农创空间星创天地	珠三角	惠州	1
和平县特色水果生态种植销售星创天地	粤北	河源	1
德康农业科技星创天地	珠三角	肇庆	1
河源市现代农业星创天地	粤北	河源	1
河源源城区天仙湖茶产业星创天地	粤北	河源	1
特色农业与深加工"星创天地"	珠三角	广州	1
新城乡星创天地	粤北	梅州	1
云浮罗定市亚灿有机稻米星创天地	粤西	云浮	1
金珠农业星创天地	粤北	梅州	1
广东省中蜂产业星创天地	珠三角	广州	1
广东融合生态农业集团有限公司农业产业园	粤北	河源	1

（五）培育的科技型企业数量

该指标体现了星创天地在培育"创业团队和企业"方面的效率和成果。2020年，广东省151家星创天地中培育的科技型企业数量平均为3.2个，农业院校和科研机构以及中西部地区星创天地中的科技型企业整体培育能力较强。

（1）主体分析。在运营主体性质方面，农业龙头企业培育的科技型企业数量平均3.6个，在整体平均水平之上且远远高于其他运营主体性质；农业院校和科研机构与其他主体的农业龙头企业培育的科技型企业数量较为接近，分别为1.6个和1.9个；专业合作社平均培育的科技型企业数量相对落后，远低于平均水平。

（2）区域分析。在所属区域方面，珠三角地区星创天地平均培育科技型企业数量为5.1个，在整体平均水平之上，其他地区星创天地的整体平均水平不高，显示出一定的差距，需要加强建设。

（3）前60名分析。按培育科技型企业数量排名，前60家星创天地中，培育科技型企业数量最多为117个，最少为1个。前60名星创天地所属地市方面，数量排名前二的地市均属于粤北地区，其中河源市数量最多，为11

个;其次是梅州市,数量为10个。

珠三角地区广州市的农业龙头企业"金颖孵化星创天地"位居第一名,培育的科技型企业数量为117个;其次是粤北地区梅州市的农业龙头企业"壹龙星创天地",培育的科技型企业数量为53个;粤北地区韶关市的农业龙头企业"韶关南雄市文华电子商务孵化港星创天地"位居第三,培育的科技型企业数量为26个(见表4-23)。

表4-23 星创天地培育科技型企业数量

星创天地名称	所属区域	所属地市	培育的科技型企业数量(个)
金颖孵化星创天地	珠三角	广州	117
壹龙星创天地	粤北	梅州	53
韶关南雄市文华电子商务孵化港星创天地	粤北	韶关	26
Go！Startup孵化器	珠三角	广州	21
佛山创意良仓星创天地	珠三角	佛山	18
清远高新技术产业开发区智农谷星创天地	粤北	清远	15
四伙记农村电商星创天地	粤北	河源	14
荔之梦星创天地	珠三角	广州	11
珠海市生态农业星创天地基地	珠三角	珠海	9
五谷创业村	粤西	茂名	9
云炬星创天地	珠三角	佛山	8
佛山科学技术学院大学科技园星创天地	珠三角	佛山	6
华盟农科星创天地	珠三角	中山	6
顺喜来农创空间星创天地	珠三角	惠州	6
全景星创天地	粤北	河源	6
助农电子商务产业园区星创天地	珠三角	肇庆	6
岭南绿色农业职业教育星创天地	珠三角	广州	5
共富金农星创天地	珠三角	广州	5
双头双创星创天地	粤北	河源	5
弘科创业园星创天地	珠三角	广州	5
湛江赤坎区启迪海洋+星创天地	粤西	湛江	5
智库+星创天地	粤西	阳江	5
"众创汇"星创天地	粤北	梅州	5

续上表

星创天地名称	所属区域	所属地市	培育的科技型企业数量（个）
智慧星创天地	珠三角	肇庆	4
河源东源县板栗星创天地	粤北	河源	4
伟景农林星创天地	粤北	河源	3
客天下农电商产业园星创天地	粤北	梅州	3
龙远生态农业星创天地	粤北	河源	3
智宏星创天地	粤北	梅州	3
韶关曲江区广东亚北智慧农业星创天地	粤北	韶关	3
河源源城区天仙湖茶产业星创天地	粤北	河源	3
肇庆四会市万绿兴花卉兰花星创天地	珠三角	肇庆	3
韶关市华工星创天地	粤北	韶关	3
恒生水产养殖星创天地	粤西	阳江	3
中山坦洲镇坦南创客园星创天地	珠三角	中山	3
电子商务产业园星创天地	粤西	湛江	3
河源东源县龙才创客星创天地	粤北	河源	3
河源紫金县村长伯伯星创天地	粤北	河源	3
创客观·众创空间	粤西	湛江	2
梅州兴宁市富荣星创天地	粤北	梅州	2
惠州惠城区海纳农业科技园区星创天地	珠三角	惠州	2
淘天然星创天地	粤北	梅州	2
德庆县德鑫农业星创天地	珠三角	肇庆	2
"百工慧"星创天地	粤北	梅州	2
阳江阳西县康顺对虾星创天地	粤西	阳江	2
天绿星创天地	粤西	云浮	2
肇庆四会市甘牧·现代鹅业星创天地	珠三角	肇庆	2
河源东源县铭志农业星创天地	粤北	河源	2
梅州杉富绿色生态农业星创天地	粤北	梅州	2
梅州五华县美宏农业星创天地	粤北	梅州	2
"晶坤竹园"农业科技创业联盟星创天地	粤西	湛江	2
广东省荔枝与龙眼科技创新中心星创天地	珠三角	惠州	2

续上表

星创天地名称	所属区域	所属地市	培育的科技型企业数量（个）
大唐特色林果产业星创天地	粤西	云浮	1
梦之禽星创天地	粤西	云浮	1
江门农创中心星创天地	珠三角	江门	1
劲农科技星创天地	珠三角	佛山	1
华农互联星创天地	粤北	梅州	1
寻皇千岛湖胡蜂生态园星创天地	珠三角	江门	1

（六）星创天地帮助贫困户户均增收情况

该指标反映了星创天地在带动就业，实现农民增收方面的实力以及作用。2020年，广东省151家星创天地帮助户均增收1.8万元，农业龙头企业及粤北地区的星创天地带动增收整体效果最明显。

（1）主体分析。在运营主体性质方面，农业龙头企业和其他主体在精准帮扶、带动农民致富方面做出了贡献，分别平均帮助贫困户户均增收1.8万元和1.9万元；农业院校和科研机构与专业合作社帮助贫困户户均增收则相对较少，仅为1.1万元和0.9万元。

（2）区域分析。在所属区域方面，粤北和珠三角地区的星创天地在精准脱贫、精准扶贫方面的效果突出，均超过整体平均水平，分别为2.0万元和1.9万元；粤西地区的星创天地扶贫脱贫力度欠缺，未来要加强在乡村振兴与巩固拓展脱贫攻坚成果方面的人财物支持力度，提高重视程度。

（3）前60名分析。前60名星创天地帮助贫困户脱贫增收最多18万元，最少1.2万元。前60名星创天地所属地市方面，河源市的数量最多，为14家；梅州市的数量次之，为13家。

粤北地区河源市的农业龙头企业"和平县特色水果生态种植销售星创天地"帮助贫困户户均增收18万元，排名第一；粤北地区梅州市的农业龙头企业"梅州大埔县福永星创天地"排名第二，带动户均增收15万元；珠三角地区江门市的农业龙头企业"江门农创中心星创天地"排名第三位，带动户均增收13万元（见表4-24）。

表4-24 星创天地帮助贫困户户均增收情况

星创天地名称	所属区域	所属地市	星创天地帮助贫困户户均增收情况（万元）
和平县特色水果生态种植销售星创天地	粤北	河源	18
梅州大埔县福永星创天地	粤北	梅州	15
江门农创中心星创天地	珠三角	江门	13
荔之梦星创天地	珠三角	广州	10
新农人星创天地	珠三角	广州	10
新城乡星创天地	粤北	梅州	10
新绿地休闲农业星创天地	珠三角	广州	10
梅州五华县潭丰农星创天地	粤北	梅州	10
珠海金湾区特色水果星创天地	珠三角	珠海	6.5
中山坦洲镇坦南创客园星创天地	珠三角	中山	6
梅州五华县美宏农业星创天地	粤北	梅州	6
达济星创天地	粤北	梅州	6
河源市现代农业星创天地	粤北	河源	6
金珠农业星创天地	粤北	梅州	6
劲农科技星创天地	珠三角	佛山	5
澳士兰牧场星创天地	粤东	汕头	4.5
十亿人互联网+品牌农业创客实训星创天地	珠三角	珠海	4
智库+星创天地	粤西	阳江	3.8
河源源城区弘稼农业科技星创天地	粤北	河源	3.5
清远高新技术产业开发区天安智谷星创天地	粤北	清远	3.43
共富金农星创天地	珠三角	广州	3
梅州市柚之蜜天然饮品星创天地	粤北	梅州	3
围屋星创天地	粤北	梅州	2.8
燕里岩高效农业种植星创天地	粤北	河源	2.8
寻皇千岛湖胡蜂生态园星创天地	珠三角	江门	2.6
客天下农电商产业园星创天地	粤北	梅州	2.5
河源东源县龙才创客星创天地	粤北	河源	2.5
广东省中蜂产业星创天地	珠三角	广州	2.5

续上表

星创天地名称	所属区域	所属地市	星创天地帮助贫困户户均增收情况（万元）
珠海市生态农业星创天地基地	珠三角	珠海	2
"众创汇"星创天地	粤北	梅州	2
龙远生态农业星创天地	粤北	河源	2
德庆县德鑫农业星创天地	珠三角	肇庆	2
河源东源县铭志农业星创天地	粤北	河源	2
东源农村青年科技创业孵化基地	粤北	河源	2
特色农业与深加工"星创天地"	珠三角	广州	2
梅州大埔县兴瑞星创天地	粤北	梅州	2
农夫庄园星创天地	粤西	茂名	2
明宇星创天地	粤北	河源	2
惠州惠阳区大橘数字果园星创天地	珠三角	惠州	2
肇庆市工贸电子商务创客孵化园星创天地	珠三角	肇庆	2
阳春市青年创新创业孵化基地星创天地	粤西	阳江	2
广东工贸"万讯七子"镇安致富中心星创天地	珠三角	广州	1.92
广州南沙区勤家园智慧农业星创天地	珠三角	广州	1.9
三乐善品蔬菜及干制品产业园星创天地	粤北	河源	1.8
智慧星创天地	珠三角	肇庆	1.74
伟景农林星创天地	粤北	河源	1.7
湛江经济技术开发区海水稻产业星创天地	粤西	湛江	1.6
兆达星创天地	粤北	河源	1.6
河源东源县勇华星创天地	粤北	河源	1.52
河源紫金县村长伯伯星创天地	粤北	河源	1.5
阳江阳西县康顺对虾星创天地	粤西	阳江	1.4
智慧农业产业文化园星创天地	粤北	梅州	1.4
韶关南雄市文华电子商务孵化港星创天地	粤北	韶关	1.33
六色田园创业园星创天地	粤西	湛江	1.24
壹龙星创天地	粤北	梅州	1.2
大唐特色林果产业星创天地	粤西	云浮	1.2

续上表

星创天地名称	所属区域	所属地市	星创天地帮助贫困户户均增收情况（万元）
梦之禽星创天地	粤西	云浮	1.2
新供销电商扶贫星创天地	粤西	云浮	1.2
化州化橘红药材发展有限公司星创天地	粤西	茂名	1.2

第七节 星创天地创新潜力分析

创新潜力指创新主体科技发展水平及科技成果转化能力。创新潜力是创新能力的重要组成部分，旨在衡量星创天地未来创新的前景和在创新方面的可持续发展能力，本节主要考察星创天地及其"创业团队和企业"在研发方面的人力财力投入以及支撑未来发展的基础状况，进而掌握广东省星创天地的发展趋势。创新潜力在创新能力评级体系中的权重为26%。

创新潜力包含"创业团队和企业"人数、星创天地服务收入、星创天地运营成本、"创业团队和企业"研发投入，获得投融资的"创业团队和企业"数量等5个二级指标。

一、创新潜力整体分析

星创天地创新潜力得分在50～170分，从区间[50, 70)到[150, 170)数量依次递减，整体呈现反J形分布，最大值为161.59分，平均值为77.5分。创新潜力得分在90分以上的星创天地有30家，占比19.9%。星创天地创新潜力得分在[50, 70)和[70, 80)两个区间的数量分别为69家和52家，占比分别为45.7%和34.4%；两个区间的总数量为121家，占比80.1%，说明星创天地整体创新潜力得分偏低（见图4-54）。

（一）创新潜力方面，农业院校和科研机构的平均值最高

创新潜力方面，农业院校和科研机构得分的平均值最高，为80.77分，说明农业院校和科研机构在创新潜力方面具有优势，能够为"大众创业、万众创新"注入新动能；农业龙头企业的平均得分较高，为77.57分，在整体平均值之上；专业合作社和其他主体的创新绩效平均值为73.45分和76.85

分,相对处于劣势(见图4-55)。

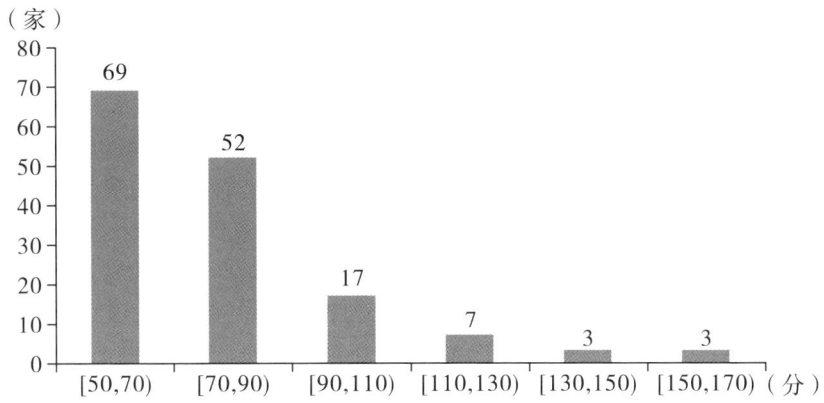

图4-54 星创天地创新潜力得分分布情况

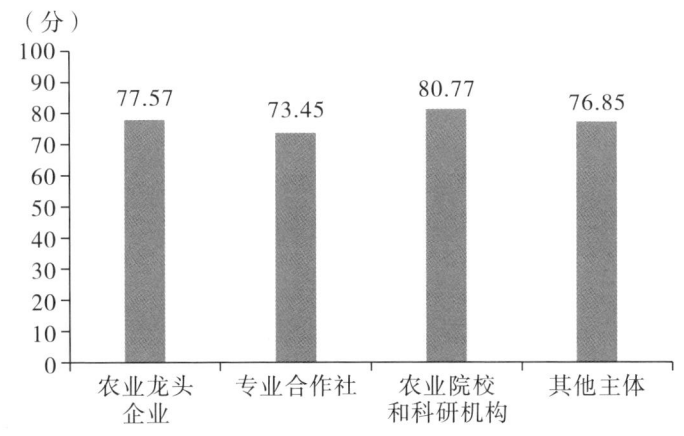

图4-55 各类型星创天地创新潜力平均值

(二)创新潜力前60名中,粤北地区有27家

2020年,广东省创新潜力前60名星创天地中,在所属区域方面,粤北、珠三角和粤西地区的数量分别为25家、23家和11家,数量占比分别为41.7%、38.3%和18.3%;在所属地市方面,梅州市的数量最多,为12家,其次广州和河源市的星创天地数量并列第二,均为9家。

2020年,广东省151家星创天地的创新潜力前三名分别来自珠三角地区的广州市和粤北地区的河源市。农业院校和科研机构"弘科创业园星创天地"排名第一,创新潜力得分为161.59分;其次是农业龙头企业"金颖孵化星创天地",创新潜力得分为153.77分;排名第三的是农业龙头企业"双丰收星创天地",创新潜力得分为152.17分(见表4-25)。

表4-25 星创天地创新潜力得分前60名

星创天地名称	所属区域	所属地市	创新潜力(分)
弘科创业园星创天地	珠三角	广州	161.59
金颖孵化星创天地	珠三角	广州	153.77
双丰收星创天地	粤北	河源	152.17
客天下农电商产业园星创天地	粤北	梅州	148.92
佛山科学技术学院大学科技园星创天地	珠三角	佛山	145.64
广东万顷园艺世界	珠三角	佛山	130.50
智慧星创天地	珠三角	肇庆	122.61
明宇星创天地	粤北	河源	120.12
新农人星创天地	珠三角	广州	120.06
广东融合生态农业集团有限公司农业产业园	粤北	河源	113.18
恒生水产养殖星创天地	粤西	阳江	112.15
壹龙星创天地	粤北	梅州	111.50
东源农村青年科技创业孵化基地	粤北	河源	110.30
柚通柚美星创天地	粤北	梅州	109.02
顺兴柚业星创天地	粤北	梅州	108.45
阳江阳东区漠阳香星创天地	粤西	阳江	106.10
东莞淡水龟星创天地	珠三角	东莞	104.52
梅州市柚之蜜天然饮品星创天地	粤北	梅州	103.98
珠海市生态农业星创天地基地	珠三角	珠海	103.90
顺喜来农创空间星创天地	珠三角	惠州	100.10
Go! Startup 孵化器	珠三角	广州	99.53
伟景农林星创天地	粤北	河源	97.48
"百工慧"星创天地	粤北	梅州	95.54
新供销电商扶贫星创天地	粤西	云浮	95.49
广东工贸"万讯七子"镇安致富中心星创天地	珠三角	广州	94.63
惠州博罗县药王谷星创天地	珠三角	惠州	91.73
创客观·众创空间	粤西	湛江	90.47
德康农业科技星创天地	珠三角	肇庆	90.37
化州化橘红药材发展有限公司星创天地	粤西	茂名	90.20

第四章 广东省星创天地创新能力评价体系

续上表

星创天地名称	所属区域	所属地市	创新潜力（分）
韶关南雄市文华电子商务孵化港星创天地	粤北	韶关	89.31
六色田园创业园星创天地	粤西	湛江	88.57
达济星创天地	粤北	梅州	87.87
河源东源县铭志农业星创天地	粤北	河源	87.71
惠州龙门县"神草山庄"星创天地	珠三角	惠州	87.70
天绿星创天地	粤西	云浮	86.70
大亚湾深水抗风浪网箱养殖产业基地	珠三角	深圳	86.24
围屋星创天地	粤北	梅州	86.08
韶关市华工星创天地	粤北	韶关	85.87
共富金农星创天地	珠三角	广州	85.56
新绿地休闲农业星创天地	珠三角	广州	85.39
双头双创星创天地	粤北	河源	85.38
小尔孵化器	珠三角	东莞	85.20
特色农业与深加工"星创天地"	珠三角	广州	85.12
华盟农科星创天地	珠三角	中山	84.63
阳江阳西县康顺对虾星创天地	粤西	阳江	84.55
十亿人互联网+品牌农业创客实训星创天地	珠三角	珠海	84.28
梅州兴宁市富荣星创天地	粤北	梅州	83.18
中山坦洲镇坦南创客园星创天地	珠三角	中山	83.04
龙远生态农业星创天地	粤北	河源	82.80
罗竹星创天地	粤西	云浮	82.66
兴尚农·韶大·现代农业星创天地	粤北	韶关	81.75
湛江赤坎区启迪海洋+星创天地	粤西	湛江	81.20
华农互联星创天地	粤北	梅州	79.58
东森堂农商对接"星创天地"	粤北	河源	79.53
韶关曲江区广东亚北智慧农业星创天地	粤北	韶关	79.39
互联网+智慧农业星创天地	粤西	云浮	77.46
智慧农业产业文化园星创天地	粤北	梅州	77.36
梅州五华县潭丰农星创天地	粤北	梅州	76.79
广州市正旭农业科技星创天地	珠三角	广州	76.48

二、创新潜力二级指标排名分析

创新潜力包括"创业团队和企业"人数、星创天地的服务收入、星创天地运营成本、"创业团队和企业"研发投入、获得投融资的"创业团队和企业"数量等5个二级指标。2020年,上述5个二级指标平均值分别为85.9个、52.0万元、167.2万元、65.2万元和1.1个,星创天地整体创新潜力的二级指标表现均较好。

(一)创新潜力的二级指标重要程度比较接近

数据显示,2020年星创天地服务收入和获得投融资的"创业团队和企业"数量等2个二级指标重要程度接近,变异系数分别为1.7和1.6。"创业团队和企业"人数、星创天地运营成本、"创业团队和企业"研发投入等3个二级指标的重要程度略低,变异系数分别为1.2、1.3和1.3。

(二)"创业团队和企业"人数

该指标反映了星创天地签约入驻创业人员的数量情况与规模。2020年,广东省151家星创天地中"创业团队和企业"平均人数为85.9人,农业院校和科研机构及珠三角地区的星创天地"创业团队和企业"的创业人数的优势明显。

(1) 主体分析。在运营主体性质方面,农业院校和科研机构中"创业团队和企业"的平均人数优势明显,高达136.4人;其他主体中"创业团队和企业"平均人数为104.6人,高于平均水平;农业龙头企业、专业合作社中"创业团队和企业"平均人数分别为82.0人、68.8人,创业人员的数量以及规模建设有待加强。

(2) 区域分析。在所属区域方面,珠三角地区星创天地中"创业团队和企业"的平均人数为121.8人,处于领先地位;粤北和粤西地区较为接近,分别为69.0人和72.0人,低于平均水平;而粤东地区相比之下劣势较为明显。

(3) 前60名分析。前60名星创天地中"创业团队和企业"的人数,最多的有574人,最少的有72人。前60名星创天地所属地市方面,广州市的数量最多,为12家;梅州市的数量次之,为8家。

"创业团队和企业"人数的前三名均来自珠三角地区,分别是广州市的农业龙头企业"金颖孵化星创天地"排名第一,有574人;珠三角地区佛山市的农业龙头企业"佛山科学技术学院大学科技园星创天地"排名第二,有550人;排名第三的是珠三角地区广州市的农业院校和科研机构"特色农业与深加工'星创天地'",有440人(见表4-26)。

表4-26 星创天地"创业团队和企业"人数

星创天地名称	所属区域	所属地市	"创业团队和企业"人数（人）
金颖孵化星创天地	珠三角	广州	574
佛山科学技术学院大学科技园星创天地	珠三角	佛山	550
特色农业与深加工"星创天地"	珠三角	广州	440
弘科创业园星创天地	珠三角	广州	400
广东万顷园艺世界	珠三角	佛山	397
智慧星创天地	珠三角	肇庆	350
广州市正旭农业科技星创天地	珠三角	广州	320
新农人星创天地	珠三角	广州	306
新绿地休闲农业星创天地	珠三角	广州	300
德康农业科技星创天地	珠三角	肇庆	268
徐闻县青年互联网创业园	粤西	湛江	234
新农汇星创天地	粤北	梅州	225
湛江赤坎区启迪海洋+星创天地	粤西	湛江	220
Go！Startup孵化器	珠三角	广州	219
珠海市生态农业星创天地基地	珠三角	珠海	208
岭南绿色农业职业教育星创天地	珠三角	广州	205
清远清城区数字农业农村星创天地	粤北	清远	201
智宏星创天地	粤北	梅州	200
橘利化橘红星创天地	粤西	茂名	200
东源农村青年科技创业孵化基地	粤北	河源	192
明宇星创天地	粤北	河源	176
创客观·众创空间	粤西	湛江	173
化州化橘红药材发展有限公司星创天地	粤西	茂名	156
广州南沙区勤家园．智慧农业星创天地	珠三角	广州	150
惠州龙门县"神草山庄"星创天地	珠三角	惠州	141
稻味农村电子商务产业园星创天地	粤北	清远	140
"百工慧"星创天地	粤北	梅州	135
河源市现代农业星创天地	粤北	河源	132
河源东源县龙才创客星创天地	粤北	河源	130

续上表

星创天地名称	所属区域	所属地市	"创业团队和企业"人数（人）
六色田园创业园星创天地	粤西	湛江	126
梅州五华县潭丰农星创天地	粤北	梅州	126
河源东源县铭志农业星创天地	粤北	河源	120
兴尚农·韶大·现代农业星创天地	粤北	韶关	112
广清农业众创空间星创天地	粤北	清远	108
韶关市华工星创天地	粤北	韶关	105
韶关曲江区广东亚北智慧农业星创天地	粤北	韶关	105
智库+星创天地	粤西	阳江	102
华盟农科星创天地	珠三角	中山	101
共富金农星创天地	珠三角	广州	100
中山坦洲镇坦南创客园星创天地	珠三角	中山	100
清远高新技术产业开发区智农谷星创天地	粤北	清远	100
河源源城区弘稼农业科技星创天地	粤北	河源	99
恒生水产养殖星创天地	粤西	阳江	95
韶关翁源县电子商务产业孵化园星创天地	粤北	韶关	92
小尔孵化器	珠三角	东莞	90
韶关南雄市文华电子商务孵化港星创天地	粤北	韶关	89
双头双创星创天地	粤北	河源	89
广东工贸"万讯七子"镇安致富中心星创天地	珠三角	广州	88
新城乡星创天地	粤北	梅州	88
伟景农林星创天地	粤北	河源	87
建投星创天地	粤西	湛江	83
荔之梦星创天地	珠三角	广州	83
"晶坤竹园"农业科技创业联盟星创天地	粤西	湛江	82
新供销电商扶贫星创天地	粤西	云浮	81
双丰收星创天地	粤北	河源	80
客天下农电商产业园星创天地	粤北	梅州	79
"众创汇"星创天地	粤北	梅州	78
淘天然星创天地	粤北	梅州	72

（三）星创天地服务收入

该指标体现了星创天地的各项服务开展情况、服务能力以及获得的收益。2020年，广东省151家星创天地的平均服务收入为52.0万元。农业院校和科研机构及粤西地区的星创天地平均服务收入最高。

（1）主体分析。在运营主体性质方面，农业院校和科研机构的平均服务收入高达86.7万元；其次是农业龙头企业，平均服务收入为53.8万元，在整体平均水平以上；其他两种主体性质星创天地的平均收入均在37万元以下，有较大的劣势，需要尽快完善专业化服务体系的建设，搭建好线上服务平台。

（2）区域分析。在所属区域方面，粤西、粤北和珠三角地区星创天地的平均服务收入接近，分别为54.0万元、53.8万元和52.0万元，体现了其创新创业服务的高水平和高效益；粤东地区的星创天地在服务能力方面有待提高。

（3）前60名分析。前60名星创天地的服务收入，最多的580万元，最少的20.4万元。前60名星创天地所属地市中，河源市数量最多，为14家；梅州市数量次之，为8家。

粤北地区梅州市的农业龙头企业"客天下农电商产业园星创天地"服务收入排名第一，有580万元；珠三角地区广州市的农业院校和科研机构"弘科创业园星创天地"排名第二，为430.19万元；粤西地区云浮市的农业龙头企业"新供销电商扶贫星创天地"排名第三，服务收入为355.5万元（见表4-27）。

表4-27 星创天地服务收入情况

星创天地名称	所属区域	所属地市	星创天地的服务收入（万元）
客天下农电商产业园星创天地	粤北	梅州	580
弘科创业园星创天地	珠三角	广州	430.19
新供销电商扶贫星创天地	粤西	云浮	355.5
广东融合生态农业集团有限公司农业产业园	粤北	河源	310
明宇星创天地	粤北	河源	307
双丰收星创天地	粤北	河源	270
围屋星创天地	粤北	梅州	220
叶鲜生星创天地	粤北	河源	220

续上表

星创天地名称	所属区域	所属地市	星创天地的服务收入（万元）
顺兴柚业星创天地	粤北	梅州	210
智慧星创天地	珠三角	肇庆	200
东源农村青年科技创业孵化基地	粤北	河源	200
互联网+智慧农业星创天地	粤西	云浮	200
大亚湾深水抗风浪网箱养殖产业基地	珠三角	深圳	200
佛山科学技术学院大学科技园星创天地	珠三角	佛山	192.46
智慧农业产业文化园星创天地	粤北	梅州	183.17
广东万顷园艺世界	珠三角	佛山	170.82
温氏华农养猪训练营星创天地	粤西	云浮	148
六色田园创业园星创天地	粤西	湛江	146
天绿星创天地	粤西	云浮	135
广东工贸"万讯七子"镇安致富中心星创天地	珠三角	广州	133
金颖孵化星创天地	珠三角	广州	128.22
十亿人互联网+品牌农业创客实训星创天地	珠三角	珠海	120
壹龙星创天地	粤北	梅州	110.99
新农人星创天地	珠三角	广州	110
兴尚农·韶大·现代农业星创天地	粤北	韶关	109.47
梦之禽星创天地	粤西	云浮	100
劲农科技星创天地	珠三角	佛山	100
惠州博罗县药王谷星创天地	珠三角	惠州	100
双头双创星创天地	粤北	河源	82
顺喜来农创空间星创天地	珠三角	惠州	80
全域信息进村入户星创天地	珠三角	惠州	78
"晶坤竹园"农业科技创业联盟星创天地	粤西	湛江	73.02
华盟农科星创天地	珠三角	中山	65
韶关市华工星创天地	粤北	韶关	64
创客观·众创空间	粤西	湛江	62.56
韶关南雄市文华电子商务孵化港星创天地	粤北	韶关	62
河源源城区弘稼农业科技星创天地	粤北	河源	60

续上表

星创天地名称	所属区域	所属地市	星创天地的服务收入（万元）
Go！Startup 孵化器	珠三角	广州	58.26
智库+星创天地	粤西	阳江	56
三乐善品蔬菜及干制品产业园星创天地	粤北	河源	53
云炬星创天地	珠三角	佛山	52.53
珠海市生态农业星创天地基地	珠三角	珠海	52
共富金农星创天地	珠三角	广州	52
中山坦洲镇坦南创客园星创天地	珠三角	中山	52
珠海金湾区特色水果星创天地	珠三角	珠海	52
德康农业科技星创天地	珠三角	肇庆	50
伟景农林星创天地	粤北	河源	50
龙远生态农业星创天地	粤北	河源	50
清远高新技术产业开发区天安智谷星创天地	粤北	清远	45.35
燕里岩高效农业种植星创天地	粤北	河源	45
"众创汇"星创天地	粤北	梅州	41.28
河源紫金县村长伯伯星创天地	粤北	河源	40
梅州市柚之蜜天然饮品星创天地	粤北	梅州	37
湛江赤坎区启迪海洋+星创天地	粤西	湛江	31.88
东莞道滘镇龙洲湾都市农业星创天地	珠三角	东莞	30
河源东源县龙才创客星创天地	粤北	河源	25
江门新奇点星创天地	珠三角	江门	24.23
淘天然星创天地	粤北	梅州	21
兆达星创天地	粤北	河源	20.42

（四）星创天地运营成本

运营成本体现了星创天地对"创业团队和企业"的服务投入程度和企业发展的投入程度，运营成本高说明了星创天地的良好运营状态。2020 年，广东省 151 家星创天地的平均运营成本为 167.2 万元，专业合作社及粤西地区星创天地的平均运营成本最高。

（1）主体分析。在运营主体性质方面，专业合作社的表现较好，平均运营成本为291.3万元；农业龙头企业和其他主体的平均运营成本相接近，分别为165.4万元和140.3万元；农业院校和科研机构的运营成本则相对较低，仅为专业合作社的48.2%。

（2）区域分析。在所属区域方面，粤西地区星创天地的平均运营成本高达232.6万元；粤北和珠三角地区均达到100万元以上，分别为165.4万元和178.0万元。

（3）前60名分析。前60名星创天地的运营成本，最高为1114万元，最低为134万元。前60名星创天地所属地市中，河源市数量最多，为11家；梅州市次之，为8家。

粤西地区阳江市的农业龙头企业"阳江阳东区漠阳香星创天地"排名第一，其运营成本为1114万元；其次是粤西地区阳江市的专业合作社"恒生水产养殖星创天地"，运营成本为1017万元；排名第三的是珠三角地区东莞市的农业龙头企业"东莞淡水龟星创天地"，运营成本为1000万元（见表4-28）。

表4-28 星创天地运营成本情况

星创天地名称	所属区域	所属地市	星创天地的运营成本（万元）
阳江阳东区漠阳香星创天地	粤西	阳江	1114
恒生水产养殖星创天地	粤西	阳江	1017
东莞淡水龟星创天地	珠三角	东莞	1000
柚通柚美星创天地	粤北	梅州	1000
阳江阳西县康顺对虾星创天地	粤西	阳江	825
广东融合生态农业集团有限公司农业产业园	粤北	河源	800
明宇星创天地	粤北	河源	800
惠州博罗县药王谷星创天地	珠三角	惠州	700
江门农创中心星创天地	珠三角	江门	544
好义三黄胡须鸡星创天地	粤北	河源	520
金颖孵化星创天地	珠三角	广州	515.3
新农人星创天地	珠三角	广州	500
梅州五华县潭丰农星创天地	粤北	梅州	498
智慧星创天地	珠三角	肇庆	458.6
客天下农电商产业园星创天地	粤北	梅州	450

第四章 广东省星创天地创新能力评价体系

续上表

星创天地名称	所属区域	所属地市	星创天地的运营成本（万元）
大亚湾深水抗风浪网箱养殖产业基地	珠三角	深圳	450
罗竹星创天地	粤西	云浮	450
小尔孵化器	珠三角	东莞	450
天绿星创天地	粤西	云浮	448
大唐特色林果产业星创天地	粤西	云浮	430
新绿地休闲农业星创天地	珠三角	广州	382
云浮罗定市亚灿有机稻米星创天地	粤西	云浮	362
壹龙星创天地	粤北	梅州	354.99
弘科创业园星创天地	珠三角	广州	287.47
华农互联星创天地	粤北	梅州	280
共富金农星创天地	珠三角	广州	250
东森堂农商对接"星创天地"	粤北	河源	250
东源农村青年科技创业孵化基地	粤北	河源	241
兴尚农·韶大·现代农业星创天地	粤北	韶关	240
智慧农业产业文化园星创天地	粤北	梅州	238.83
龙飞生物星创天地	珠三角	江门	214
广东万顷园艺世界	珠三角	佛山	200
广东工贸"万讯七子"镇安致富中心星创天地	珠三角	广州	200
燕里岩高效农业种植星创天地	粤北	河源	200
河源源城区弘稼农业科技星创天地	粤北	河源	195
稻味农村电子商务产业园星创天地	粤北	清远	186.49
广清农业众创空间星创天地	粤北	清远	180
珠海市生态农业星创天地基地	珠三角	珠海	176
中山坦洲镇坦南创客园星创天地	珠三角	中山	176
珠海金湾区特色水果星创天地	珠三角	珠海	176
清远高新技术产业开发区天安智谷星创天地	粤北	清远	176
梅州杉富绿色生态农业星创天地	粤北	梅州	176
围屋星创天地	粤北	梅州	175
新供销电商扶贫星创天地	粤西	云浮	173

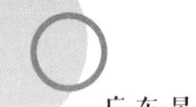

续上表

星创天地名称	所属区域	所属地市	星创天地的运营成本（万元）
梅州兴宁市富荣星创天地	粤北	梅州	173
肇庆四会市雅兰芳农业科技星创天地	珠三角	肇庆	172
双丰收星创天地	粤北	河源	170
顺兴柚业星创天地	粤北	梅州	160
双头双创星创天地	粤北	河源	160
东莞道滘镇龙洲湾都市农业星创天地	珠三角	东莞	160
云浮罗定市宝富科技农业星创天地	粤西	云浮	160
十亿人互联网+品牌农业创客实训星创天地	珠三角	珠海	150
梦之禽星创天地	粤西	云浮	150
伟景农林星创天地	粤北	河源	150
河源东源县铭志农业星创天地	粤北	河源	150
达济星创天地	粤北	梅州	150
韶关曲江区广东亚北智慧农业星创天地	粤北	韶关	138
六色田园创业园星创天地	粤西	湛江	134

（五）"创业团队和企业"研发投入

该指标体现了创业团队和企业对于研发工作的重视程度，同时反映了他们下一阶段创新发展的能力与可能取得的成果。2020年，广东省151家星创天地中"创业团队和企业"的平均研发投入金额为65.2万元，农业龙头企业和珠三角地区星创天地中的"创业团队和企业"平均研发投入金额最高。

（1）主体分析。就运营主体性质而言，农业龙头企业"创业团队和企业"的平均研发投入最高，为69.3万元，显示出农业龙头企业对于研发工作的关注与重视，也将获得更好的研发资源；农业院校和科研机构、其他主体"创业团队和企业"的平均研发投入分别为47.0万元和58.0万元，相对接近，均低于整体平均水平；专业合作社的研发投入则相对不足，未来需要加大投入，以保证研发工作的正常展开，促进产业稳步发展，扩大规模，并完成转型升级。

（2）区域分析。就所属区域而言，珠三角地区星创天地中"创业团队和企业"的平均研发投入高达79.4万元，在平均水平之上；粤北和粤西地区的研发投入仅相差 1.3 万元，分别为 60.0 万元和 58.7 万元；粤东地区则相对处于落后位置。

（3）前 60 名分析。前 60 名星创天地中"创业团队和企业"的研发投入，最多为 512 万元，最少为 50 万元。前 60 名星创天地所属地市中，河源市数量最多，为 11 家；广州市次之，为 8 家。

前三名来自粤北和珠三角地区，均属于农业龙头企业。其中，粤北地区河源市的农业龙头企业"双丰收星创天地"排名第一，其"创业团队和企业"研发投入为 512 万元；排名第二的是珠三角地区佛山市的农业龙头企业"佛山科学技术学院大学科技园星创天地"，其"创业团队和企业"研发投入为 400 万元；第三的是珠三角地区广州市的农业龙头企业"金颖孵化星创天地"，其"创业团队和企业"研发投入为 375.32 万元（见表 4-29）。

表 4-29 星创天地"创业团队和企业"研发投入

星创天地名称	所属区域	所属地市	"创业团队和企业"研发投入（万元）
双丰收星创天地	粤北	河源	512
佛山科学技术学院大学科技园星创天地	珠三角	佛山	400
金颖孵化星创天地	珠三角	广州	375.32
化州化橘红药材发展有限公司星创天地	粤西	茂名	362
柚通柚美星创天地	粤北	梅州	300
新农人星创天地	珠三角	广州	300
客天下农电商产业园星创天地	粤北	梅州	300
东莞淡水龟星创天地	珠三角	东莞	237
兆达星创天地	粤北	河源	230
创客观·众创空间	粤西	湛江	211.05
弘科创业园星创天地	珠三角	广州	200
十亿人互联网+品牌农业创客实训星创天地	珠三角	珠海	200
梅县区金柚产业园星创天地	粤北	梅州	200
惠州惠城区海纳农业科技园区星创天地	珠三角	惠州	200
珠海市生态农业星创天地基地	珠三角	珠海	194.1
惠州龙门县"神草山庄"星创天地	珠三角	惠州	180
东源农村青年科技创业孵化基地	粤北	河源	157
湛江赤坎区启迪海洋+星创天地	粤西	湛江	155.4

续上表

星创天地名称	所属区域	所属地市	"创业团队和企业"研发投入（万元）
智慧星创天地	珠三角	肇庆	153
壹龙星创天地	粤北	梅州	153
达济星创天地	粤北	梅州	150
云浮罗定市宝富科技农业星创天地	粤西	云浮	130
韶关南雄市文华电子商务孵化港星创天地	粤北	韶关	121
德康农业科技星创天地	珠三角	肇庆	120
河源高新区"耕耘天下"五指毛桃产业星创天地	粤北	河源	102
广东融合生态农业集团有限公司农业产业园	粤北	河源	100
清远高新技术产业开发区天安智谷星创天地	粤北	清远	100
伟景农林星创天地	粤北	河源	100
河源东源县铭志农业星创天地	粤北	河源	100
顺喜来农创空间星创天地	珠三角	惠州	100
广州南沙区勤家园．智慧农业星创天地	珠三角	广州	100
新农汇星创天地	粤北	梅州	100
六色田园创业园星创天地	粤西	湛江	94
肇庆市工贸电子商务创客孵化园星创天地	珠三角	肇庆	86.4
肇庆四会市甘牧·现代鹅业星创天地	珠三角	肇庆	85
肇庆四会市沙糖桔．智慧农业星创天地	珠三角	肇庆	82
冬虫夏草产业化技术星创天地	珠三角	广州	80
"晶坤竹园"农业科技创业联盟星创天地	粤西	湛江	75.6
温氏华农养猪训练营星创天地	粤西	云浮	73.2
罗竹星创天地	粤西	云浮	70
兴尚农·韶大·现代农业星创天地	粤北	韶关	70
荔之梦星创天地	珠三角	广州	69.4
共富金农星创天地	珠三角	广州	68
东森堂农商对接"星创天地"	粤北	河源	68
中山坦洲镇坦南创客园星创天地	珠三角	中山	68
珠海金湾区特色水果星创天地	珠三角	珠海	68
广东工贸"万讯七子"镇安致富中心星创天地	珠三角	广州	67.9

续上表

星创天地名称	所属区域	所属地市	"创业团队和企业"研发投入（万元）
稻味农村电子商务产业园星创天地	粤北	清远	66
龙远生态农业星创天地	粤北	河源	64
云浮罗定市亚灿有机稻米星创天地	粤西	云浮	61.2
梅州兴宁市富荣星创天地	粤北	梅州	60
佛山创意良仓星创天地	珠三角	佛山	60
肇庆四会市万绿兴花卉.兰花星创天地	珠三角	肇庆	60
恒生水产养殖星创天地	粤西	阳江	58
龙川绿油星创天地	粤北	河源	56
明宇星创天地	粤北	河源	50
围屋星创天地	粤北	梅州	50
梦之禽星创天地	粤西	云浮	50

（六）获得投融资的"创业团队和企业"数量

该指标反映了星创天地签约入驻"创业团队和企业"的社会认可及支持程度，以及作为一个对于相关"创业团队和企业"未来发展情况的评估标准。2020年，广东省151家星创天地中获得投融资的"创业团队和企业"平均数量为1.1个，其他主体及粤北地区星创天地中平均获得投融资的"创业团队和企业"数量最多。

（1）主体分析。就运营主体性质而言，农业龙头企业、农业院校及科研机构和其他主体中获得投融资的"创业团队和企业"平均数量分别为1.1个、1.2个和1.6个，均在整体的平均数量1.1之上，表现了相对较好的投融资竞争力。

（2）区域分析。就所属区域而言，粤北和珠三角地区星创天地平均获得投融资的"创业团队和企业"数量分别为1.3个和1.1个，"创业团队和企业"展现出较好的社会认可支持度；粤西和粤东地区需要提升对接金融服务和金融资本的能力，加快"创业团队和企业"的融资速度和规模建设。

（3）前60名分析。前60名星创天地中获得投融资的"创业团队和企业"的数量，最多37个，最少8个。排名前60的星创天地中，梅州市数量最多，为13家；广州和河源市次之，均为8家。

粤北地区梅州市的农业龙头企业"梅州市柚之蜜天然饮品星创天地"排名第一,获得投融资的"创业团队和企业"数量为10个;粤北地区梅州市的其他主体"'百工慧'星创天地"、粤北地区梅州市的农业龙头企业"顺兴柚业星创天地"和珠三角地区佛山市的农业龙头企业"广东万顷园艺世界"并列排名第二,获得投融资的"创业团队和企业"数量均为7个;排名第三的有三家星创天地,分别是粤北地区河源市的农业龙头企业"双丰收星创天地"、珠三角地区惠州市的农业龙头企业"顺喜来农创空间星创天地"和粤北地区梅州市的农业龙头企业"新农汇星创天地",获得投融资的"创业团队和企业"数量均为6个(见表4-30)。

表4-30 获得投融资的"创业团队和企业"数量

星创天地名称	所属区域	所属地市	获得融资的"创业团队和企业"数量(个)
梅州市柚之蜜天然饮品星创天地	粤北	梅州	10
"百工慧"星创天地	粤北	梅州	7
顺兴柚业星创天地	粤北	梅州	7
广东万顷园艺世界	珠三角	佛山	7
双丰收星创天地	粤北	河源	6
顺喜来农创空间星创天地	珠三角	惠州	6
新农汇星创天地	粤北	梅州	6
弘科创业园星创天地	珠三角	广州	5
伟景农林星创天地	粤北	河源	5
达济星创天地	粤北	梅州	4
梅州兴宁市富荣星创天地	粤北	梅州	4
珠海市生态农业星创天地基地	珠三角	珠海	3
韶关南雄市文华电子商务孵化港星创天地	粤北	韶关	3
河源东源县铭志农业星创天地	粤北	河源	3
东森堂农商对接"星创天地"	粤北	河源	3
广东工贸"万讯七子"镇安致富中心星创天地	珠三角	广州	3
龙远生态农业星创天地	粤北	河源	3
恒生水产养殖星创天地	粤西	阳江	3
华盟农科星创天地	珠三角	中山	3

第四章　广东省星创天地创新能力评价体系

续上表

星创天地名称	所属区域	所属地市	获得融资的"创业团队和企业"数量（个）
华农互联星创天地	粤北	梅州	3
梅州杉富绿色生态农业星创天地	粤北	梅州	3
韶关曲江区广东亚北智慧农业星创天地	粤北	韶关	3
双头双创星创天地	粤北	河源	3
梅州大埔县兴瑞星创天地	粤北	梅州	3
建投星创天地	粤西	湛江	3
佛山科学技术学院大学科技园星创天地	珠三角	佛山	2
金颖孵化星创天地	珠三角	广州	2
惠州龙门县"神草山庄"星创天地	珠三角	惠州	2
东源农村青年科技创业孵化基地	粤北	河源	2
共富金农星创天地	珠三角	广州	2
中山坦洲镇坦南创客园星创天地	珠三角	中山	2
Go！Startup 孵化器	珠三角	广州	2
小尔孵化器	珠三角	东莞	2
仁善田园星创天地	粤西	云浮	2
阳江阳东区漠阳香星创天地	粤西	阳江	2
助农电子商务产业园区星创天地	珠三角	肇庆	2
金珠农业星创天地	粤北	梅州	2
客天下农电商产业园星创天地	粤北	梅州	1
创客观·众创空间	粤西	湛江	1
韶关市华工星创天地	粤北	韶关	1
智慧星创天地	珠三角	肇庆	1
壹龙星创天地	粤北	梅州	1
德康农业科技星创天地	珠三角	肇庆	1
广州南沙区勤家园智慧农业星创天地	珠三角	广州	1
六色田园创业园星创天地	粤西	湛江	1
肇庆市工贸电子商务创客孵化园星创天地	珠三角	肇庆	1
冬虫夏草产业化技术星创天地	珠三角	广州	1

续上表

星创天地名称	所属区域	所属地市	获得融资的"创业团队和企业"数量（个）
罗竹星创天地	粤西	云浮	1
荔之梦星创天地	珠三角	广州	1
珠海金湾区特色水果星创天地	珠三角	珠海	1
智库+星创天地	粤西	阳江	1
天绿星创天地	粤西	云浮	1
寻皇千岛湖胡蜂生态园星创天地	珠三角	江门	1
德庆县德鑫农业星创天地	珠三角	肇庆	1
农夫庄园星创天地	粤西	茂名	1
惠州博罗县药王谷星创天地	珠三角	惠州	1
河源源城区弘稼农业科技星创天地	粤北	河源	1
梅州梅县区李金柚星创天地	粤北	梅州	1

第五章　星创天地的政策支撑

第一节　星创天地的政策要点

一、"指引"的政策基础

为贯彻《国家创新驱动发展战略纲要》，落实国务院办公厅《关于深入推行科技特派员制度的若干意见》《关于印发促进科技成果转移转化行动方案的通知》《关于加快众创空间发展服务实体经济转型升级的指导意见》《关于发展众创空间推进大众创新创业的指导意见》《关于支持农民工等人员返乡创业的意见》等文件精神，动员和鼓励科技特派员、大学生、返乡农民工、职业农民等各类创新创业人才深入农村"大众创业、万众创新"，走一二三产业融合发展之路，科技部制定了《发展"星创天地"工作指引》。

2013年9月30日，习近平总书记在十八届中央政治局第九次集体学习时的讲话中指出："实施创新驱动发展战略，要抓好顶层设计和任务落实。顶层设计要有世界眼光，找准世界科技发展趋势，找准我国科技发展现状和应走的路径，把发展需要和现实能力、长远目标和近期工作统筹起来考虑，有所为有所不为，提出切合实际的发展方向、目标、工作重点。科技部要协调有关部门做好这项工作，动员科技界、产业界和社会各方面广泛参与。"

2015年3月，国务院办公厅印发的《关于发展众创空间推进大众创新创业的指导意见》提出，要丰富创业融资新模式，支持互联网金融发展，引导和鼓励众筹融资平台规范发展，开展公开、小额股权众筹融资试点，加强风险控制和规范管理。丰富完善创业担保贷款政策。支持保险资金参与创业创新，发展相互保险等新业务。

2015年6月，国务院办公厅印发的《关于支持农民工等人员返乡创业的意见》提出，支持农民工等人员返乡创业要坚持普惠性与扶持性政策相结合。既要保证返乡创业人员平等享受普惠性政策，又要根据其抗风险能力弱等特点，落实完善差别化的扶持性政策，努力促进他们成功创业。坚持盘活存量与创造增量并举。要用好用活已有园区、项目、资金等存量资源全面支持返乡创业，同时积极探索公共创业服务新方法、新路径，开发增量资源，加大对返乡创业的支持力度。坚持政府引导与市场主导协同。要加强政府引导，按照绿色、集约、实用的原则，创造良好的创业环境，更要充分发挥市场的决定性作用，支持返乡创业企业与龙头企业、市场中介服务机构等共同打造充满活力的创业生态系统。坚持输入地与输出地发展联动。要推进创新创业资源跨地区整合，促进输入地与输出地在政策、服务、市场等方面的联动对接，扩大返乡创业市场空间，延长返乡创业产业链条。

引导一二三产业融合发展带动返乡创业。统筹发展县域经济，引导返乡农民工等人员融入区域专业市场、示范带和块状经济，打造具有区域特色的优势产业集群。鼓励创业基础好、创业能力强的返乡人员，充分开发乡村、乡土、乡韵潜在价值，发展休闲农业、林下经济和乡村旅游，促进农村一二三产业融合发展，拓展创业空间。以少数民族特色村镇为平台和载体，大力发展民族风情旅游业，带动民族地区创业。

支持新型农业经营主体发展带动返乡创业。鼓励返乡人员共创农民合作社、家庭农场、农业产业化龙头企业、林场等新型农业经营主体，围绕规模种养、农产品加工、农村服务业以及农技推广、林下经济、贸易营销、农资配送、信息咨询等合作建立营销渠道，合作打造特色品牌，合作分散市场风险。推行科技特派员制度，建设一批"星创天地"，为农民工等人员返乡创业提供科技服务，实现返乡创业与万众创新有序对接、联动发展。

2016年4月，国务院办公厅发布《国务院办公厅关于印发促进科技成果转移转化行动方案的通知》。通知提出，要建设100个示范性国家技术转移机构，支持有条件的地方建设10个科技成果转移转化示范区，在重点行业领域布局建设一批支撑实体经济发展的众创空间，建成若干技术转移人才培养基地，培养1万名专业化技术转移人才，全国技术合同交易额力争达到2万亿元。

2016年11月，国务院办公厅印发的《关于支持返乡下乡人员创业创新促进农村一二三产业融合发展的意见》提出，一是由政府直接提供专项资金重点支持农村"星创天地"建设；二是发挥财政科技资金的引导作用，通过市场机制推动社会资本和金融资本支持"星创天地"建设；三是创新股权融资方式，完善创业投融资服务；四是搭建融资服务平台。

构建国家技术交易网络平台。以"互联网＋"科技成果转移转化为核心，以需求为导向，连接技术转移服务机构、投融资机构、高校、科研院所和企业等，集聚成果、资金、人才、服务、政策等各类创新要素，打造线上与线下相结合的国家技术交易网络平台。平台依托专业机构开展市场化运作，坚持开放共享的运营理念，支持各类服务机构提供信息发布、融资并购、公开挂牌、竞价拍卖、咨询辅导等专业化服务，形成主体活跃、要素齐备、机制灵活的创新服务网络。引导高校、科研院所、国有企业的科技成果挂牌交易与公示。

2016年5月，国务院办公厅印发《关于深入推行科技特派员制度的若干意见》。意见提出，要深入实施创新驱动发展战略，壮大科技特派员队伍，完善科技特派员制度，培育新型农业经营和服务主体，健全农业社会化科技服务体系，推动现代农业全产业链增值和品牌化发展，促进农村一二三产业深度融合。要以"坚持改革创新""突出农村创业""加强分类指导""尊重基层首创"为实施原则。

完善新型农业社会化科技服务体系。以政府购买公益性农业技术服务为引导，加快构建公益性与经营性相结合、专项服务与综合服务相协调的新型农业社会化科技服务体系，推动解决农技服务"最后一公里"问题。加强科技特派员创业基地建设，打造农业农村领域的众创空间——"星创天地"，完善创业服务平台，降低创业门槛和风险，为科技特派员和大学生、返乡农民工、农村青年致富带头人、乡土人才等开展农村科技创业营造专业化、便捷化的创业环境。深化基层农技推广体系改革和建设，支持高校、科研院所与地方共建新农村发展研究院、农业综合服务示范基地，面向农村开展农业技术服务。

加快推动农村科技创业和精准扶贫。围绕区域经济社会发展需求，以现代农业、食品产业、健康产业等为突破口，支持科技特派员投身优势特色产业创业，开展农村科技信息服务，应用现代信息技术推动农业转型升级，大力推进"互联网+"现代农业，加快实施食品安全创新工程，培育新的经济增长点。落实共建"一带一路"倡议等重大发展战略，促进我国特色农产品、医药、食品、传统手工业、民族产业等走出去，培育创新品牌，提升品牌竞争力。落实乡村振兴战略，瞄准帮扶地区存在的科技和人才短板，创新扶贫理念，开展创业式扶贫，加快科技、人才、管理、信息、资本等现代生产要素注入，推动解决产业发展关键技术难题，增强贫困地区创新创业和自我发展能力。

星创天地政策进展如下：

2016年5月9日，《国务院办公厅关于印发促进科技成果转移转化行动方案的通知》发布，首次提出构建支持农村科技创新创业的"星创天地"。

2016年7月11日，科技部发布《发展"星创天地"工作指引》。

2016 年 10 月，"星创天地"列入科技扶贫行动方案。

2017 年 2 月 5 日发布的中央一号文件《中共中央 国务院关于深入推进农业供给侧结构性改革加快培育农业农村发展新动能的若干意见》首次提出，深入推行科技特派员制度，打造一批"星创天地"。

2018 年 8 月科技部发布的《科学技术部党组关于创新驱动乡村振兴发展的意见》指出，要积极探索农业农村创新创业的新空间新业态新模式，加快星创天地等创业平台载体建设，为科技特派员、高校毕业生、返乡农民工、乡土人才等营造创业环境，推进农村"大众创业、万众创新"。

二、星创天地政策要义

星创天地是对星火计划的一种传承和发扬，简而言之是"星火燎原、创新创业，科技顶天，服务立地"，是现代农业版的众创空间，是推动农业农村创新创业的主阵地。《发展"星创天地"工作指引》指出，要按照"政府引导、企业运营、市场运作、社会参与"原则，建设一批以农业高新技术产业示范区、农业科技园区、高等学校新农村发展研究院、农业科技型企业等为载体，整合科技、人才、信息、金融等资源，面向科技特派员、大学生、返乡农民工、职业农民等创新创业主体，集中打造融合科技示范、技术集成、成果转化、融资孵化、创新创业、平台服务为一体的星创天地。星创天地建设推进一二三产业融合发展，使农村科技创业之火加快形成燎原之势。

实行保障措施。强化协同推进，"星创天地"纳入众创空间的政策支持。

鼓励各地因地制宜、各具特色地规划布局建设"星创天地"。在城市近郊区，以发展农业高新技术产业和企业孵化为重点，服务都市农业、休闲农业与有机蔬菜瓜果、农产品深加工等产业发展；在农村集中区，立足区域特色，聚集农业适用技术成果包，服务特色种植养殖、生态农业与乡村旅游等产业发展。

集聚创业人才。以专业化、个性化服务吸引和集聚创新创业群体。鼓励高校、科研院所、职业学校科技人员及企业人员发挥职业专长，到农村开展创业服务；鼓励大学生、返乡农民工、退伍转业军人、退休技术人员等深入农村创新创业。

技术集成示范。引导和鼓励"星创天地"依托单位面向现代农业和农村发展，整合科技资源和要素，开展农业技术联合攻关和集成创新，形成一批适用的农业技术成果包，加大良种良法、新型农资、现代农机等应用示范推广。通过线上线下结合，推进"互联网+"现代农业，加快科技成果转移转化和产业化。

创业培育孵化。引导和鼓励一批成功创业者、企业家、天使和创业投资人、专家学者任兼职创业导师，建设一批创业导师全程参与的创业孵化基地，降低创业门槛，减少创业风险。围绕具有地方特色的农产品、医药、食品、传统手工艺、民族文化产业，通过创新品牌培育推动农业转型升级。

创业人才培训。利用"星创天地"人才、技术、网络、场地等条件，重点开展网络培训、授课培训、田间培训和一线实训，定期召开示范现场会和专题培训会，举办创新创业沙龙、创业大讲堂、创业训练营等创业培训活动，加强科普宣传，弘扬创新创业文化，提升创业者能力。

科技金融服务。构建技术交易平台，畅通技术转移服务机构、投融资机构、高校、科研院所和企业交流交易途径。开展各类投资洽谈活动，举办好中国农业科技创新创业大赛，搭建投资者与创业者的对接平台。探索利用互联网金融，股权众筹融资等盘活社会金融资源，加大对"星创天地"的支持。

创业政策集成。梳理各级政府部门出台的创新创业扶持政策，完善创新创业服务体系。协助政府相关部门落实商事制度改革、知识产权保护、财政资金支持、普惠性税收政策、人才引进与扶持、政府采购、创新券等政策措施，优化创业环境。

三、政策创新实践案例

据不完全统计，纳入《星创天地政策汇编》的各地出台的政策文件，以"创新、创业"为主题的有 41 个省市，以"科技特派员制度"为主题的有 9 个省市，以"星创天地"为主题的有 5 个省市。

（一）北京

2016 年，北京市科委、北京市农委、北京市农业局等 12 个部门共同印发《关于深入推进科技特派员工作的实施意见》。意见提出以农业科技园区、新农村发展研究院、重点实验室、工程（技术）研究中心、高等学校、科研机构、职业院校、科技型企业、龙头企业、科技企业孵化器、科技特派员创业基地、农民专业合作社等为载体，面向科技特派员及其他创新创业主体，集中打造融合科技示范、技术集成、成果转化、融资孵化、创新创业、平台服务为一体的"星创天地"，推动科技、资本、管理、人文、教育等要素融入农业、流入农村。协同推进科技特派员创业基地、巾帼现代农业科技示范基地、优级农业标准化基地、林果乡土专家科技示范园基地、美丽乡村等建设，形成一批特色鲜明、优势突出的创新创业示范基地，支持科技特派员创办、领办、协办科技型企业、科技服务实体或合作组织。

（二）福建

2017 年 2 月，福建省人民政府发布《福建省人民政府关于深入推行科技特派员制度的实施意见》。意见提出采取分类扶持方式。科技特派员专项资金采用以奖代补的方式，对科技特派员工作、项目和建设的省级星创天地予以支持。

至 2020 年，在重点县组织实施 100 项以上科技特派员项目，支持每个县建成 1 个以上星创天地等创业服务平台。

对科技特派员创办的为大学生、返乡农民工、农村青年致富带头人、乡土人才等开展农村科技创业提供创业服务，并取得成效的省级星创天地给予一次性资金奖励。每年安排 800 万元，奖励数量 20 个。

规范项目管理。科技特派员项目和星创天地纳入省科技计划体系。

（三）吉林

2016 年 12 月，《吉林省科技厅"星创天地"建设方案》出台。方案提出建设"星创天地"孵化平台：打造创业工作室，组建创业导师团队。构建"星创天地"服务体系：提升科技支撑能力，开展创业人才培训，开展创业金融服务。打造"星创天地"示范基地：展示新品种新技术，应用农机新装备，打造美丽乡村样板。

加强组织领导。各级科技管理部门要积极引导和支持"星创天地"发展，出台务实管用的政策措施。省级科技管理部门负责省级"星创天地"工作的指导、协调和管理。市（州）科技部门负责属地"星创天地"工作的指导、协调和管理，明确工作职责，健全工作机构，出台保障措施，及时协调解决相关问题，为"星创天地"发展营造良好的政策环境。

强化政策扶持。将省级"星创天地"纳入省科技发展计划地方引导计划之中，对首创的"星创天地"及创客企业优先给予支持；充分利用中央引导地方科技发展专项和国家科技成果转化引导基金等支持"星创天地"建设；对条件成熟、示范作用明显的省级"星创天地"，优先推荐申报国家级"星创天地"创建单位。推动各级科技管理部门整合涉农资金向"星创天地"聚集，以创投引导、贷款风险补偿等方式，形成多元化、多层次、多渠道的融资机制，加大对"星创天地"的支持力度。

（四）重庆

重庆市将农业"星创天地"建设作为重庆市农业科技改革靶向，对"星创天地"采取政府引导投入，建立绩效评价机制，对其提供的公益性服务采取政府购买方式，明晰了支持措施。

（五）陕西榆林

2015年，榆林市政府成立了榆林市"星创天地"建设推进工作领导小组，并设立了700万元"星创天地"建设专项。2016年陕西省科技厅出台的《科技创新驱动县域经济发展行动》要求佳县、紫阳等13个示范县针对各地优势产业，建设"星创天地"平台吸引科技人员、大中专毕业生、返乡青年创新创业，使"星创天地"成为产业发展、科技创新的主要源泉和农民技术人员培训的主要阵地，为县域经济发展提供技术人才支持，驱动县域经济健康发展。

（六）江苏

2015年，南京市委、市政府发布《关于发展众创空间推进大众创新创业的实施方案（2015—2020年）》。江苏启动实施"创业江苏"六大行动，将农村创业富民计划作为重点内容。在政策配套上，将星创天地建设工作纳入众创空间建设重点工作，给予支持。2015年江苏省科技厅安排1亿元省级众创空间建设补助专项资金，统一推进全省各地加大对众创空间和星创天地的支持力度。在江苏省重点研发计划（现代农业）项目和科技超市服务奖补资金项目中，针对全省星创天地给予优先支持。各级地方政府集成支持，多个地方政府拿出专门资金支持星创天地建设，其中，南通市、常州市等地方政府对认定的星创天地给予稳定的财政资金支持。在引导地方政府提供政策资金的同时，江苏省不断引导和筹措社会化创业孵化资金，如皋创e园星创天地制定种子资金管理办法、办公用房优惠政策等相关政策，设立天使投资基金1亿元和大学生创业专项扶持基金200万元，支持创客创业。

（七）河南

2016年5月，河南发布《河南省人民政府关于大力推进大众创业万众创新的实施意见》。意见提出以国家农业科技园区、涉农高校院所、农业企业等为载体，开展"星创天地"建设行动，鼓励市、县级政府对"星创天地"建设给予奖励，打造适应农村创新创业需要的众创空间。对各类主体利用闲置楼宇构建众创空间，按其改造费用50%比例（最高不超过200万元）给予补贴。采用政府购买服务方式，对"众创空间"提供的宽带网络、公共软件服务费用，按照50%比例给予补贴。

2016年10月，河南省政府办公厅发布《河南省人民政府办公厅关于深入推行科技特派员制度的实施意见》。意见提出截至2020年，建设300家农业农村领域的众创空间——"星创天地"，培育1000个新型农业经营实体，壮大500个农业特色产业，带动贫困群众尽快实现脱贫致富，全省一二三产业融合步伐明显加快，农业主导产业科技支撑能力和创新水平得到明显提升。

支持科技特派员基层创业，加强科技特派员创业基地建设，打造"星创天地"，完善创业服务平台，降低创业门槛和风险，为科技特派员和大学生、返乡农民工、农村青年致富带头人、乡土人才等开展农村科技创业营造专业化、便捷化的创业环境。

各级财政安排科技特派员计划经费，保障科技特派员工作的顺利开展。省级通过河南省中原科创风险投资基金等政府投资基金，以市场化方式，对省科技特派员创业项目、"星创天地"在孵企业给予股权投资支持。

2017年7月，洛阳市出台《洛阳市加快"星创天地"建设扶持办法》。办法提出对获批的国家级、省级、市级"星创天地"（自2016年1月1日起）分别一次性给予100万元、50万元、10万元的奖励。若当年同时符合两级以上奖励的，按最高级别奖励。

市级及以上"星创天地"每年根据其新增改（扩）建孵化场地改造费用（不含基础设施建设费），给予一次性50%的补助，最高100万元。对"星创天地"为小微企业、创业团队提供公共服务而新购置的仪器、设备、软件平台等，给予一次性50%的补助，最高200万元。

星创天地针对进驻企业、创业团队或从业人员等举办的管理、服务技能和创业辅导等培训，经事前备案的，给予实际发生费用50%的补贴，每个单位每年不超过10万元。

鼓励建有"星创天地"的农业科技园区积极申报国家级、省级农业科技园区，对获批的国家级、省级农业科技园区分别一次性给予200万元、100万元的奖励。

（八）内蒙古鄂尔多斯

2019年7月，为深入贯彻全国、全区科技创新大会精神，全面落实创新发展理念，大力实施创新驱动发展战略，加快转型发展步伐，打造创新型城市，建设我国中西部地区具有影响力的科技创新中心，构筑现代产业发展新高地，鄂尔多斯结合本地实际，制定《关于促进科技创新若干政策》。

（1）推动大众创业万众创新。

加快推进众创空间建设。对国家、自治区、市本级认定的众创空间、星创天地等孵化机构，分别给予100万元、50万元和20万元的补贴。众创空间、星创天地等孵化机构每孵化一户上市企业给予50万元奖励，每孵化一家国家级高新技术企业给予10万元奖励。

鼓励和引导房地产业企业与专业科技创新企业孵化运营机构利用库存商品房建设众创空间，并对其管理机构给予连续3年的运营补贴，每个众创空间每年补贴最高不超过 300 万元。对影响带动作用特别重大的众创空间,通过"一事一议"予以特殊支持。

(2)强化财政金融支持。

进一步加大对科技的财政投入力度,依法保障科技创新所需经费,并在其他科技投入方面实现法定增长。

设立科技成果转移转化专项资金。引进具有先进适用技术的实体企业,在按照转化和引进政策予以奖励的基础上,对外地企业和研发机构在我市新上填补产业空白的科技成果转化项目的,给予补贴或贷款贴息。

设立市科技创新基金,主要用于支持拥有核心技术、成长性高的科技型企业发展。

建立政府引导、多方参与的科技型中小微企业信贷服务体系,设立科技型中小微企业贷款风险补偿专项资金,对科技型中小微企业的贷款,按金融机构贷款利率的 50% 予以贴息扶持,每个企业最高贴息不超过 100 万元。

第二节 星创天地政策创新展望

2018 年 8 月 7 日发布的《中共科学技术部党组关于创新驱动乡村振兴发展的意见》提出,要积极探索农业农村创新创业的新空间新业态新模式,加快星创天地等创业平台载体建设。各地科技管理部门要切实加强组织领导,做好顶层设计,统筹协调,为开展星创天地建设提供有力保障。

星创天地被纳入众创空间的政策支持系统。各地科技管理部门要认真落实国务院办公厅《关于深入推行科技特派员制度的若干意见》《促进科技成果转移转化行动方案》《关于加快众创空间发展服务实体经济转型升级的指导意见》,研究完善推进星创天地政策措施,引导高校、科研院所、职业学校等事业单位科技人员到农村开展服务和创业。深入实施大学生创业引领计划、离校未就业高校毕业生就业促进计划,支持大学生到农村创业。贯彻落实《国务院关于进一步做好为农民工服务工作的意见》,支持农民工参与科技特派员创业。

加大政府引导。各地科技管理部门、国家农业高新技术产业示范区、国家现代农业科技示范区、国家农业科技园区要积极引导和支持星创天地发展,出台务实管用的政策措施,构建和完善农业农村创新创业生态系统。结合技术创新引导专项(基金)实施,通过中央引导地方科技发展专项和国家科技成果转化引导基金等支持星创天地建设。发挥中央财政资金的放大作用,以创投结合、风险补偿等形式，引导地方财政和社会资本支持农村科技创业，形成多元化、多层次、多渠道的创业融资机制。

鼓励先行先试。支持各地先行先试，勇于创新，探索星创天地差异化的发展路径。鼓励农业高新技术产业示范区、农业科技园区等结合国家战略布局和当地产业实际，打造一批具有当地特色的星创天地。指导支持贫困地区、革命老区建设一批星创天地。鼓励中央企业、农业龙头企业围绕主营业务建设专业化星创天地，按照市场机制与中小微企业、高校、科研院所和各类创客群体有机结合，完善农业创新生态。鼓励科研院所、高校发挥科研设施、专业团队、技术积累等优势，围绕专业领域建设星创天地。加强国际合作，支持建立高水平、国际化的星创天地。

开展监测评估。各地科技管理部门要开展对星创天地的监测引导，将创业服务能力、服务创业者数量和创业者运营情况等作为重要的评估指标，不断总结完善，进一步推动星创天地工作。科技部将对符合条件、运行良好的星创天地备案后，向社会发布。

加大宣传力度。各地科技管理部门要加强星创天地品牌和创业文化建设，营造农业农村"大众创业、万众创新"的良好社会氛围，及时总结先进经验，加强典型案例和经验宣传，提高社会认知度。充分利用微信等移动互联社交平台搭建星创交流平台，宣传创业事迹、分享创业经验、展示创业项目、传播创业商机，营造创业、兴业、乐业的良好环境。

第三节　典型地区星创天地有关具体政策

一、河北

河北省科学技术厅关于印发《河北省"星创天地"建设工作指引》的通知（冀科农函〔2018〕40号）

为深入开展"双创双服"活动，进一步贯彻省政府办公厅《关于深入推行科技特派员制度促进农村创新创业的实施意见》（冀政办发〔2016〕27号），充分发挥"星创天地"在推进乡村振兴战略、农村创新创业中的重要作用，指导和推动各市建设省级"星创天地"，依据科技部《发展"星创天地"工作指引》（国科发农〔2016〕210号），结合我省实际，特制定本工作指引。

第五章　星创天地的政策支撑

一、目的意义

"星创天地"是农业农村领域的众创空间,是农村科技创新创业的"加油站",是破解三农问题的"助推器",也是广大科技特派员的"创业之家",是实现农业现代化、推动农业创新驱动发展的战略举措。打造"星创天地",对进一步拉长农业产业衍生链,挖掘农业农村发展潜力和后劲,激发农业农村科技创新活力,优化农村创新创业环境,构建农业科技创新体系,以创业带动就业,实施乡村振兴战略、促进美丽乡村建设、推进农业精准扶贫、加快一二三产业融合发展具有重要意义。

二、工作思路

深入贯彻落实党的十九大精神和省委、省政府开展"双创双服"活动的决策部署,牢固树立创新、协调、绿色、开放、共享的发展理念,聚焦创新创业和服务发展、服务民生,坚持以"创新、强企、解难、惠民"为主题,大力优化创新创业环境,强化企业服务和指导,积极培育和支持服务各类市场主体,按照"政府引导、企业运营、市场运作、社会参与"的原则,整合科技、人才、信息、金融等资源,推动农业农村领域"大众创业、万众创新",集中打造融合科技示范、技术集成、成果转化、融资孵化、创新创业、平台服务为一体的"星创天地",营造低成本、专业化、社会化、便捷化的农村科技创业服务环境,推进一二三产业深度融合发展,积极推动河北创新发展、绿色发展、高质量发展。

三、建设内容

"星创天地"是综合性服务平台,要健全完善各项创新服务功能,聚集创新资源和创业要素,最终形成创业主体大众化、孵化对象多元化、创业服务专业化、组织体系网络化、建设运营市场化的农业"众创"体系。

(一)打造成果转化示范基地。引导和鼓励"星创天地"开展农业技术集成创新,进行农业技术联合攻关,解决农业产业关键技术难题。支持创业主体在"星创天地"开展良种引进和培育、产业关键性技术示范,加快农业科技成果转化速度。大力发展"互联网+"和电子商务,积极开展新型农资、农机具的研发和示范推广,引进新业态、新技术、新产品。

(二)集聚农业科技创业人才。引导和鼓励一批成功创业者、知名企业家、天使和创业投资人、专家学者等担任兼职创业导师,培养一支创业理论知识扎实、实践经验丰富、业务能力突出的常态化创业服务团队和创业导师队伍。支持鼓励涉农高校、科研院所和科技型企业的专业人才和技术骨干到"星创天地"创业。

(三)提供农业科技创新服务。为创新创业者提供规划设计、政策咨询、技术培训、企业注册、融资支持、创业辅导、知识产权、法律、财务等方面服务。组织召开示范现场会和专题培训会，开展科技特派员创新创业、科技扶贫、农业创意大赛等活动。建立创业辅导制度，搭建交流平台，提供从创业策划、企业建立到成熟运营全过程服务。

四、基本条件

（一）有明确的实施主体。具备独立法人资格，在河北省行政区域内注册2年（含）以上。

（二）有创新创业的服务空间和平台。具备"互联网＋"网络电商平台（线上）和较好的创新创业服务平台（线下）。具有创业培训基地、创意创业空间、开放式办公场所等公共服务空间不少于200平方米，创新创业示范场地不少于2个。

（三）有创客或创业企业入驻。入驻创客或创业企业、团队等不少于5个。

（四）有稳定、结构合理、熟悉产业的创业服务团队。有3名（含）以上创业导师（可兼职）和5名以上（含）具有相应专业知识、技能人员组成的创业服务团队，为创业者提供创业辅导与培训，解决涉及技术、金融、管理、法律、财务、市场营销、知识产权、人才培养等方面的实际问题。

（五）有一定的产业基础。具有稳定的技术依托单位，能够形成先进适用农业"技术成果包"，并开展相应的示范推广，促进科技成果转移转化和产业化，推进一二三产业融合发展。

（六）有完善的运营管理制度。发展稳定，运营良好，具备孵化农业创业企业的能力，有较好的发展前景。

（七）有一定的政策保障。地方政府已制定扶持政策的优先备案，在62个贫困县创建的优先备案（建设发展重点可以"企业孵化"或"服务产业发展"为主），强化指引作用，推动星创天地县域创建全覆盖。

五、相关要求

（一）加强组织领导。各市、县（市、区）科技局要将"星创天地"创建工作作为加强基层科技工作、深入推进科技特派员制度的有效抓手，为"星创天地"建设提供有力保障。要结合地方发展实际，健全工作机制，加大协调力度，推进工作开展。

（二）加大支持力度。省科技厅将把"星创天地"纳入众创空间的政策支持。各市、县（市、区）科技局要研究制定科技特派员创业、科技人员入驻兴业、"创客"创新创业和产业发展壮大的激励政策和投融资措施，共同扶持"星创天地"不断发展壮大。引导支持贫困地区建设一批"星创天地"，鼓励"空白县"积极创建"星创天地"。要积极探索"星创天地"差异化的发展路径,总结提升"星创天地"典型案例,形成经验模式,加大宣传推广力度。

(三)做好申报备案。按照成熟一个推荐一个的原则,采取长年申报、定期备案的方式,原则上每年组织专家审核备案2批"星创天地"。已经备案为国家、省级"星创天地"的运营主体不再重复申报。通过审核备案后的"星创天地"纳入众创空间的政策支持和星创天地监测服务体系。对"星创天地"实行动态备案,不再具备规定标准和条件的,由各市申请,撤销备案。

二、辽宁

辽宁省科技厅关于印发《辽宁省星创天地绩效评价暂行办法》的通知(辽科发〔2017〕27号)

第一章 总则

第一条 根据科技部《关于发展星创天地工作指引的通知》(国科发农〔2016〕210号)、科技厅《关于开展星创天地建设的实施意见》(辽科办发〔2017〕30号)(以下简称《意见》)要求,为加强跟踪管理,引导星创天地规范发展,特制定本办法。

第二条 依据《意见》确定的星创天地应具备的基本条件和服务功能,按照导向性、针对性和可操作性原则,设置评价指标。

1. 导向性。通过设置科学合理的评价指标、开展评价、发布结果、动态管理,引导星创天地发挥示范和引领作用。

2. 针对性。聚焦星创天地在成果转化、平台建设、创客入驻、人才培训、金融服务、科技扶贫、管理运营等方面进行评价。

3. 可操作性。考虑评价数据的可获取性,尽量选用易采集、可量化、能对比的评价指标,客观反映实际情况。

第三条 本办法适用于省内国家级星创天地、省级星创天地。

第二章 评价指标

第四条 评价指标包括成果转化、平台建设、创客入驻、人才培训、金融服务、科技扶贫、管理运营7项一级指标,26项二级指标。

第五条 成果转化包括推广农业新品种、新技术、农机新装备,拥有新技术和成果数4个指标。

第六条 平台建设包括创客工位、科研仪器设备、场地面积、在线咨询、线上产品展示、交流群组数 6 个指标。

第七条 创客入驻包括入驻创业团队、创业企业、创新产品数 3 个指标。

第八条 人才培训包括创业导师、专业领域、培训场次和人次 3 个指标。

第九条 金融服务包括金融机构、融资数额、融资活动场次 3 个指标。

第十条 科技扶贫包括结对帮扶、帮扶农户、促进增收 3 个指标。

第十一条 管理运营包括运营模式、制度设立、平台员工、技术依托单位数 4 个指标。

第三章 组织实施

第十二条 星创天地实行年度绩效评价制度，每年 2 月进行评价；采用上年度相关数据，评价结果反映上年度工作绩效。

第十三条 评价工作主要程序：组织填报、数据收集、地方初审、备案提交、考核评价、结果发布。

第十四条 开展评价前，科技厅负责组织培训相关单位，提出工作要求，对有关数据资料的填报进行说明。

第十五条 各推荐单位负责指导星创天地开展数据资料的收集、汇总和自查工作，对评价材料的真实性、准确性和完整性进行审核和校验，然后报科技厅。

第十六条 科技厅组织专家对星创天地进行综合评价。评价结果分为优秀、合格、基本合格、不合格四类，并将评价结果向社会公布。

第四章 评价结果应用

第十七条 科技厅依据评价结果，对星创天地进行指导；针对存在问题，组织有关机构或专家进行辅导，推动发展。

第十八条 评价优秀的，科技厅将加大扶持力度，优先推荐国家级星创天地备案；评价不合格的，取消省级备案资格；评价基本合格的，要求其进行整改，整改期 1 年，到期仍无明显进展的，取消省级备案资格。

第十九条 国家级星创天地经评价为不合格的，或为基本合格经整改仍无明显进展的，建议科技部取消其备案资格。

第五章 附则

第二十条 科技厅可根据星创天地发展实际，对评价指标进行适当调整。

第二十一条 本办法由科技厅负责解释。

第二十二条 本办法自发布之日起实施。

三、黑龙江

黑龙江省科技企业孵化器和众创空间备案服务暂行办法

第一章　总则

第一条　为贯彻落实《国务院办公厅关于加快众创空间发展服务实体经济转型升级的指导意见》（国办发〔2016〕7号）和《黑龙江省人民政府关于深化体制机制改革加快实施创新驱动发展战略的实施意见》（黑政发〔2015〕32号）精神，加快实施黑龙江省千户科技型企业三年行动计划，营造创新创业良好氛围，制定本办法。

第二条　科技企业孵化器（以下简称"孵化器"）和众创空间是支持创新创业的重要载体，通过提供工作和社交空间，搭建创新资源共享平台，促进创新成果孵化转化，积极培育科技型企业和企业家。支持孵化器和众创空间加快发展，是培育经济发展新动能的有效途径，是科技创新服务实体经济转型升级的重要举措。

第三条　为全面掌握全省孵化器和众创空间建设发展情况，制定更有针对性的扶持服务措施，实行孵化器和众创空间备案制。

第四条　孵化器和众创空间的备案主体为创办孵化器和众创空间的各类法人。

第五条　黑龙江省科学技术厅（以下简称省科技厅）负责全省孵化器和众创空间培育发展的指导和服务。

第二章　备案条件及程序

第六条　孵化器备案应具备以下条件：

（一）孵化器备案主体系在我省登记注册，具有独立法人资格的企业、事业、社团法人；

（二）孵化器的运营时间达到1年以上；

（三）拥有可自主支配的孵化空间，能够为在孵企业和团队提供必要的办公场地；

（四）具有不少于3人的专业化运营管理团队，能够为创业企业和创业团队提供配套服务；

（五）已入驻不少于5家科技型中小微企业。

第七条　众创空间备案应具备以下条件：

（一）众创空间备案主体系在我省登记注册，具有独立法人资格的企业、事业、社团法人；

（二）众创空间的运营时间达到半年以上；

（三）具有专业化运营管理团队；

（四）能够为创新创业者提供一定面积的办公空间。专注于特定产业或技术领域的众创空间，还应提供研究开发、检验测试等公共技术平台；

（五）已入驻不少于5家科技创业团队或科技型中小微企业。

第八条　孵化器和众创空间备案基本程序：

（一）备案主体通过黑龙江省科技企业孵化器和众创空间在线备案系统（http://fhq.hljkjt.gov.cn）注册登记后填报相关信息，提交备案申请。已在黑龙江省千户科技型企业三年行动计划统计系统中注册账户的可用该帐户直接登录填报。备案申请信息样表参见附件。同一备案主体只能选择孵化器或众创空间中的一类进行备案。

（二）各市（行署）科技管理部门要对备案信息进行认真审核，对于相关信息真实并符合备案条件的孵化器和众创空间，通过系统向省科技厅提出推荐备案意见。

（三）省科技厅根据各市（行署）科技管理部门推荐意见对备案主体及相关信息进行复核，对符合条件的予以备案，并在省科技厅网站公布通过备案的孵化器和众创空间名单。

第三章　支持与服务

第九条　凡通过备案的孵化器和众创空间，将在以下方面给予服务支持：

（一）对年度服务绩效较好的孵化器和众创空间根据财政预算安排给予后补助；

（二）对服务体系完善、服务绩效显著、服务特色突出的，优先推荐国家级孵化器认定和国家级众创空间备案。通过国家级认定的相应享受税收优惠等国家政策支持；

（三）各级科技管理部门将积极引导科技、金融、人才、培训、知识产权等服务机构同备案孵化器和众创空间开展合作对接，优化创新创业资源的配置；

（四）推荐加入省孵化器创新联盟，享受联盟提供的相关服务，参与联盟组织的各项活动。

第四章　附　则

第十条　本办法由省科技厅负责解释，自发布之日起施行，原《黑龙江省科技企业孵化器认定和管理办法》（黑科发〔2012〕36号）同时废止。

黑龙江省人民政府关于促进科技企业孵化器和众创空间发展的指导意见（黑政发〔2016〕33号）

各市（地）、县（市）人民政府（行署），省政府各直属单位：

为实施创新驱动发展战略，加快推进"千户科技型企业三年行动计划"，推动科技企业孵化器和众创空间健康发展，指导民营孵化器和众创空间加快发展，形成大众创业、万众创新蓬勃发展局面，现提出如下指导意见：

一、鼓励多元发展

（一）鼓励高校、科研院所和高新技术产业开发区利用存量土地和存量房新建、扩建和改建孵化器和众创空间。

（二）鼓励国有企业充分利用淘汰落后产能、处置闲置厂房、空余仓库以及生产设施，改造建设孵化器和众创空间，通过集众智、汇众力等开放式创新，吸纳科技人员创业，创造就业岗位，实现转型发展。

（三）鼓励社会力量领办、协办或者以参股等方式建设孵化器和众创空间，积极投身大众创业、万众创新。

（四）鼓励国内外著名孵化机构通过承建、合作投资和服务外包等方式来我省自建或共建孵化器和众创空间。

二、促进体制创新

（一）孵化器和众创空间要转换运行机制，完善盈利模式，逐步提高增值服务在总收入中的比重。国有孵化器（包括国有、国有控股的孵化器）和众创空间主管部门应当积极支持和鼓励国有孵化器和众创空间进行规范的公司制改组，规范国有出资人权益，下放孵化器和众创空间财务、运营、人员聘用等各项经营自主权。

（二）国有孵化器和众创空间应当通过公开招投标等市场化方式选拔优秀运营团队及专业机构作为运营主体。对暂不具备招标条件的，可以聘请专业咨询机构管理和遴选入孵企业。鼓励以规范公司制运营的孵化器和众创空间通过股权多元化、引入战略合作者等方式做大做强。加强对运营管理团队的激励，鼓励以规范公司制运作的国有孵化器和众创空间开展管理人员年薪制、股权激励和持股孵化等试点工作。

三、完善规范管理

（一）国有孵化器和众创空间在孵企业应具备下列条件：

1. 在孵企业应当是符合新技术、新业态、新商业模式的企业；注册地在我省境内并依法在我省纳税；主要创新活动、办公场所在本孵化器和众创空间场地内。

2. 申请进入孵化器和众创空间的企业，成立时间一般不超过24个月。迁入的企业，其主导产品（服务）应当处于研发或试销阶段，上年营业收入不超过300万元人民币。

3. 一般企业在孵时限不超过3年。

4. 在孵企业开发的项目（产品），其知识产权界定清晰，无纠纷。

国有孵化器和众创空间应当依照以上条件制定本孵化器和众创空间企业入孵标准和程序，公开发布标准、程序，吸引入驻信息要公开发布，公开公平筛选入孵企业。国有孵化器和众创空间符合在孵企业标准的企业数量应当不低于入驻企业总数的75%。

（二）国有孵化器和众创空间在孵企业使用的场地（含公共服务场地）和孵化服务机构使用的场地应当占孵化器和众创空间总使用面积的85%以上。国有孵化器和众创空间要高效集约利用孵化空间，为在孵企业提供一定比例的公共服务空间，不必设立专门对本孵化空间进行汇报展示的空间，把有效面积多提供给孵化企业。

（三）鼓励孵化器和众创空间对于达到毕业条件的在孵企业履行毕业程序，腾出孵化空间和资源为符合入孵条件的初创企业和团队服务。各级政府对孵化器和众创空间的补贴和奖励应当以符合条件的在孵企业数量和毕业企业数量作为依据。

（四）国有孵化器和众创空间应当承担扶持科技人员、大学生和农民创客创业孵化的公益任务，为符合入孵条件的科技人员、大学生和农民创客提供免费或优惠价格的创业工位和孵化服务项目，减免的条件和标准要面向社会公开，让符合条件的科技人员、大学生和农民创客等创业者公平、公正地享受优惠政策。

四、提升服务能力

（一）孵化器和众创空间以在孵企业和创业团队为服务对象，为其提供创业培训、辅导、咨询，提供技术研发、试制服务，开展政策、法律、财务、投融资、企业管理、人力资源、市场推广等服务，帮助降低创业风险和创业成本，提高企业的成活率和成长性。

（二）提高孵化器和众创空间综合服务水平，培养和引进一批具有先进孵化理念、专业知识和管理水平的优秀孵化服务团队。加强创业导师队伍建设，开展持股孵化。加强孵化器和众创空间品牌建设，整合创业孵化资源，打造创业服务产业链，构筑孵化载体、技术平台、人才培育、融资担保一体化的孵化服务体系。

（三）引导孵化器和众创空间向专业化发展。围绕我省优势技术和产业领域，重点扶持建设机器人、生物技术、现代农业、高端装备制造等专业孵化器和众创空间。鼓励高校、科研院所发挥科研设施、专业团队、技术积累等优势，建设以科技成果转移转化为主要内容的专业孵化器和众创空间。鼓励龙头骨干企业建设专业孵化器和众创空间，优化配置技术、装备、资本等市场化创新资源，形成辐射带动中小微企业成长发展的开放式创新生态。

五、加大政策支持

（一）各级政府要大力支持孵化器和众创空间发展，建立孵化绩效与政府补贴联动机制，根据孵化器和众创空间孵化企业、解决就业等主要绩效指标增长，不断加大对孵化器和众创空间的后补助力度。重点支持通过国家级孵化器和众创空间认定和国家级专业众创空间备案的孵化器和众创空间。国资管理部门对国有孵化器和众创空间的考核办法应有别于一般国有经营性资产，应当把服务能力、孵化绩效和社会贡献作为考核评价的主要指标。审计部门对国有孵化器和众创空间按规范程序和条件为创业企业和团队提供的孵化费用减免予以认可。

（二）引导金融资本支持。引导和鼓励各类天使投资、创业投资、担保机构、小额贷款公司等与孵化器和众创空间相结合，完善投融资模式。鼓励天使投资群体、创业投资基金入驻孵化器和众创空间开展业务，通过风险补偿方式引导天使投资、创业投资与孵化器和众创空间联合设立种子基金。鼓励高新技术产业开发区设立天使投资基金，支持孵化器和众创空间发展。选择符合条件的银行业金融机构，在试点地区探索为孵化器和众创空间内企业创新活动提供股权和债权相结合的融资服务，与创业投资、股权投资机构试点投贷联动。支持在孵企业通过资本市场进行融资。

六、加强组织领导

（一）各级政府要加强对孵化器和众创空间的扶持和工作协调。各级科技管理部门要加强对孵化器和众创空间的业务指导与服务，研究制定和落实推进孵化器和众创空间发展的政策措施。鼓励各地、各类主体积极探索支持孵化器和众创空间发展的新政策、新机制和新模式，采取分类指导，重点突破，增强示范带动效应。

（二）国有孵化器和众创空间主管部门要加强监督检查，确保国有孵化器和众创空间规范发展。对于不符合上述有关规定的国有孵化器和众创空间，主管部门应当及时履行管理职责，及时责令其整改。对于运营不良的国有孵化器和众创空间，国有出资人和主管部门应当对孵化器和众创空间及时进行改组。

黑龙江省人民政府

2016 年 10 月 17 日

四、上海

关于印发《关于本市发展众创空间推进大众创新创业的指导意见》的通知（沪委办发〔2015〕37号）

为贯彻落实国务院印发的《关于大力推进大众创业万众创新若干政策措施的意见》、《国务院办公厅关于发展众创空间推进大众创新创业的指导意见》及《中共上海市委、上海市人民政府关于加快建设具有全球影响力的科技创新中心的意见》，深入实施创新驱动发展战略，进一步营造良好的创新创业生态环境，加快建设具有全球影响力的科技创新中心，现就本市发展众创空间，推进大众创新创业提出如下指导意见。

一、加快发展众创空间

（一）大力发展市场化、专业化、集成化、网络化的众创空间。鼓励和支持创客空间、极客空间、创业咖啡、创业新媒体、创业训练营、虚拟孵化器、创业社区等新型孵化器及科技创业苗圃、科技企业孵化器、科技企业加速器、大学科技园、小企业创业基地等众多不同形式、不同模式的创业服务平台建设及协同发展。支持众创空间探索形成各具特色的可持续发展模式，通过线上线下联动发展，鼓励形成辐射能力强的品牌化众创空间，为创业者和创业企业提供低成本、便利化、全要素、开放式的综合创业服务。

（二）鼓励社会力量建设众创空间。鼓励行业领军企业、创业投资机构、投资人、社会组织等社会力量积极参与。建设一批服务创业者和创业企业的灵活集中办公区。推动有条件的企业建设一批产业驱动型孵化器。在孵化载体、服务机构、高校、科研院所集聚且生活配套健全的区域，打造一批创业社区，促进区内创业企业围绕产业链、创新链开展合作。以新兴产业为导向，完善"创业苗圃+孵化器+加速器"创业孵化载体。引导和鼓励与境外创业孵化机构合作设立新型创业孵化平台，不断提升孵化能力。

（三）盘活存量资源建立形式多样、主题鲜明的众创空间。鼓励各区县、各产业园区、各大企业利用已有的商业商务楼宇、工业厂房、仓储用房等存量房产，在不改变建筑结构、不影响建筑安全的前提下，改建为孵化器等众创空间，土地用途和使用权人不变更。

（四）促进众创空间行业组织健康发展。积极吸纳创投协会、天使联盟、众创空间联盟、孵化协会、创业者联盟等市场主体和社会主体参与创业体系建设。大力培育发展创业服务社会组织，政府退出市场自身能够实现或社会组织能够替代的服务功能，支持、委托协会、联盟等社会组织提供众创公共服务。鼓励创新创业服务类社会组织加强行业自律建设，支持创新创业服务组织与相关国际组织加强交流合作。

（五）积极开展小微企业创新创业基地示范城市创建工作。鼓励试点区县先行先试，强化对众创空间服务能力的支持，探索以众创空间等创新创业基地为载体支撑小微企业发展的有效模式，形成可复制、可推广的经验，放大政策效果。

二、提供创新创业便捷服务

（六）深化商事制度改革。允许各类众创空间注册登记名称中含有"众创空间"、"创客空间"、"创业孵化器"等字样，经营范围可表述为"众创空间（创客空间、创业孵化器）投资、管理"等。针对众创空间集中办公的特点，落实集中登记、一址多照等商事制度改革，采取单一窗口、网上申报、三证合一等措施，为创业企业工商注册提供便利。全面推广企业设立、变更网上办理，逐步实现单部门审批事项统一网上办理。根据新兴产业特点，完善企业行业归类规则及对经营范围的管理方式。

（七）降低创业成本。通过政府购买服务、奖励等方式，鼓励众创空间为创业企业提供优惠、低价的办公场地，鼓励为创业者提供一定期限的零成本集中办公场所及免费高带宽互联网接入服务。鼓励众创空间为创业者和创业企业提供免费创业辅导及财务、法务、人力资源等专业服务，帮助科技创业者完善科技成果（创意）、制订商业计划、搭建团队、获得融资等。

（八）推进创新创业资源共享。促进高校、科研院所资源开放共享，推进由财政投入的大型科学仪器设备、科技文献、科学数据等科技基础条件平台，以及重点实验室、工程实验室和工程（技术）研究中心、企业技术中心等研发基地向创业者和创业企业开放。鼓励大企业向创业者开放资源。继续完善研发公共服务平台共享奖励机制，利用"科技创新券"对创业者和创业企业使用加盟上海研发公共服务平台的仪器设备给予补贴，为创业者提供开放创新环境。

三、激励大众创新创业

（九）支持科研人员创业。允许高校、科研院所等事业单位科研人员在职或离岗创业。符合条件的高校、科研院所的科研人员可保留基本待遇离岗创业，在创业孵化期内（3至5年）返回原单位的，工龄连续计算。鼓励部属高校、中央在沪科研院所参照执行。

（十）支持青年大学生创新创业。实施青年大学生创业引领计划，落实创业贷款担保贴息、房租补贴、初创期社会保险费补贴、创业培训见习补贴等鼓励创业政策措施。建立健全弹性学制管理办法，支持大学生保留学籍休学创业。鼓励高校开发开设创新创业教育课程，培育创业精神、创业意识和创新创业能力，提高创业素质。充分发挥上海市大学生科技创业基金的作用，对自主创业学生实行持续帮扶、全程指导、一站式服务。

（十一）支持大企业高级管理人员、连续创业者和归国留学人员等各类人员创新创业。对经由市场主体评价并获得市场认可的创业人才及其核心团队，直接赋予居住证积分标准分值。对经由市场主体评价且符合一定条件的创业人才及其核心团队，居住证转办户籍年限可由7年缩短为3至5年。对获得一定规模风险投资的创业人才及其核心团队，予以直接入户引进。建设好留学人员"创业首站"，服务留学人员来沪创业。

（十二）建设海外人才离岸创新创业基地。加强"双自联动"，依托中国（上海）自由贸易试验区和张江国家自主创新示范区，加大海外人才引进渠道和平台建设力度，建立多层次的离岸创业支持系统，探索可复制、可推广的离岸创业模式，为海外人才营造开放、便利的创业营商环境。

四、提升创新创业服务水平

（十三）鼓励全市孵化器服务发挥溢出效应。将特色化、专业化的创新创业服务体系延伸到街道乡镇层面，通过创新创业服务网络，促进服务资源与创业者和创业企业对接，更广泛地服务大众创新创业。

（十四）加强区县创新创业服务。深化区县创新创业服务体系建设，完善街道乡镇创新创业服务职能，为创业者和创业企业提供创新创业政策咨询、事务受理、需求采集与反馈等各类公共服务。

（十五）发展一批创业学院。搭建创业教育资源分享平台，支持引进一批国内外优秀的创业培训教材和课程，开发一批符合上海城市特征的创业课程。推动系统化创业教育和技能实训普及，显著提高拥有创业技能和创业经验的人口比例。支持具有创业经验和社会责任感的企业家、投资人等作为创业导师，为创业者和创业企业开展形式多样的创业辅导和创业咨询。

（十六）培育发展创新服务机构。鼓励发展市场化、专业化的研究开发、技术转移、检验检测认证、知识产权、科技咨询、科技金融、科学技术普及等创新服务，培育一批集团化、品牌化创新服务机构。打造由技术转移转化、知识产权运营管理、技术情报、研究开发等组成的创新服务链。引导和推动创业孵化与高校、科研院所等技术成果转移相结合，完善技术支撑服务。完善政府购买创新服务政策。

（十七）集聚创新创业服务人才。对经由市场主体评价并获得市场认可的创新创业中介服务人才及其核心团队，直接赋予居住证积分标准分值。对经由市场主体评价且符合一定条件的创新创业中介服务人才及其核心团队，居住证转办户籍年限可由7年缩短为3至5年。对在本市取得经过市场检验的显著业绩的创新创业中介服务人才及其核心团队，予以直接入户引进。

五、完善创新创业金融支持

（十八）促进天使投资发展。扩大天使投资引导基金规模，天使投资引导基金参股天使投资形成的股权，5年内可原值向天使投资其他股东转让。对经由市场主体评价且符合一定条件的创业投资管理运营人才，居住证转办户籍年限可由7年缩短为2至5年。对在本市管理运营的风险投资资金达到一定规模且取得经过市场检验的显著业绩的创业投资管理运营人才及其核心团队，予以直接入户引进。开展互联网股权众筹融资试点，增强众筹对大众创新创业的服务能力。

（十九）创新科技信贷服务产品。鼓励发展商业银行科技支行，为轻资产、无抵押、高风险特征的创业企业提供金融服务。组建政策性融资担保机构或基金，为创业企业提供信用增进服务。继续完善科技企业信用贷、履约保、微贷通及个性化金融产品组成的信贷产品体系，开展"创投贷"信贷服务，扩大科技信贷的规模和惠及面。完善本市科技型中小企业和小型微型企业信贷风险补偿办法，引导商业银行加大对科技型中小企业和小型微型企业信贷支持力度。开发符合科技企业技术创新、产品创新规律的核心人员在职保证保险等科技保险产品，运用科技保险补贴等方式，降低科技企业创新风险，增强抗风险能力。

（二十）探索跨境投融资服务。在中国（上海）自由贸易试验区和张江国家自主创新示范区，试点境外创投企业和天使投资人投资境内非上市企业。依托有关机构设立科技企业境外融资专门服务窗口，支持本土科技企业开展境外人民币融资。试点开展设立境外股权投资企业，支持企业直接到境外设立基金开展创新投资。

（二十一）推广孵化器"投资+孵化"模式。鼓励具有投资功能的孵化器设立天使投资基金或机构，通过孵化器等众创空间更加精准地为创业者和创业企业提供种子资金和天使资金。推进国有孵化器改制，鼓励其引入专业团队运营管理。参照国有创业投资企业股权相关规定，优化孵化器投资项目的国有股权投入和退出机制。

六、加强财税扶持

（二十二）落实税收优惠政策。落实高新技术企业认定管理办法，支持创新创业服务。积极落实张江国家自主创新示范区有关高新技术企业相关技术人员股权奖励分期缴纳个人所得税优惠、5年以上（含5年）许可使用权转让企业所得税优惠、有限合伙制创业投资企业法人合伙人企业所得税优惠、企业转增股本个人所得税优惠。

（二十三）优化财政资金支持方式。调整市、区县两级财政资金支持创新创业的投入方式和范围。利用市场化机制，采取补助、创投引导、跟投、购买服务等方式，支持众创空间及创业项目、初创项目。鼓励各区县对众创空间建设中发生的孵化用房改造费、创业孵化基础服务设施购置费、贷款利息等给予一定补贴。

七、营造创新创业文化氛围

（二十四）大力弘扬创新创业文化。树立创新改变生活、创业实现价值的价值导向。充分发挥创客空间、社区创新屋、学校创新创业社团等的作用，培育社会大众的创新精神和创新能力。

（二十五）大力培育企业家精神。通过中国（上海）国际技术进出口交易会和创新创业大赛、创客大赛等形式，搭建创业者之间、创业者与投资人之间、创业者与服务者之间的交流平台，营造良好的创新创业氛围。

（二十六）广泛宣传创新创业。支持创业媒体建设和发展，构建线上、线下创业宣传传播体系，通过新媒体、自媒体等广泛宣传创业明星、创客、极客、优秀创业导师、天使投资人、孵化器管理者，传播创业理念，推广创业活动，让大众创业、万众创新在本市蔚然成风。

五、江苏

江苏省推进众创空间建设工作方案

为贯彻落实省委办公厅、省政府办公厅《关于印发〈发展众创空间推进大众创新创业实施方案（2015—2020年）〉的通知》（苏办发〔2015〕34号）精神，深入实施"创业江苏"行动，大力推进众创空间建设，激发全社会创新创业活力，营造良好创新创业生态环境，特制订本工作方案。

一、工作思路

深入实施"创业江苏"行动，通过上下联动，集成政策支持，建设一批众创空间等新型创业服务平台；通过市场化机制、专业化服务和资本化途径，有效集成创业服务资源，打造众创空间、孵化器、加速器、科技园区，形成点、线、面相结合的创新创业孵化服务链条；探索建设众创集聚区，提升创新创业服务能力。

二、工作目标

通过省地联动，形成推进众创空间建设的协同机制。全省建设一批纳入省级以上科技企业孵化器管理的众创空间、一批省级以上科技创业孵化链条和一批众创集聚区，孵化培育一批创新型企业，推动人才、技术、资本等创新要素向江苏集聚，加快形成大众创业、万众创新的生动局面。

三、重点任务

（一）加快众创空间建设步伐。充分发挥市场配置资源的决定性作用，鼓励行业领军企业、国有大中型企业、高校、科研机构、投资机构、行业组织等社会力量投资建设或管理运营创客空间、创业咖啡、创新工场等新型孵化载体，鼓励引进国际国内知名创客孵化培育管理模式，打造一批低成本、便利化、全要素、开放式的众创空间。各市、高新区要充分利用老旧厂房、闲置房屋、商业设施等资源进行整合和改造提升，为众创空间提供免费或低租金的场地。现有科技企业孵化器和大学科技园，要利用资源优势和孵化经验，通过新建或改造，发展一批众创空间。推进"互联网+"与传统创业载体融合，发展"线上虚拟空间"与"线下实体空间"相结合的新型众创平台，通过线上线下相结合，为"创客"群体拓展创业空间。

（二）开展科技创业孵化链条试点。支持有条件的孵化器开展"苗圃—孵化器—加速器"科技创业孵化链条建设试点，针对创业不同发展阶段需求，对创业团队开展选苗、育苗和移苗入孵工作，为有创业意向的科研人员、大学生、留学人员等开展创业见习实习，免费提供办公场所和辅导培训；对孵化器内企业提供高水平、高质量的专业化孵化服务；对高成长性企业支持其进入加速器快速成长，在一个体系内有效集成各类资源和服务。探索众创空间、孵化器、加速器和创新型产业集群协同发展的机制，实现从团队孵化到企业孵化再到产业孵化的全链条一体化服务。

（三）打造众创集聚区。鼓励各地因地制宜，围绕科教资源密集、创业企业集中区建设众创集聚区。以众创空间为特色的集聚区，要依托创新资源富集区，加快集聚科技咨询、天使投资、财务服务、法律咨询、知识产权、技术交易等创业服务机构，形成良好创新创业生态体系，营造交流、沟通、碰撞、开放、共享的创新创业空间。以创业企业或创业人员为特色的集聚区，要围绕当地优势特色产业，运用"互联网+创业"等新模式，建设完善一站式服务平台，加快集聚研发设计、商务物流、检验检测、融资担保、培训辅导等服务机构，提升创业服务水平，形成创业企业集中、创业服务完善、创业氛围浓厚的创业空间。

（四）加快发展天使投资。把建立天使投资（种子）基金作为众创空间建设的重要内容。鼓励各市、高新区建立天使投资（种子）引导基金，与众创空间、科技企业孵化器运营商等社会资本共同发起设立天使投资（种子）基金，开展持股孵化，加速在孵创业团队和创业企业成长。推动省级以上科技企业孵化器建立天使投资（种子）资金（基金），完善"孵化＋创投"的功能。支持有条件的地区开展互联网众筹融资试点，鼓励创新型企业的高新技术产品开展互联网众筹推广，鼓励发展互联网金融等科技创业投融资服务平台。

（五）提升众创空间服务能力。支持众创空间根据产业特点和自身优势，应用"共享""众包""众筹"等新理念，提供专业化、差异化、多元化的大众创新创业服务。推广投资促进型、媒体延展型、培训辅导型、创客孵化型、专业服务型等创新服务模式。开展创业导师认定，建立创业导师队伍，大力发展"创业导师＋专业孵化器＋天使投资"的孵化模式，在全省形成联动的创业导师网络。鼓励众创空间采用自建、合作共建或引进等方式在空间内设立研发、设计、试验、工艺流程、装备制造、检验检测和标准化等服务平台。利用大数据、云计算、移动互联网等现代技术手段，实现"互联网＋创业服务"，打通创业服务中间环节，提供线上服务。

（六）提升众创空间等新型孵化器发展水平。开展众创空间省级备案工作，对备案的众创空间纳入省级科技企业孵化器管理体系。符合条件的众创空间适用科技企业孵化器税收优惠政策。按照国家科技企业孵化器工作绩效评价办法，加强对我省科技企业孵化器分类指导，提升孵化器建设水平和服务质量，促进科技企业孵化器争先进位。支持有条件的国家级科技企业孵化器加快建设一流创新创业载体，进入优秀等级；推动一批省级科技企业孵化器升级为国家级孵化器。进一步创新科技企业孵化器运营机制和孵化形态，鼓励和支持多元化主体投资建设运营科技企业孵化器、大学科技园。支持有条件的国有孵化器加快组织创新和机制创新，采取托管等市场化方式运营。支持省级以上高新区围绕"一区一战略产业"，结合区域优势和产业特色，吸引国有、民营资本和龙头企业建设专业性强、产业集聚度高的专业孵化器。建立健全科技企业孵化器统计体系，加强对孵化器运行情况的统计监测。

四、支持措施

（一）专项支持众创空间建设。对众创空间建设给予专项资金支持，鼓励各地建立地方众创空间补助资金，在分类、分阶段进行建设成效、运行绩效评估的基础上，共同支持众创空间、科技创业孵化链条和众创集聚区建设。省级资金采取后补助方式，主要用于支持省级以上备案的众创空间、纳入省级以上试点的科技创业孵化链条、众创集聚区建设等。

（二）强化对创业企业技术创新支持。进一步加大省科技型企业技术创新资金规模，扩大对众创空间内科技型小微企业技术创新的扶持。深入实施科技企业"小升高"计划，加快众创空间内科技型小微企业向高成长、新模式与新业态发展,加速成长为行业有影响力的高新技术企业。鼓励在孵企业参加江苏科技创业大赛,对获奖创业团队及企业参赛项目,纳入省级相关科技计划立项支持。

(三)加大科技公共服务平台建设力度。建立一批涵盖研发设计、试验验证、科技成果转化、科技资源共享、信息及知识产权等公共服务的省级科技公共服务平台,为创业企业提供技术服务支撑。建立面向创业企业的公共科技资源开放共享机制,实现大型仪器、工程文献、种质资源、专利、实验动物、重大科技基础设施等科技资源跨平台、一站式检索。开展"创业搭把手"行动,鼓励全社会创新平台为大众创业提供支撑服务。加大对"金册网"等网上检测电子商务平台建设支持,为中小企业提供"一站式"检测服务。继续办好中国创新创业大赛暨江苏科技创业大赛,支持苏南国家高新区每年轮流举办"苏南全球创客大赛",打造创新创业品牌。

(四)完善创业投融资服务。建立和完善省市联动的天使投资风险补偿机制,扩大省天使投资引导资金规模,鼓励引导创业投资机构支持省级以上众创空间内种子期、初创期企业。将符合条件的具有投资功能的省级以上众创空间,纳入省天使投资引导资金扶持的投资机构库。省地联动试点,共建科技贷款风险补偿资金池,为科技型小微企业信贷融资开辟绿色通道。实施科技企业上市培育计划,以"新三板"、创业板、中小板为重点,集成各类科技计划和地方上市补贴资金,加快科技企业上市步伐。

(五)落实大众创新创业政策。针对众创空间等新型孵化机构集中办公等特点,放宽住所登记条件,推进"一址多照""一照多址"登记,提供注册便利。赋予高校、科研机构科技成果自主处置权。完善高校、科研院所、国有企业和事业单位科技人员创业办法,进一步畅通科技人员创业通道。认真贯彻执行现有国家针对小微企业、国家级科技企业孵化器和国家级大学科技园的各项税费优惠政策。

六、福建

福建省人民政府关于大力推进大众创业万众创新十条措施的通知(闽政〔2015〕37号)

各市、县(区)人民政府,平潭综合实验区管委会,省人民政府各部门、各直属机构,各大企业,各高等院校:

为大力推进大众创业、万众创新,打造福建经济增长新引擎、增强发展新动力,特提出以下措施:

广东星创天地创新实践

一、广泛宣传创业创新扶持政策

国务院《关于大力推进大众创业万众创新若干政策措施的意见》（国发〔2015〕32号）等一系列重要文件，从创新体制机制、发展众创空间、优化财税政策、扩大创业投资等多方面出台了具体扶持政策，各级各部门要通过各种新闻媒体，特别是互联网新兴媒体，广泛宣传，营造浓厚的创业创新氛围；要强化政策解读，提供咨询服务，汇编扶持指南、创业指引等小册子，确保广大创业企业、创新群体都知晓、能理解、会运用；要开展多层次的创业创新交流活动，借鉴先进经验，形成可复制可推广的工作机制；要弘扬创新精神，树立创业典型，使创业创新成为全社会共同的价值追求和行为习惯。（责任单位：各设区市人民政府、平潭综合实验区管委会，省直有关单位、高校、科研院所）

二、加快构建各具特色的众创空间

积极推进重点突出、资源集聚、服务专业、特色鲜明的创业创新载体建设，2017年底前建成100家以上、2020年前建成200家以上众创空间，不断满足大众创业创新需求。

培育一批创业示范基地。各设区市和平潭综合实验区要积极争取国家小微企业创业创新基地城市示范，要发挥战略性新兴产业集聚区、高新技术产业化基地、高技能人才培养示范基地和创新型龙头企业等优势，依托现有管理机构或引进国内外高层次创业运营团队，各打造1家运行模式先进、配套设施完善、服务环境优质、影响力和带动力强的示范创业创新中心。省财政厅安排专项资金给予每家不少于500万元的奖励。（责任单位：省发改委、财政厅、科技厅、经信委、人社厅，各设区市人民政府、平潭综合实验区管委会）

创建一批创业大本营。全省各普通高等学校要利用现有教育教学资源、大学科技园、产学研合作基地、创业孵化基地等，设立不少于2000平方米的公益性大学生创业创新场所。符合条件的创业大本营，吸纳创业主体超过20户以上的，省就业专项资金给予每个不超过100万元的资金补助。（责任单位：省教育厅、人社厅、财政厅）

改造一批创客天地。各地要充分利用老厂房、旧仓库、存量商务楼宇以及传统文化街区等资源改造成为新型众创空间。鼓励设立劳模、国家级技能大师工作室、农村创新驿站等。符合条件的众创空间，省科技厅给予新建每平方米100元、上限100万元，改扩建每平方米50元、上限50万元孵化用房补助；使用原属划拨国有土地，改变用途后符合规划但不符合《划拨用地目录》的，除经营性商品住宅外，可经评估后补交土地出让金，补办出让手续；利用工业用地建设的作为创业创新场所房屋，在不改变用途的前提下，可按幢、层、套、间等有固定界限的部分为基本单元进行登记，并依法出租或转让。（责任单位：各设区市人民政府、平潭综合实验区管委会，省科技厅、财政厅、经信委、国土厅、住建厅、人社厅、农业厅、总工会）

提升一批传统孵化器。依托国家级和省级高新技术产业开发（园）区、其他各类产业园区等，对现有孵化器进行升级改造，拓展孵化功能，鼓励与上市公司、创投机构和专业团队合作，形成创业创新、孵化投资相结合的新型孵化器。符合条件的国家级和省级孵化器，省科技厅分别给予一次性100万元、50万元奖励。鼓励各级小微企业创业基地完善服务功能、提高服务质量、提升孵化水平，对符合条件的国家级、省级小微企业创业基地，省经信委分别给予一次性50万元、30万元补助。（责任单位：省科技厅、经信委，各设区市人民政府、平潭综合实验区管委会）

三、降低创业创新门槛

简政放权。全面清理、调整与创业创新相关的审批、认证、收费、评奖事项，将保留事项向社会公布。深化商事制度改革，实行"三证合一、一照一码"，加快推行电子营业执照和全过程电子化登记管理，企业设立推行"一表申报"，允许"一址多照""一照多址"，按工位注册企业。允许科技人员、大学生等创业群体借助"商务秘书公司"地址托管等方式申办营业执照。（责任单位：省工商局、审改办、发改委）

减免规费。对初创企业免收登记类、证照类、管理类行政事业性收费。事业单位开展各类行政审批前置性、强制性评估、检测、论证等服务并收费的，对初创企业均按不高于政府价格主管部门核定标准的50%收取。（责任单位：省财政厅、物价局，各设区市人民政府、平潭综合实验区管委会）

提供便利。所在地政府应为创业创新提供便利条件。支持完善网络宽带设施，对众创空间投资建设、供创业企业使用、带宽达到100M以上的，可按照其年宽带资费的50%标准给予补贴；符合条件的众创空间，属政府投资建设的，可给予入驻创业企业2～5年的房租减免，非政府投资建设的，可给予每平方米每月不超过30元的房租补贴；对创投机构投资的初创期、成长期科技企业，可给予3年全额房租补贴。（责任单位：各设区市人民政府、平潭综合实验区管委会）

四、完善众创公共服务功能

发展"互联网+"创业创新服务。符合条件的众创空间，省新增互联网经济引导资金按每年实际发生的数据中心租用费的30%予以补助，年补助额度最高不超过30万元；符合条件的互联网孵化器由省科技厅从省新增互联网经济引导资金给予一次性补助 30 万元。推进政府和社会信息资源共享，以特许经营等方式优先支持省内企业和创业创新团队开发运营政务信息资源。发挥科技云服务平台作用，推动创客与投资机构交流对接。（责任单位：省数字办、科技厅、财政厅）

提升"6·18"创业创新服务功能。完善"6·18"网络平台专业化服务体系，集中发布创业创新信息；强化"6·18"虚拟研究院协同创新功能，突出日常对接服务，办好"6·18"展会，推介展示创业创新成果；"6·18"创业投资基金重点支持创业创新项目；举办"6·18"创业创新系列大赛，吸引全省创新型企业、中小微企业、高校创业团队及其他创客群体参赛，为创投机构和创业创新人员搭建对接平台。省级"6·18"专项资金每年安排 500 万元奖励竞赛优胜者。（责任单位：省发改委、经信委、科技厅、教育厅、人社厅、总工会、团省委、妇联）

发挥各类科技创新平台作用。各级政府建设的重点（工程）实验室、工程（技术）研究中心等科技基础设施，以及利用财政资金购置的重大科学仪器设备按照成本价向创业创新企业开放。支持企业、高等院校和科研机构向创业创新企业开放其自有科研设施。运用政府资助、业务奖励或购买企业服务等方式，支持中小企业公共服务平台建设，鼓励企业设立院士工作站、博士后工作站等，引进、培养创业创新青年高端人才。培育一批创业创新服务实体，为创业企业提供企业管理、财务咨询、市场营销、人力资源、法律顾问、知识产权、检验检测、现代物流等第三方专业化服务。推动省级行业技术开发基地承担行业共性技术开发和推广应用的功能作用，加快技术转移和产业化实施。（责任单位：省科技厅、教育厅、发改委、经信委、人社厅）

健全知识产权保护和运用机制。建立面向创业创新的专利申请绿色通道，对亟需授权的核心专利申请，报请国家知识产权局优先审查；对在融资、合作等过程中需要出具专利法律状态证明的，优先办理专利登记簿副本。创新知识产权投融资方式，提高知识产权抵质押贷款评估值，建立知识产权质物处置机制。对以专利权质押获得贷款并按期偿还本息的创业企业，省知识产权局按同期银行贷款基准利率的 30%～50% 予以贴息，总额最高不超过 50 万元。鼓励企业购买专利技术，在省内注册的具有法人资格的企业购买专利技术交易额单项达 20 万元以上 200 万元以下，属非关联交易并实施转化的，省科技厅、知识产权局按 10% 给予补助。建立专利快速维权与维权援助机制，缩短侵权处理周期，加大对反复侵权、恶意侵权等行为的查处力度。（责任单位：省知识产权局、科技厅、财政厅、金融办）

五、支持科技人员创业创新

激发科技人员创业积极性。高等学校、科研院所职务科技成果转化收益可由重要贡献人员、所属单位约定分配，未约定的，从转让收益中提取不低于50%比例用于奖励对完成、转化职务科技成果作出重要贡献的人员和团队；从事创业创新活动的业绩作为职称评定、岗位聘用、绩效考核的重要依据；吸引各类海内外人才来闽创办科技型企业，简化外籍高端人才来闽开办企业审批流程，探索改事前审批为事后备案。实施"工程技术人才回归创业工程"，鼓励闽籍在外工程技术人才回乡创业创新。对"回归"的工程技术人才，在研发项目立项、职称评定等方面给予倾斜支持；进一步完善人才社会服务与保障机制。（责任单位：省科技厅、教育厅、商务厅、人社厅、总工会）

建立科研人员双向流动机制。加快落实国有企事业单位科研人员离岗创业政策，经同意离岗的可在3年内保留人事关系，并与原单位其他在岗人员同等享有参加职称评定、社会保险等方面的待遇，3年内要求返回原单位的，按原职级待遇安排工作；支持高校科研院所高级科研人员带领团队参与企业协同创新，并给予生活津贴补助。（责任单位：省人社厅、教育厅、国资委、科技厅）

六、支持青年创业

鼓励大学生创业。建立健全弹性学制管理办法，将我省高校毕业生自主创业扶持政策范围延伸至普通高校在校大学生。大学生自主创业可申请最高30万元创业担保贷款，担保基金和贴息资金从就业专项资金中列支。高校毕业生创业者享受所在地经营场所、公共租赁住房政策，有条件的地方给予2年期免费，电信运营商应给予宽带资费的优惠。鼓励台湾青年大学生、科技创新人才、台湾资深创业导师及专业服务机构来闽创业，有条件的地方要积极创建面向台湾、各具特色的创业基地。（责任单位：省财政厅、人社厅、教育厅、住建厅、通信管理局、台办、团省委、妇联，人行福州中心支行，各设区市人民政府、平潭综合实验区管委会）

支持返乡创业。各地要结合实际，深入实施农村青年创业富民行动、大学生返乡创业计划，出台支持返乡人员创业的扶持政策。鼓励设立各类返乡创业园，以土地租赁方式进行返乡创业园建设的，形成的固定资产归建设方所有；鼓励电子商务第三方交易平台渠道下沉，带动基层创业人员依托其平台和经营网络开展创业。对通过自营或第三方平台销售我省农产品，年销售额超过5000万元的B2C企业、超过1亿元的B2B企业，省商务厅给予最高不超过100万元奖励。支持有条件的县、乡建设一批农村互联网创业园，为我省农村电商提供网站建设、仓储配送、网络技术等服务，对从业人员达100人以上的，省人社厅给予20万元一次性奖励；做好返乡人员社保关系转移接续等工作，及时将电子商务等新兴业态创业人员纳入社保覆盖范围，探索完善返乡创业人员社会兜底保障机制，降低创业风险；支持妇女围绕传承民族文化从事手工业创业，开发民族、民间手工艺新作品。（责任单位：各设区市人民政府、平潭综合实验区管委会，省农业厅、国土厅、住建厅、商务厅、卫计委、人社厅、总工会、团省委、妇联）

七、构建多元化金融服务体系

创新股权融资方式。省产业股权投资基金首期出资1亿元发起设立福建省创业创新天使基金，投资众创空间大学生等创业创新项目，参股社会资本发起设立的天使基金；允许各类股权投资企业和管理企业使用"投资基金"和"投资基金管理"字样作为企业名称中行业特征；各设区市和平潭综合实验区都要设立创业创新天使基金，支持创业创新企业发展壮大；政府引导基金退出时，优先转让给基金其他合伙人，转让价格可由政府引导基金与受让方协商；基金到期清算时如出现亏损，先行核销政府资金权益。（责任单位：省金融办、财政厅、教育厅，福建证监局，各设区市人民政府、平潭综合实验区管委会）

增强资本市场融资能力。鼓励互联网和高新技术创业创新企业到资本市场上市。支持创业创新企业在"新三板"和海峡股权交易中心挂牌交易，省经信委对挂牌交易企业一次性给予不超过30万元的奖励；加快建立海峡股权交易中心与"新三板"的转板机制；海峡股权交易中心设立创柜板，引导成长性较好的企业在创柜板挂牌；建立大众创新众筹平台，进行股权众筹融资试点，鼓励众创空间组织创新产品开展网络众筹，为大众创业创新提供融资服务。发挥海峡股权交易中心、省级小微企业"发债增信资金池"作用，对在海峡股权交易中心发债的创业创新企业提供增信支持。（责任单位：福建证监局，省金融办、经信委）

加大信贷支持力度。各地政府主导的融资担保公司可对创投机构投资的初创期、成长期科技企业，按投资额的50%、最高不超过500万元的标准给予担保，担保费由企业所在地财政补贴。各银行业金融机构要创新金融产品，满足创业创新企业融资需求。（责任单位：省财政厅、金融办，人行福州中心支行、福建银监局，各设区市人民政府、平潭综合实验区管委会）

八、加大财税政策扶持

加大资金扶持。各设区市、平潭综合实验区要设立创业创新专项扶持资金，重点支持创业示范基地、创业大本营、创客天地、新型孵化器等众创空间。推行创新券制度，省财政每年安排2000万元，通过购买服务、后补助、绩效奖励等方式，为创业者和创新企业提供仪器设备使用、检验检测、知识产权、数据分析、法律咨询、创业培训等服务。（责任单位：省科技厅、经信委、财政厅、教育厅、人社厅、质监局、检验检疫局、金融办，各设区市人民政府、平潭综合实验区管委会）

落实税收采购政策。抓紧在全省推广企业转增股本分期缴纳个人所得税、股权奖励分期缴纳个人所得税政策；推行小微企业按季度申报纳税。发挥政府采购支持作用，不得以注册资本金、资产总额、营业收入、从业人员人数、利润、纳税额等规模条件设置政府采购准入条件。推行补贴申领的"告知承诺制"和"失信惩戒制"。（责任单位：省国税局、地税局、财政厅、科技厅、经信委）

九、加强创业培训辅导

推进创业教育培训。在普通高等学校、职业学校、技工院校开设创业创新类课程，并融入专业课程和就业指导课程体系。紧密结合创业特点、紧缺人才需求和地域经济特色，发挥青年创业训练营等作用，采取培训机构面授、远程网络互动等方式有效开展创业培训。组织开展形式多样的农村青年、返乡人员创业技能培训。到2020年，参加创业培训的大学生人数不低于我省应届高校毕业生总人数5%。省教育厅每年安排3000万元专项经费，用于大学生创业创新教育与指导。（责任单位：省教育厅、人社厅、农业厅、财政厅、科协，各设区市人民政府、平潭综合实验区管委会）

加强创业导师队伍建设。吸纳有实践经验的创业者、职业经理人等加入创业师资队伍，组建一批由优秀企业家、专家学者、各类名师大师等组成的创业导师志愿团队，完善创业导师（专家）库，对创业者分类、分阶段进行指导。建立创业导师绩效评估和激励机制。（责任单位：省人社厅、财政厅、教育厅、经信委、科技厅、总工会、团省委、妇联、工商联）

十、强化组织保障

建立由省发改委、科技厅牵头，省经信委、教育厅、财政厅、人社厅、国土厅、住建厅、农业厅、商务厅、工商局、金融办、知识产权局、总工会、团省委、妇联等共同参与的大众创业、万众创新厅际联席会议制度，及时研究解决有关重大事项，开展创业创新政策的调查与评估，建立相关督查机制，共同推进大众创业、万众创新蓬勃发展。各地、各部门要结合实际制定具体的政策措施，明确目标任务，落实工作分工，加强协调联动，形成推进合力，确保政策措施取得实效。（责任单位：各设区市人民政府、平潭综合实验区管委会，省直有关单位、高校、科研院所）

福建省人民政府
2015年7月12日

福建省科学技术厅关于印发《福建省星创天地管理细则（暂行）》的通知（闽科星〔2018〕1号）

第一章 总则

第一条 为加强和规范星创天地建设与管理，努力营造良好的农村创新创业环境，加快推动我省农业农村"大众创业、万众创新"，为乡村振兴提供人才和技术支撑，根据《福建省人民政府关于深入推行科技特派员制度的实施意见》和《福建省科技创新平台管理办法》等有关规定，制定本细则。

第二条 星创天地是指由独立法人机构建设与运营，面向农业农村创新创业主体，提供一站式开放性综合服务的新型农业农村创新创业平台，旨在通过市场化机制、专业化服务和资本化运作方式，利用线下孵化载体和线上网络平台，聚集创新资源和创业要素，营造低成本、专业化、社会化、便捷化的农村创新创业环境。

第三条 星创天地建设按照"政府引导、市场运作、社会参与"的原则，突出面向农业农村主导产业、强化共享服务、实行绩效评估、择优重点扶持、实施优胜劣汰的管理方式。

第四条 星创天地的建设主要依托具有较强运营管理和专业服务能力的涉农科研机构、高等院校和市级以上农业产业化龙头企业（含市级）、省级农民合作社示范社等具有独立法人资格的企事业单位或社会服务机构。

第二章 职责

第五条 福建省科学技术厅（以下简称省科技厅）是星创天地的综合管理部门，负责制定星创天地建设与管理制度，宏观指导星创天地的建设和运行；组织星创天地建设的申报、认定、评估、调整和撤销。

第六条 省直部门、本科高校和设区市科技行政管理部门（包括平潭综合实验区职能部门，以下相同）是星创天地的业务主管部门，负责本部门和地区星创天地的申报与推荐工作，配合省科技厅开展星创天地认定和评估工作；支持星创天地的建设和运行，督促检查各项工作，协调解决相关问题。

第七条 运营单位是星创天地建设和运行管理的具体负责单位，负责组织星创天地建设、运行和管理；为星创天地的建设和运行提供人、财、物和技术支持，配合做好星创天地的认定和评估工作。

第三章 建设与管理

第八条 星创天地应具备以下基本条件：

（一）具有健全的管理制度。包括企业（团队）的入驻评估、毕业与退出机制、日常服务等完善的管理文件。

（二）具有多元化的人才服务队伍。能满足创业者需求的由科技特派员、天使投资人、成功企业家、技术专家等组成的不少于5人的专兼职创业导师队伍；专职管理人员不少于3名。

（三）具备基本的服务设施。可自主支配场地建筑面积原则上不少于300平方米（属租赁场地的，租期应在5年以上），创业工位不少于15个。公共办公与服务场地面积之和不低于总面积的90%，能为入驻企业、创业团队提供免费或低成本的会议室、洽谈室等公共办公场地及创业培训、检测、商务、宽带网络等相关服务。

（四）具备一定的科研开发条件和成果转化能力。立足各地农业农村主导产业和区域特色产业，有明确的技术依托单位，具有一批适用的技术成果，有不少于50亩的种植养殖试验示范基地或一定规模的加工基地（属租赁场地的，租期应在5年以上）。

（五）具备"互联网+"网络平台（线上平台）。通过线上交易、交流、宣传、协作等，促进农村创业的便利化和信息化，推进商业和服务模式创新。

（六）具有较好的创业孵化基础。已吸引入驻的创客、创业团队或初创企业不少于10个，其中创业企业数量不少于3个。入驻创客、创业团队、企业经营项目应符合现代农业发展要求。

第九条　星创天地由运营单位自行建设，达到星创天地条件后，可申请省科技厅组织评估。申请者须填报提交《福建省星创天地申请表》，经业务主管部门审核后，报送省科技厅。

第十条　省科技厅组织专家或委托有关机构对申请材料进行综合评估，实地核查申请材料和数据。评估合格者，省科技厅授予"福建省星创天地"称号及牌匾，并纳入省科技创新平台管理体系。

第十一条　星创天地主要任务：

（一）集聚创业人才。聚集高校、科研院所、企业科技人员发挥职业专长，到农村开展创业服务；吸引科技人员、大学生、返乡农民工等深入农村创新创业。

（二）技术集成示范。整合科技资源和要素，开展农业技术联合攻关和集成创新，形成一批适用的农业农村科技成果。通过线上线下结合，推进"互联网+"现代农业，加快科技成果转移转化和产业化。

（三）创业培育孵化。集聚一批企业家、创业投资人、专家学者、科技特派员等任兼职创业导师，为创业者提供创业辅导与培训，提升创业者能力。

（四）科技金融服务。举办各类投资洽谈活动，搭建投资者与创业者的对接平台。

（五）创业政策集成。梳理各级政府部门出台的创新创业扶持政策，协助企业落实科技、财税、金融、人才等政策措施，优化创业环境。

第十二条　星创天地实行年度总结报告制度，星创天地应于每年1月31日前上报上年度工作总结和当年度工作计划，经运营单位和业务主管部门审核后报省科技厅。

第四章　评估与奖励

第十三条　省科技厅对星创天地实行动态管理，根据《福建省星创天地申请表》规定的目标和任务，定期开展绩效评估。

第十四条　绩效评估采用定量分析与定性评估相结合、现场考察与综合评估相结合的原则，主要对星创天地的建设进展情况与运行业绩等方面进行考评。

第十五条　绩效评估结果分为：优良、合格、不合格。绩效评估为优良的给予后补助经费支持；对于绩效评估不合格者，限期整改，对整改不合格的，行文摘牌，退出星创天地管理；不参加绩效评估的，视为自动放弃星创天地资格。

第五章　附则

第十六条　本细则中涉及项目和经费的管理按《福建省科技计划项目管理办法》和《福建省科技特派员专项资金管理办法》执行。

第十七条　本细则自发布之日起施行。

第十八条　本细则未尽事宜，按《福建省科技创新平台管理办法》等有关管理规定执行。

第十九条　本细则由省科技厅负责解释。

七、湖南

湖南省人民政府办公厅关于印发《湖南省大众创业万众创新行动计划（2015—2017年）》的通知

为进一步激发创业创新活力，根据《国务院关于大力推进大众创业万众创新若干政策措施的意见》（国发〔2015〕32号）精神，结合我省实际，制定本行动计划。

一、总体目标

到2017年，着力构建100个省级重点创新创业园区，新增90个以上省级创业孵化基地，建成150个中小微企业创业基地，构建100个以上省级众创空间，新增创业主体90万个以上，带动就业150万人以上。全省创业创新

第五章 星创天地的政策支撑

政策体系进一步健全，服务体系基本完善，制度环境全面优化，市场主体迅猛发展。

二、行动内容

（一）载体升级发展工程。

1. 主要任务：加强创业创新载体建设，完善配套服务，提升承载能力，为创业创新提供良好的发展空间。

2. 具体措施：（1）大力发展众创。大力推广创客空间、创业咖啡、创新工场等新型孵化模式，充分利用现有各类园区、基地和高校、科研院所、企业等条件，三年内在新兴制造业和现代服务业等领域打造100个以上省级众创空间，整合相关专项资金，支持众创空间开展创新创业活动。（2）升级发展孵化器。推动大学科技园、留学人员创业园、创业服务中心、生产力促进中心、中小微企业创业基地等科技企业孵化机构优化运营机制和业务模式，向投资促进型、培训辅导型、专业服务型、创客孵化型等方向转型升级。（3）加强中小微企业创业基地建设。每年重点支持30个以上省级中小微企业创业基地公共服务平台建设，新认定一批省级中小微企业创业基地，加强创业辅导，提高孵化培育能力。实施小微企业创业创新基地城市示范工程。（4）大力建设创业孵化基地。以建设国家级和省级创业型城市为抓手，依托省"135"工程，加快建设创业孵化基地，力争实现国家级和省级创业型城市全覆盖，每年新增省级创业孵化基地30个。（5）继续开展大学生创新创业孵化基地建设，整合全省大学生创新创业孵化基地资源，建立全省大学生创新创业孵化基地联盟，为大学生创新创业项目提供良好孵化服务。（6）推动青年创业园区建设。集成整合各类资源，建设青年创业园区，为青年创业提供良好的坏境。每个市州至少建立1个青年创业园区。（7）充分发挥企业的创新主体作用，鼓励和支持有条件的大型企业发展创业平台、投资并购小微企业等，增强企业创业创新活力。（8）加快创业创新园区建设。立足现有省级以上园区，深入实施"135"工程，大力推进创业创新园区发展。积极盘活区域内闲置的商业用房、工业厂房、企业库房、物流设施和家庭住所、租赁房等资源，为创业者提供低成本办公场所和居住条件。切实保障创业创新基地的建设用地，在符合规划、不改变用途的前提下，现有工业用地提高土地利用率和增加容积率的，不再增收土地价款。（责任单位：省科技厅、省发改委、省经信委、省人力资源社会保障厅、省财政厅、省国土资源厅、省教育厅、团省委、省妇联等）

（二）资源开放共享工程。

1. 主要任务：整合科技资源、信息资源等，建立面向全社会开放的长效机制，实现资源开放共享，为创业创新提供有力支撑。

2. 具体措施：（1）发展公共服务平台。整合创业创新信息资源，实现创业创新政策、项目、培训、比赛等信息集中发布。加快建立创业企业、创业投资统计指标体系，加强监测和分析。建立创业失败援助机制，对受援者提供创业指导、经济救助、心理抚慰等服务。（2）用好创业创新技术平台。编制科技资源开放共享目录，探索建立大型科学仪器和科研设施共享服务后补助机制。完善国家工程（技术）研究中心、国家重点（工程）实验室、国家企业技术中心等国家级和省级科研平台向社会开放机制。借鉴中关村开放实验室成功经验，依托长株潭国家自主创新示范区，采取共建联合方式，鼓励高校、科研机构、企业开放共享检测认证设备资源，建设开放实验室。（3）开放高校教育培训平台。依托我省优势教育资源，实施创业创新辅导计划，鼓励高校面向社会开设创业创新辅导培训公开课，提供专业化系统化培训辅导。（责任单位：省科技厅、省发改委、省质监局、省经信委、省人力资源社会保障厅、省财政厅、省教育厅、省统计局、团省委等）

（三）服务创新拓展工程。

1. 主要任务：创新服务模式，拓展服务范畴，营造良好创业创新生态。

2. 具体措施：（1）创新服务模式。积极推广众包、用户参与设计、云设计等创业创新新模式。支持创业孵化基地、中小微企业创业基地和创业园区建立信息服务平台，提供各项信息服务。（2）发展第三方专业化服务。加快发展企业管理、财务咨询、市场营销、人力资源、法律顾问、知识产权、检验检测、现代物流等第三方专业化服务。（3）开展专家指导服务行动。建立健全各级创业创新服务专家库和服务团，对创业创新服务专家按规定开展创业创新指导服务行动的，给予一定服务补贴。（4）鼓励发展众扶、众筹。依托"互联网+"等新技术新模式，发展众扶、众筹，使创新资源配置更灵活、更精准，形成内脑与外脑结合、企业与个人协同的创新格局。（责任单位：省发改委、省科技厅、省经信委、省财政厅、省教育厅、省人力资源社会保障厅等）

（四）素质培育提升工程。

1. 主要任务：加强创业创新教育和培训，激发创业创新热情，提升创业创新能力和素质。

2. 具体措施：（1）加强创业创新教育。将创业创新精神教育和素质教育融入国民教育体系，深化中小学课程改革，加强实践实验类课程教育。深化高等学校创业创新教育改革，加强创业创新教育课程体系建设，实施大学生研究性学习与创新实验计划，提升教师创业创新指导能力，创新人才培养机制。(2) 开展创业创新培训。开展针对不同群体、创业活动不同阶段特点的培训项目，提高创业创新培训的针对性和有效性。建立一支千人以上高水平创业创新培训师资队伍，每年开展创业创新培训7万人次以上。(3) 组织创业创新比赛。举办中国创新创业大赛（湖南赛区）、黄炎培职业教育奖创业规划大赛、湖南青年创新创业大赛、大学生创新创业大赛、巾帼创新创业技能大赛等赛事，以比赛为契机培育提升创业创新素质。(4) 积极开展多样化培训教育。充分发挥网络、电视、手机微媒等传媒作用，开展在线培训教育、远程培训教育，提供开放、灵活、方便的创业创新教育资源。(责任单位：省教育厅、省经信委、省人力资源社会保障厅、省科技厅、省财政厅、省新闻出版广电局、团省委、省妇联等)

(五) 人才激活开发工程。

1. 主要任务：落实各项优惠政策，激发科技人员、大学生、高层次人才等创业创新主体的创造活力，开发创业创新潜力。

2. 具体措施：(1) 提高科技人员创业创新积极性。完善高校、科研院所等事业单位专业技术人员在职创业、离岗创业有关政策。对离岗创业的，经原单位同意，可在3年内保留人事关系，与原单位其他在岗人员同等享有参加职称评聘、岗位等级晋升和社会保险等方面的权利，原单位应当根据专业技术人员创业的实际情况，与其签订或变更聘用合同，明确权利义务。(2) 引领大学生创业创新。深入实施大学生创业引领计划。依托大学生创新创业孵化基地和企业博士后科研工作站（协作研发中心），激励大学生自主创业。鼓励高校开设创业创新课程，加强创业创新培训和辅导，鼓励大学生参与科研和技术创新研究。建立健全弹性学分制管理办法，支持大学生保留学籍休学创业。(3) 吸引高层次人才来湘创业创新。建立和完善高端创业创新人才引进机制，依托国家海外高层次人才创新创业基地、长株潭国家自主创新示范区和留学生创业园，通过国家"千人计划"、"万人计划"和省"百人计划"等人才引进计划的实施，引进一批高层次人才和团队来湘创业创新，落实其配偶就业、子女入学、医疗、住房、社会保障相关政策。(4) 大力引导外出务工人员返乡创业。鼓励依托各类产业园区，盘活闲置厂房等存量资源，设立返乡创业园。支持发展农民合作社、家庭农场等新型农业经营主体，符合政策规定条件的，享受有关税费优惠政策。支持返乡创业人员因地制宜发展地方特色产业。切实完善基层各类公共服务平台，加快乡村通信、交通物流等基础设施建设，为返乡创业提供便利。(5) 鼓励城镇失业人员、失地农民、退役军人开展创业，落实贷款、税收等优惠政策，加大创业帮扶力度，提升创业能力。开发适合妇女创业特点的项目，激发妇女创业创新积极性。(责任单位:省人力资源社会保障厅、省科技厅、省教育厅、省发改委、省经信委、省财政厅、省农委、省商务厅、团省委、省妇联等)

(六)环境提质优化工程。

1. 主要任务:创新体制机制,为创业创新提供各项便利;转变政府职能,完善公平竞争市场环境;落实优惠政策,减免相关收费。

2. 具体措施:(1)提高创业便利化水平。2015年年底前全面实施工商营业执照、组织机构代码证、税务登记证"三证合一""一照一码"。除法律、行政法规和国务院规定的特定行业外,实行注册资本认缴登记制度,允许注册资本"零首付";落实"先照后证"改革,推进全程电子化登记和电子营业执照应用。推动"一址多照""集群注册"等住所登记改革。按照"非禁即入"的原则,允许各类创业主体平等进入国家法律法规未禁入的所有行业和领域。开展企业简易注销试点,建立便捷的市场退出机制。依托企业信用信息公示系统建立小微企业名录,增强创业企业信息透明度。(2)完善公平竞争市场环境。进一步转变政府职能,增加公共产品和服务供给,为创业者提供更多机会。逐步清理并废除妨碍创业创新发展的制度和规定,打破地方保护主义。建立统一透明、有序规范的市场环境。依法反垄断和反不正当竞争,消除不利于创业创新发展的垄断协议和滥用市场支配地位以及其他不正当竞争行为。把创业主体信用与市场准入、享受优惠政策挂钩。(3)落实有关行政事业性收费和服务性收费减免政策。对小微企业和从事个体经营的行政事业性收费按规定实施减免政策。严禁各种名义、各种形式的集资、摊派、乱收费和强制服务、强制收费。严格规范行业协会、中介组织收费,各类中介机构对登记失业人员、高校毕业生从事个体经营、创办小微企业涉及的服务性收费,要给予优惠。建立创新创业企业负担举报和反馈机制。(责任单位:省工商局、省发改委、省人力资源社会保障厅、省编办、省财政厅、省政府法制办、省质监局、人民银行长沙中心支行、省国税局、省地税局)

(七)财政金融支撑工程。

1. 主要任务:加大财政支持和统筹力度,支持创业创新健康成长。加大信贷支持,完善金融服务,优化资本市场,拓宽资金渠道,为创业创新提供便捷融资。

2. 具体措施:(1)加大财政资金支持和统筹力度。根据创业创新需要,整合现有各类支持创业创新资金,促进省创业投资引导基金、省新兴产业发展基金、省科技成果转化引导基金等协同联动,支持创业创新发展。(2)加大信贷支持,完善金融服务。推动各银行业金融机构加强金融产品和服务方式创新，通过信用担保、财产抵押、股权质押、知识产权质押等多种形式，加大对创新创业企业的信贷支持。鼓励各银行业金融机构向创新创业企业提供结算、融资、理财、咨询等一站式系统化的金融服务。（3）依托资本市场，拓展融资渠道。支持符合条件的创业创新企业在中小板、创业板、全国中小企业股份转让系统、湖南股权交易所等市场挂牌、上市、融资，鼓励创业企业通过发行债券、股权私募等多种方式筹集资金。（4）发展国有资本创业投资。落实鼓励国有资本参与创业投资的政策措施，建立国有创业投资机构激励约束机制、监督管理机制。引导国有企业参与新兴产业创业投资基金，设立国有资本创业投资基金等，充分发挥国有资本在创业创新中的作用。（5）鼓励社会资本参与创业创新。充分调动社会资本积极性，鼓励各类社会资本通过股权投资方式支持创业创新。（6）鼓励中小企业信用担保机构为创新创业融资提供担保服务。充分发挥财政资金的引导作用，鼓励政策性中小企业信用担保机构为创新创业融资提供低担保费的担保服务。（责任单位：省财政厅、省政府金融办、湖南银监局、湖南证监局、人民银行长沙中心支行、省发改委、省科技厅、省经信委、省人力资源社会保障厅、省国资委等）

三、保障措施

（一）加强组织领导。建立湖南省推进大众创业万众创新联席会议制度，加强对创业创新工作的统筹、指导和协调。加强部门之间、部门与地方之间政策协调，增强政策普惠性、连贯性和协同性，形成强大合力。加强政策落实情况督查，确保各项政策落到实处。

（二）营造良好氛围。组织开展各类推动大众创业万众创新活动。支持科技企业孵化器、大学科技园、众创空间、中小微企业创业基地、高校、大中型企业等举办各种创业创新大赛、投资路演、创业沙龙、创业讲堂、创业训练营等活动，营造良好的创业创新氛围。发挥广播、电视、报刊、网络等各类媒介作用，多形式、多渠道加大对大众创业、万众创新的新闻宣传和舆论引导，树立创业创新典型人物，让大众创业、万众创新蔚然成风。

各地各有关部门要结合本地区本部门实际，抓紧制定具体操作办法，明确任务分工，落实工作责任，强化督促检查，加强舆论引导，推动本行动计划确定的各项具体措施落实到位，促进全省经济平稳健康发展。

关于印发《湖南省星创天地建设实施细则》的通知
（湘科发〔2021〕29号）

第一章 总则

第一条 为贯彻落实《国务院办公厅关于发展众创空间推进大众创新创

业的指导意见》(国办发〔2015〕9号)、《科技部关于加强农业科技社会化服务体系建设的若干意见》(国科发农〔2020〕192号)、《科技部关于发布〈发展"星创天地"工作指引〉的通知》(国科发农〔2016〕210号)等文件精神,加快我省星创天地建设和发展,特制定本实施细则。

第二条 本实施细则所指星创天地是指在我省范围内创办,由独立法人机构运营,面向农业农村创新创业主体,通过市场化机制、专业化服务和资本化运作方式,构建创新创业服务体系,建设的集科技示范、技术集成、成果转化、创业孵化、平台服务等为一体的开放性综合服务平台。其主要功能是围绕区域特色主导产业,充分发挥科技专家服务团和科技特派员作用,利用线下孵化载体和线上网络平台,聚集创新资源和创业要素,促进农业创新创业的低成本化、便利化和信息化,着力提升农业科技社会化服务能力。

第三条 湖南省星创天地实行备案制管理。省科技厅负责对省级星创天地进行宏观管理、业务指导和综合服务;组织开展省级星创天地的备案、评估等工作,筛选并推荐国家级星创天地备案。

市州科技管理部门负责本地区省级星创天地的具体管理、业务指导和服务工作,协调解决相关问题,配合开展省级星创天地备案推荐和动态评估工作。

运营单位是星创天地建设主体,负责星创天地建设、运行和管理,为星创天地建设和运行提供人、财、物和技术支持,配合做好星创天地的备案和评估工作。

第二章 备案条件及程序

第四条 申请备案湖南省星创天地应同时具备以下条件:

(一)具有明确的实施主体。实施主体应是在湖南省内注册,具有独立法人资格,具备一定运营管理和专业服务能力,成立并实际运营1年以上,包括农业科技园区、涉农高校院所、农业科技型企业、农业龙头企业、农民专业合作社或其他社会组织等。

(二)具备一二三产业融合发展的良好基础。立足地方农业主导产业和区域特色产业,建有一定规模的相对集中连片且不少于300亩的科技成果示范基地,有明确的技术依托单位,促进科技成果向农村转移转化,推进一二三产业融合发展。如为租赁场地,租期须在5年以上。

(三)具备"互联网+"网络平台(线上平台)。建有门户网站或微信公众号等网络服务平台,提供企业宣传、产品展示、行业资讯快报等服务,建有网络电商平台或依托国内网络成熟电商平台提供网上交易服务,畅通网络销售渠道。

（四）具有较好的创新创业服务平台（线下平台）。有建筑面积 200 平方米以上的固定办公场所，建有一定规模的开放式办公空间、创意创业空间、研发和检验测试等公共服务平台，免费或低成本供创业者使用，如为租赁场地，租期须在 5 年以上。

（五）具有多元化的人才服务队伍。至少有 3 名以上创业导师（可兼职）和 5 名以上具有相应专业知识、技能人员的创业服务团队，为创业者提供创业辅导与培训，加强科学普及，解决技术、金融、管理、法律、财务、市场营销、知识产权等方面实际问题。其中：导师与创业服务团队应在专业领域有相应的资质证明。星创天地每年须开展不少于 5 场创业教育培训（其中农业专业技能培训不少于 3 场）。

（六）具有较好的创业孵化基础。已吸引入驻的创客、创业团队或初创企业不少于 5 个，运营良好，有较好的发展前景。

（七）具有较完善的服务体系。创业服务主题明确、特点突出、管理规范，有健全的内部财务管理制度，针对创客、创业团队和初创企业建立了相应的管理和运营制度。

（八）属经济欠发达地区建设的，条件可适当放宽。

第五条　星创天地备案程序：

（一）发布通知。省科技厅向社会发布年度省级星创天地备案申报通知。

（二）申报推荐。符合相关申报条件并申请备案为省级星创天地的实施主体，按照年度省级星创天地备案通知相关要求，向所在市、县科技管理部门提出申请，科技管理部门经专家评审、现场考察等程序，择优向省科技厅推荐。

（三）审核备案。省科技厅经资料审核、现场抽查等程序后公示结果，以文件形式将合格机构备案为省级星创天地。

第六条　省级星创天地在运营过程中，如名称变更或运营主体、面积范围、场地位置等备案条件发生变化的，须在三个月内向所在市州科技部门报告，经市州科技部门审核确认后，向省科技厅报备。

第七条　在申报过程中存在弄虚作假行为的，取消其省级星创天地备案资格，两年内不得再次申报；在评审过程中存在徇私舞弊、有违公平公正行为的，按照有关规定追究相应责任。

第三章　绩效评价

第八条　建立星创天地绩效评估体系，对省级星创天地实行年度自评和定期绩效评价。绩效评价结果分为三个等级：优秀、合格、不合格。

第九条　省级星创天地对照绩效评价指标，于每年 1 月底前报送上年度星创天地绩效自评报告，经市州科技局审核后统一报送省科技厅。

第十条 省科技厅委托第三方机构开展星创天地的绩效综合评价工作。各星创天地绩效综合评价周期为3年，每年根据星创天地的备案时间等因素依次安排部分星创天地进行绩效评价。

第十一条 自评和绩效评价内容

（一）星创天地的运营和发展。星创天地运营情况；服务资源建设情况；运行机制建立情况；带动农户增收、助力乡村振兴情况。

（二）集聚创新创业人才。星创天地吸引和集聚创新创业人才等情况；对入驻创客（新创企业）投融资等支持情况。

（三）技术集成示范。开展农业科技成果转化和示范推广情况；入驻创客（新创企业）科技创新和成果转化情况。

（四）创业培育孵化。服务团队开展服务、发挥作用情况；创业辅导制度和创业服务平台建立情况；入驻创客（新创企业）发展情况。

（五）创业人才培训。开展创新培训情况；开展创业活动情况。

（六）其他情况。宣传推广工作情况。

第十二条 星创天地综合绩效评价程序。

（一）省科技厅负责下发绩效评价通知，各星创天地对照绩效评价指标提供综合绩效报告和相关附件（扫描版或复印件），并提交至推荐单位。

（二）各推荐单位对绩效评价涉及基础资料的真实性、合法性、完整性进行审核，盖章后汇总报送至省科技厅。

（三）省科技厅委托第三方专业机构，组织专家对省级星创天地进行综合绩效评价，提出综合评价结果建议，并报送省科技厅。

（四）综合评价结果经省科技厅审定后，在省科技厅门户网站向社会公示，接受社会监督。

第十三条 评价结果及运用。评价考核结果作为政策性补助的重要参考依据。对考核优秀的给予表彰，优先给予政策性补助；对考核不合格的，指导其进行整改，经整改后再次评估，合格的继续保留，不合格的取消其备案资格。

第十四条 建立星创天地退出机制。省级星创天地出现下列情形之一的，应按程序取消其备案资格：（1）不按规定时间和要求提供绩效评估考核材料；（2）连续2年未报送自评报告；（3）在绩效评价考核中有弄虚作假等；（4）运营主体破产或关闭；（5）自愿申请退出。

第四章 支持与服务

第十五条 鼓励省级星创天地入驻的创业企业、团队和创客申报省级科技创新计划项目,省科技厅在同等条件下优先给予支持。

第十六条 对条件成熟、示范作用明显或综合绩效评估优秀的省级星创天地,按照科技部有关规定优先推荐申报国家级星创天地。

第十七条 各市州科技部门须出台相应的星创天地配套政策,加大对省级星创天地的支持力度。

第十八条 支持以推动创新创业服务资源开放共享为目标,以提升全省星创天地建设水平和运营能力为重点,围绕创业孵化、项目对接、产业培育等方面,进一步聚焦创新要素、优化创新环境,组建星创天地联盟。

第十九条 鼓励湖南省大型科研仪器与设施开发共享服务平台为星创天地优先提供开放共享服务,引导工程(技术)研究中心、重点实验室等创新平台为星创天地提供技术服务。

第二十条 鼓励科技专家服务团选派优秀专家入驻星创天地,给予省级星创天地人才和智力支持,开展创业辅导与培训。

第五章 附则

第二十一条 本细则自 2021 年 5 月 12 日起施行,有效期五年。

第六章 星创天地存在的问题及下一步工作建议

第一节 星创天地创新发展的困难和需求

一、建设规模偏小偏弱

(一)备案数量规模落后

广东省星创天地备案规模偏小,国家级和省级备案数量落后于东部发达地区和中西部农业大省(市)。如表6-1所示,截至2020年12月,广东省有国家级备案三个批次的星创天地共计63个,与位于我国东部的江苏、山东,中部的安徽和西部的四川等省份存在较大差距,在东部15个省市中位居第5位,在全国位列第14位,数量与浙江、陕西和山西三个省份相当,仅为江苏省(108个)的58.0%。从已完成的省级备案情况看,广东省已完成四批次共计134个省级备案,在全国仅排第10位,与河北省的555个、河南省的278个、江苏省的250个等存在较大差距,仍需大力加强省级备案力度,完善梯队建设,不断培育壮大国家级星创天地规模。值得注意的是,福建省已成为全国首个开展市级、县区级星创天地备案工作的省份,备案数量分别为78个、5个,初步构建完成了"四级"备案梯队。

表6-1 我国东部15省市星创天地备案数量情况

(单位:个)

序号	省份	国家级数量	省级数量
1	北京	49	14
2	河北	88	555
3	内蒙古	55	193
4	辽宁	71	167

续上表

序号	省份	国家级数量	省级数量
5	上海	13	3
6	江苏	108	250
7	安徽	89	270
8	福建	46	102
9	山东	116	0
10	河南	73	278
11	湖北	59	255
12	湖南	75	240
13	广东	63	134
14	四川	96	0
15	陕西	67	143

2016—2018 年，江苏、山东、浙江、广东 4 个省份国家级星创天地备案数量见图 6-1。

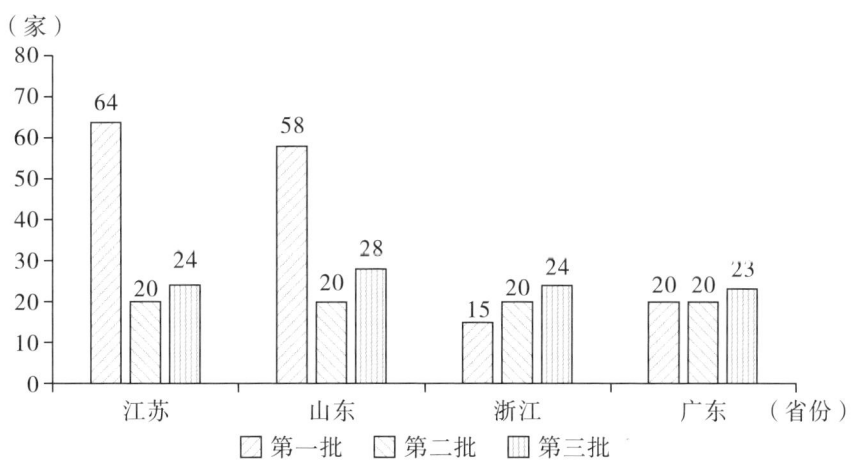

图 6-1　2016—2018 年 4 个省份国家级星创天地备案数量情况

（二）运营发展实力偏弱

一是服务面积偏小。2020 年，广东省星创天地办公使用面积、自有/长期租用土地面积（农用）分别为 105.5 万平方米、7917.6 万平方米，仅为湖南省的 25.7% 和 45.8%。二是创新创业服务规模偏小。创业服务团队总计 3982 人，创业导师 1661 人，累计服务平台 1227 个，仅为河北省的 36.1%、

52.2%、31.1%。在农村人才培养方面，广东省新型职业农民人数为2031人，仅为湖南省的31.1%。三是运营收入偏低。2020年广东省星创天地累计运营收入为14.2亿元，是湖南省（30.51亿元）的46.5%。四是科技型企业数量偏少。2020年入驻科技型企业为821家，仅与江苏省2018年的水平（795家）相当。五是金融服务规模偏小。广东省举办的投融资洽谈活动总计599场，获得投融资的创业团队和企业318个，与河北省相比，广东省仅占其40.3%和48.6%。

二、区域发展不够平衡

区域发展不平衡，未实现地市全覆盖。196个星创天地分布在珠三角、粤东西北地区的数量分别为69个、127个，占比分别为35.2%、64.8%，呈现"小集中、大分散"特征。其中，粤北地区累计备案95家（占比48.5%），粤东地区累计备案仅11家。广州、河源、梅州三地市总量占全省的48.5%，潮州市仍未开展备案工作（见表6-2）。

表6-2 广东各地市星创天地备案数量情况

序号	地市名称	数量/个	占比/%	序号	地市名称	数量/个	占比/%
1	广州	27	13.8	11	东莞	4	2.0
2	深圳	1	0.5	12	中山	2	1.0
3	珠海	3	1.5	13	江门	6	3.1
4	汕头	3	1.5	14	阳江	5	2.6
5	佛山	6	3.1	15	湛江	9	4.6
6	韶关	8	4.1	16	茂名	7	3.6
7	河源	41	20.9	17	肇庆	11	5.6
8	梅州	27	13.8	18	清远	8	4.1
9	惠州	9	4.6	19	揭阳	4	2.0
10	汕尾	4	2.0	20	云浮	11	5.6

从分布情况看，国家级星创天地主要分布在粤北地区。其中珠三角、粤东西地区分别占35.5%、64.5%，粤北、粤西、粤东地区分别占比37.1%、19.4%、8.1%，广州、河源、梅州、茂名、湛江五地市位居前列，五地市占比达45.0%。目前国家级星创天地的分布与省级星创天地的分布并不一致，粤北地区的备案总数占比较大，但相关地市国家级星创天地的数量并不占优势，如河源市国家级和省级备案数量全省第一，但国家级数量与广州市差距较大（见表6-3）。目前，江苏、河北、河南、福建等星创天地发展强省已

由相对发达的核心区域转为以市、县创新为主的内生动力,加快了县域全覆盖步伐,将相关政策、资金支持向贫困及深度贫困地区倾斜。在这些方面,广东省星创天地仍待加强工作力度。

表6-3 广东各地市国家级星创天地备案数量情况

序号	地市名称	数量/个	占比/%	序号	地市名称	数量/个	占比/%
1	广州	12	19.4	11	东莞	2	3.2
2	深圳	0	0.0	12	中山	1	1.6
3	珠海	2	3.2	13	江门	0	0
4	汕头	0	0	14	阳江	1	1.6
5	佛山	2	3.2	15	湛江	5	8.1
6	韶关	2	3.2	16	茂名	6	9.7
7	河源	8	12.9	17	肇庆	3	4.8
8	梅州	8	12.9	18	清远	1	1.6
9	惠州	0	0.0	19	揭阳	2	3.2
10	汕尾	3	4.8	20	云浮	4	6.5

三、政策环境仍待完善

(一)政策存在缺位

一是省级政策的缺位。广东省备案工作依据《发展"星创天地"工作指引》展开,在备案对象、备案条件上未能彰显广东省特色,也未突出广东省区域农业的发展优势;二是管理政策的滞后。广东尚未出台相关实施办法、扶持措施、监测考核等重要的具有针对性的管理类政策,为已备案的星创天地建设提供指导意见,部分地市星创天地的工作发展处于停滞状态;三是扶持政策的不足。目前广东星创天地工作在入选备案、成果转化、创业指导、运营服务、人才引进与培训等服务扶持方面存在"缺位",涵盖范围较小,在备案补助、长效性扶持、考核奖罚等方面也没有制订相应的措施。

(二)社会影响力不足

当前,广东省缺少星创天地专题科技计划项目和相关扶持资金,省级、地市级专题政策解读有所欠缺,社会化宣传工作力度不够,群众对星创天地创新创业新型载体认识不到位,导致星创天地运营主体积极性不够,他们对农业农村的创新创业不够专注,对青年人来说,星创天地缺乏吸引力,星创天地的知名度和社会关注度较低。而江苏、浙江、山东等省份已经把星创天地纳入科技企业孵化器的范围进行统一管理，向全省推广星创天地成功经验，极大地扩大了星创天地的社会影响力。

（三）缺少运营资金扶持

开展备案工作以来，2019年广东省科技厅从实施"大专项+任务清单"（省农业科技创新平台项目）开始，对部分国家级星创天地完善平台功能、提升运营服务能力进行了一次性扶持；2020年，省科技厅开始引导各地市在实施"大专项+任务清单"乡村振兴项目上对新增备案的省级星创天地提供支持。当前，广东省星创天地工作较多地表现在为入驻创客和企业提供无偿服务，在降低企业的创业风险和创业成本方面，部分县（区）星创天地使用公益性示范基地，由于不产生费用收入，导致运营经费严重紧缺，资金扶持需求比较大。在资金扶持上，广东省落后于浙江、江苏、云南等省份，未能根据标准管理、定期考核等流程，对星创天地给予稳定而规范化的资助。

四、科技产出带动不明显

（一）技术服务体系不健全

广东省星创天地现阶段成熟稳定的新型农业经营主体少，农业经济效益低且受生产的高风险和不确定因素影响，难以形成技术有偿服务市场。同时，由于入驻创客和企业多为初创企业，难以形成有偿服务市场，这也给运营主体造成了运营成本压力。

（二）科技成果转化滞后

当前，星创天地与高等院校、科研院所的合作存在较大欠缺，在构建长效化合作机制、加大科技成果转化方面任重道远。星创天地应用于生产的新意识和创新行为尚未成为主流，缺乏切实能够迅速转化为生产力的实用科研成果。技术转让难度大、周期长、投资高，导致农业科技成果转化在相当长的一段时期内，仍需要大量资金进行技术推广。

（三）自然灾害抵御能力不强

农业自然灾害的抵御能力与科技创新支撑有着密切的关系。星创天地作为广东省助力农业创新创业的重要一环，在提升产业自然灾害抵御能力方面仍待加强。主要面临的农业自然灾害有台风、洪水、霜冻、旱灾等，如2018年超强台风"山竹"对水产养殖网箱基地造成巨大破坏，养殖户损失惨重，2019年的大部分时间都处于灾后修护阶段，人们无法开展孵化生产作业。

（四）产品附加值不高

星创天地入驻科技型企业少，涉农主体创客创业能力偏弱，质量普遍不高，研发类企业较少。星创天地较多涉及稻米、蔬菜、花卉、水果、南药、禽畜、水产等广东省传统优势产业，但农产品与精深加工产业融合度低、品质差、层次浅、附加值不高，缺少像北京平谷智慧蛋鸡、湖北潜江小龙虾等众创品牌，影响力不突出。与此同时，发展潜力较大、技术含量较高的星创天地支撑项目较少，缺乏产学研合作，对区域经济发展提供的支撑和推动作用不够明显。

五、创新创业人才较欠缺

（一）创新创业人才需求大

星创天地普遍存在人才招聘困难，人员流失情况严重的问题。运营企业和入驻孵化企业对专业人才需求量大，入驻创客主体多是大学毕业生和返乡农民工等，创新创业能力较弱，创业资金储备不足，缺乏创新创业服务人才，也是造成新型主体成长慢、创新能力差的重要原因。目前，粤东西北地区较多星创天地所在地人才供不应求，受新冠肺炎疫情影响，专职人员流失率较高。

（二）创业服务团队人才不足

创业服务团队能专门为创业团队和创业企业在技术、金融、管理、法律、财务、市场营销、知识产权等方面提供创业服务，是星创天地建设成败的关键。广东省星创天地主要提供包括办公场所、创业投融资服务、创业教育培训、创业导师服务、技术创新服务、创新创业活动、政策落实、国际合作等8种类型的创业服务。据统计，2020年广东省能提供上述7种以上服务的星创天地只有29家，占比仅三成，拥有创业服务人员总数435人，缺少各类型的人才和团队管理运营的专职人员，这也是导致新业态、新产品、新模式和新产业发展滞后的重要原因。

（三）专门科技创新人才不足

星创天地作为农村科技创新创业服务体系的重要组成部分，是广东省推行农村科技特派员制度的重要举措。但数据显示，2020年全省星创天地拥有的科技特派员仅373名，不到江苏省的七成。广东省星创天地平台与省内外高等院校、科研院所进行技术交流、科技成果落地转移转化活动仍然较少，依托特派员等专业人才组织开展技术服务、技能培训，加快推动科技成果转移转化工作仍需加强。如养殖类平台，专家资源匮乏，需要加强县域农村科技特派员对接，搭建科研和技术服务平台，建立强大的研发队伍，利用网络通信设备开发多种销售和服务平台，向养殖户传授科学养殖技术，帮助贫困县和贫困农户走上脱贫致富之路。

六、产业融合发展不深入

（一）销售模式创新不足

星创天地销售渠道单一，线上线下销售平台不够多样，在产业+、互联网+、大数据、直播带货等销售平台领域需要为创业者提供更加专业的服务。部分星创天地的农产品为小规模生产，存在盲目化、分散化、点片化等问题；大部分农产品尚未有统一的品质控制标准体系，质量问题仍受制约；农村物流"最初一公里"与农产品"最后一公里"仍制约着农村电商的发展，物流成本与损耗成本仍是困扰农户以及农产品电商的一大痛点。当前，选择合适的农特产品构建"互联网+农特产品"商务模式，或与优秀电商平台合作，与有实力的物流企业合作，加快实现县、乡、村电子商务运营网络全覆盖，建设更多的直供基地或订单农产品供应商，已成为星创天地面临的迫切共性需求。

（二）孵化投资融合程度低

2020年，广东省星创天地获得投融资的创业团队和创业企业仅230多个，"融资难、融资贵"等问题仍未缓解。一方面，由于农业企业经济效益低且农业生产的高风险和不确定因素太多，缺乏可抵押贷款的实物，农业生产周期长，资金周转周期长等原因，导致星创天地创业企业及创新团队很难融资。另一方面，星创天地的资金来源主要是运营主体的支撑以及科技主管部门的支持，资金的来源途径和体量均较小，难以维持星创天地工作的持续开展。再者，部分公益性运营机制导致向外投资难，缺少投融资后的退出机制保障措施，孵化投资发展机制也不健全。此外，疫情期间，由于经济形势发展不容乐观，有部分小微型企业离场退出，星创基地招商遇到了前所未有的困难。星创天地要根据农业主体投融资特性，压实土地、厂房、设备、种子、技术投入等直接投资，更要拓展金融、股利、利息等表现方式的间接投资。

（三）产业链孵化链条短

广东省星创天地产业链条单一，产前、产中、产后链条不完善，基础研发、设计、品牌不强，在农产品销售端的产业链延伸上受到较大制约。

一是产业链前端优势产业集群禀赋未能突显，种养殖户、家庭农场、种养殖专业合作社、龙头企业等相关资源仍需大力整合，培育壮大广东省新型农业经营主体。

二是产业链中端营销特色不够显著,营销是农产品获得收益"最后一公里"最重要的环节,如何选择合适的农特产品构建多元化商务营销模式事关星创天地建设成败。未能建成若干具有全国示范效应的线上营销平台,也是广东省星创天地创新发展的主要短板。

三是产业链后端品牌影响力较低,未能打造出整合全产业链创新资源联动发展的突出品牌,未能形成若干类似峪口蛋鸡(智慧蛋鸡星创天地)、潜江小龙虾(楠鼎小龙虾产业星创天地)等具有全国影响力的全链条孵化体系。广东省星创天地产业领域较多聚焦蔬菜、水果、花卉、禽畜养殖、水产养殖等传统行业,在产品标准化、产品品牌化、新型销售等方面仍要大力推进。

四是农旅融合需要大力扶持,星创天地农旅融合发展的建设模式成效不突出,农业休闲旅游内容、服务模式、年客流量、载体建设亮点少,缺少可借鉴、可复制、可操作的案例。

七、面临发展用地的困难

部分星创天地存在租用临时性用地问题,如水产养殖科研试验用海海域的使用,存在到期换证问题,需要海域使用管理部门的大力支持。土地成本高成为星创天地可持续发展的重要阻力,现有政策未将星创天地用地明确纳入科技企业孵化器和众创空间用地保障范围。部分林业用地合同期过短,影响入驻团队和企业创业信心。例如,江门寻皇千岛湖胡峰生态园希望政府相关部门能协助园区与林业局协商,将承包权期限延至30年,可以长远规划,让星创天地配套更完善等。

第二节　星创天地下一步发展的策略建议

本书课题组认为,广东星创天地建设要获得长期高质量发展,需做好以下几个方面的工作:

一、完善政策体系建设,加大支持力度

一是坚持顶层设计与基层实践相结合,加快研究出台《广东省星创天地建设管理办法》,为广东省星创天地发展战略规划、政策设计、组织实施、运营扶持、考核奖罚等提供建设规范,对星创天地备案明确资助方式与支持力度,继续扩大省级备案规模,培育国家梯队。二是完善星创天地相关人才、

平台、项目、用地和金融等配套政策扶持体系，鼓励和扶持星创天地开展技术创新、平台搭建、投融资共建、科技成果落地转化等；提高星创天地发展的平衡性和协调性，扶持后发展地区开展星创天地备案工作，支持星创天地创新创业服务运营，明确政策支持导向。三是鼓励建立星创天地财政资金常态化资助机制，探索引导各类孵化育成投资基金用于投资星创天地项目，为星创天地的培育、优奖、后补、升级等提供财政资金保障。

二、建设核心技术联合体，聚焦共性问题

依托优势特色产业，建设星创天地技术联合体，鼓励联合体成员围绕技术创新链条的不同节点，搭建科研平台和技术服务平台，打造稳定的全产业链专家服务队伍，按照优势互补的原则进行合理分工，开展技术开发任务，扩大创新主体参与范围，优化产业创新链条，推动产业技术和产业能力升级。鼓励星创天地积极参与重点领域研发计划，加强前沿技术研发、关键共性技术攻关，抢占岭南农业创新创业科技制高点，孵化培育一大批农业科技型企业。鼓励星创天地根据产业需求出发，建立产业标准化生产体系，积极培育合作组织及服务体系，建立设备共享、技术研发、人员培训、信息咨询的产业技术公共研发平台，全面增强产业竞争力。

三、整合涉农创新资源，加快融合发展

建议有关部门将有限的涉农科技资源紧密结合起来，推进科技特派员、"三区"人才、科技专家服务团队和农业专业镇、创新型县市建设、农业科技园区与星创天地建设发展的对接融合，构建"平台、项目、人才、基地、基金"多元化发展体系，加快实现科技成果在农业农村领域的转移转化。集聚省内高校、院所和龙头企业产学研资源参与星创天地建设，充分发挥各自的科研优势和技术特长，助力星创天地提质增效。在政策设计上，各地科技管理部门要加强农业、农村、农民的三农结合，农业、工业、服务业的三产融合，以及创新、创业、创客的三创联合，实现"三三联动"。

四、增强可持续发展能力，强化造血功能

以星创天地的项目投资、技术增值服务等作为内生动力，特别要加强与农村金融投资机构的合作，完善管理服务体系。以主体自筹、政府补助等作为外部助力，以股权众筹、金融担保、科技融资等作为外部借力，通过"三力合一"打造多元化可持续发展模式。为增强自身可持续发展能力，强化造血功能，星创天地建设要做好以下三个方面的工作。

一是支持星创天地内生服务能力建设，培育拓展技术服务市场，深入提升场地租金、网线费用、服务佣金、项目投资、增值服务水平。

二是做好星创天地支撑助力体系的搭建，鼓励运营主体自筹，完善政府补助，带动社会捐助和其他助力参与建设。

三是鼓励星创天地借力发展，支持股权众筹、金融担保、科技融资、天使投资等为入驻创客和企业提供资金支持，降低企业的创业风险和创业成本。

五、构建人才培养体系，壮大"主力军"

星创天地要持续发展，需要构建完善的人才培养体系，壮大"主力军"。课题组建议，将星创天地纳入全省孵化育成体系，在创新创业服务人才引进、培育方面给予专项支持，对以大学毕业生和返乡农民工为主的入驻创客给予创业扶持。加强农村科技特派员机制建设，将星创天地打造成农村科技特派员支撑农业农村创新的关键服务站，进一步壮大广东省农村科技特派员队伍。联合多个部门，强化星创天地服务功能，专门针对园区、职业高校院所和专业培训机构运营的星创天地，赋予职业农民认证权限，培养更多本土化农业专家。支持开展电子商务类、园区综合类、特色种植类、特色养殖类等不同业务板块的专业化培训指导服务，推动星创天地体制升级，深化一二三产业融合发展，营造农业农村创新创业良好环境。

六、加强监测评价体系建设，打造"广东模式"

星创天地需要不断加强监测评价体系建设，打造有自身特色的"广东模式"。

一是建立广东省常态化的星创天地绩效评价工作机制，在借鉴国家创业投入、创业人才、创业技术、创业孵化和创业培训五个方面评价指标体系基础上，优化完善广东省星创天地创新发展评价指标体系，在评价工作中实行省市"上下联动"机制，打造一批具有较强引领效应的示范标杆，并给予必要奖励。

二是实施星创天地树标提质行动，打造一批新型创新驿站（或农村科技特派员工作站），将星创天地作为农业科技园区、农业专业镇、创新型县（市）重要建设内容，备案引导农业科技园区、大学科技园、农村科技特派员工作站等主体参与建设。

三是鼓励发展星创天地建设新模式，支持优势特色产业构建一批"互联网＋农特产品"商务模式，培育创新动能，结合"一县一特""一镇一业""一村一品"扶持产业优势品牌建设。

四是打造农村科技特派员工作新模式,积极引导农村科技特派员参与星创天地建设,将服务环节从产前、产中延伸至产后,加强产销对接、全链条覆盖,深入打造"农村科技特派员+星创天地"模式,深入推进实施"百团千人大下乡"活动。

五是发挥星创天地支撑"驻镇帮镇扶村"工作优势,强化县镇统筹,聚焦镇村创新创业,助力全面提升镇村创新发展能力。

案例篇

第七章　广东省星创天地创新实践案例

一、金颖孵化星创天地（广州市天河区）

（一）基本情况

金颖孵化星创天地是以院地、院企合作，"构建成果+人才资源库"模式搭建的广东省农业科技成果运营转化公共服务平台。金颖孵化星创天地成立以来，贯彻落实"科技创新、服务三农"的建设宗旨，以农业全产业链发展方向为着力点，积极引进优质的农业龙头企业，并引导其在不同的特色农业产业领域发展，以生产环节为中心，向前后链条延伸，实现产前、产中、产后环节的无缝衔接，平台不断完善针对"育种—栽培—防控—加工—推广"农业产业链条各个环节的服务，初步实现了农业产业集聚效益。在新时代背景下，金颖孵化星创天地紧跟乡村振兴战略和农业高质量发展方针政策，促进大批优质科技成果走出"深闺"，连接企业，走入产业，转化为现实生产力。

（二）主要特色

金颖孵化星创天地建立了轻资产现代农业科技服务体系。为深化产学研合作，共享科技成果，金颖孵化星创天地逐步打造了"科技+企业+资本"轻资产现代农业科技服务体系。

科技咨询。金颖孵化星创天地根据企业涉农领域，通过定期但不定时地了解企业实际发展情况及技术需求，帮助企业精准对接相关领域的专家，免费提供科技咨询服务。

成果转化。整合科研院所、科技企业、评估交易机构、科技金融服务机构等各方力量，金颖孵化星创天地通过线上平台及线下对接服务，将科技成果信息加以汇总，并通过研发合作、技术转让、技术许可、作价投资等多种形式，实现科技成果的市场价值。

联合申报项目。金颖孵化星创天地积极开展包括蔬菜、植保、畜牧、水产、经济作物、园艺设施等专题在内的院企对接会，同时就技术研发、培训、产品宣传及销售、示范推广等进行合作交流，在促进科技支撑创新创业发展的同时强化院企合作模式。

共建新型研发机构。金颖孵化星创天地聚焦创新链上游的基础研究和应用研发等功能,以研发创新为源头带动产业发展,积极组织开展项目和研发机构集中讨论会,充分发挥企业与科研机构的优势,通过共建新型研发机构,破解科技与经济"两张皮"的难题,打造产业核心竞争力。

技术入股或资金投资。为推动企业进一步发展,金颖孵化星创天地积极联动广东省农科院及金融机构,通过技术入股及资金投资的方式,建立利益共享、风险共担的合作机制,助力企业发展成长。

(三)取得成效

院地、院企合作模式。金颖孵化星创天地利用广东省农科院在全省形成的农业科技推广服务网络,在全省100多个县市(区)建立了483个试验、示范、服务基地(基点),设立了12个地方分院、3个促进中心,建立了专家工作站、特色研究机构,与15家农业龙头企业共建企业研究院,不断增强科技创新的辐射带动作用。通过广东省农科院及其各分院、促进中心、专家工作站等全面辐射带动作用,金颖孵化星创天地聚焦企业发展核心重点,为企业提供全产业链技术、人才、市场、流通渠道等资源与服务,同时开展专家咨询、技术培训(实训)、对接交流等系列活动,形成具有专业性的科技支撑企业发展的院地、院企合作模式。通过分院建设,广东省农科院科技人员下接"地气",通过共建平台深入开展科技需求调研,及时掌握产业发展的技术需求和技术瓶颈,实实在在地解决产业发展遇到的问题。在惠城区丝苗米产业园(实施主体为金颖孵化星创天地入驻企业——广东海纳农业有限公司),广东省农科院定期委派专家到企业生产基地进行技术指导,并以资金投资的方式支持企业发展壮大,充分发挥"政(地方政府)、产(企业)、研(科研院所)"平台优势,深化了院企合作,提升了企业的综合实力。

构建"成果+人才"资源库。金颖孵化星创天地积极推进供给侧改革,努力解决"科技成果无法高效进行市场化推广"和"需求方无法寻找适合自己的科技成果"两大难题,搭建并运营广东省农业科技成果转化公共服务平台,共享广东省农科院科技成果资源,提供包括成果共享、成果转让、技术交易、农业科普、创新团队等数据与服务。现登记农业科研成果2741个、在研项目757项、科技需求1137个、知识产权311个、农业标准77个、植物品种3822个。2020年,科技成果转化平台收录全省科研机构140个(全年科技活动收入达到84 461.2万元)、农技推广体系机构2737个。

此外,金颖孵化星创天地深入挖掘广东省农科院的人才资源,整合全院科技资源,着力打造全产业链专家服务团队。每个团队在产前、产中、产后等环节均配备了一批专家,细分为水稻、果树、蔬菜、作物、花卉与茶叶、蚕业与农产品加工、畜牧与水产等领域，通过线上线下平台，为产业发展提供咨询规划、良种良法、加工保鲜物流、质量标准与品质监测、农业信息化和品牌打造等全产业链的科技服务。同时，星创天地带领地方农业科技人员，围绕新品种、新技术、新产品等方面的技术问题开展联合攻关推广活动，为企业提供涉及农业各个学科领域的专业而全面的科技成果转化和创新创业服务。

二、智慧星创天地（肇庆市广宁县）

（一）基本情况

广宁县智慧网络科技有限公司集合资源优势创建广宁智慧创业园，依托创业园建成"智慧星创天地"，打造以电子商务发展为主导，集人才孵化培训、科技创业创新为一体的综合型服务平台。园区管理团队成员19人，其中拥有本科学历的有11人，大专学历的有5人。

创业园首期投入建筑面积2431平方米，351亩租用农用土地，建有广宁县电子商务公共服务中心（设有摄影室、培训室、会议室和路演厅等公共设施）、广宁县电子商务公共服务平台、智慧518三级乡村物流配送体系，为创业者提供电商创业孵化服务。园区已建成二期项目，投入1万平方米，打造形成集电商大厦、物流园、冷链仓储、农产品检测于一体的广宁县电商产业园。

（二）主要特色

双创服务。园区提供创业优惠租赁、共享办公、创业创新辅导、知识产权、成果转化展示等服务，以及工商财税咨询、代理法务咨询等基础服务。

人才培训。园区建立了电子商务实践与人才培训基地，使用智慧创业模式培训体系，为创业个体和企业提供双创培训指导。

信息化应用。园区提供足够的软硬件条件，为初创企业提供电商技术、ERP应用、网站开发、企业管理系统等各类信息化服务。

品牌标准化服务。园区提供企业行业标准制定、标准化建设、商标申请、品牌培育、省名牌申报等服务。

物流服务。园区投资孵化智慧518三级物流配送体系，结合"共享物流"配送至村到户，打通农村物流"最后一公里"，对接县外物流快递业务，为企业提供实惠优质的物流服务。

会员交流。园区设立了创客空间，组建了广宁县青年创业博联盟，通过举办讲座、沙龙、市场商务交流、商业路演等活动，为会员企业搭建起学习、交流、合作的平台。

品牌推广。园区建有广宁智慧商城、广佛在线商城、广宁云商城、竹乡商城、肇庆淘宝村、小谷商城等多个综合电商平台和广宁县地方特色产品O2O综合展馆,线上线下多渠道地展示并推广特色电商产品。

(三)取得成效

2018年,园区被认定为市级创业孵化基地、国家级星创天地、肇庆高新技术企业;2019年,被评为市级中小微企业公共服务示范平台、市级科技企业孵化器和国家高新技术企业,获得广东"农电奖"——农村电商产业园标杆奖等殊荣;2020年,孵化4家高新企业,成为国家级电商示范县。

推进创业孵化培训。园区着力打造"电商促进创业、创业带动就业"模式,依托园区优势和创业优惠,吸纳100多人次开展"双创",已孵化21家企业和33家个体。2020年,开展电商培训56期共4855人次,建档立卡贫困户2314人,占应培育贫困人口总数的55.81%。项目实施后,电商扶贫带动超过120名贫困人口增收,电商扶贫使贫困农村新增就业超过122人,累计带动建档立卡贫困户增收51.4万元。

构建县级物流配送体系,发展农村电商服务站点。园区建有2500平方米物流配送中心1个,镇级物流服务站点16个,村级物流站点93个。物流专线4条,覆盖了95个行政村;共享线路54条,覆盖83个行政村。实现物流快递覆盖率70%,从县级物流中心到村级站点配送能够24小时内完成,物流成本降低10%以上。

品牌推上行,电商助发展。园区大力开展标准化建设,协助广宁县"潭布番薯、番薯干"的标准制定和国家地理标志的申报工作。协助"惠骏山茶油""木格农机"的广东省名牌认定工作,制定《广宁县农产品电商代运营规范》《广宁县电子商务服务站点管理与服务规范》等标准。

品牌推广。通过线上多平台推广县内名优特产品,线下举办农民节、横山苦笋节、广宁文笋节等活动。园区孵化了多家企业在天猫、淘宝、京东、1688和一亩田等自营商城开设店铺共120个,2020年线上营业额约980万元,帮助石咀镇浪沙村农业专业合作社销售21.2万斤香水柠檬、皇帝柑及樱桃萝卜等农产品,为古水、木格、排沙和螺岗镇贫困户销售12.2万斤百香果。另外以社区电商的模式对接扶贫项目渠道,协助精准扶贫合作社向学校、企业、机关、社区销售番薯干、皇帝柑、砂糖桔等产品18.3万斤。

新媒体销售。疫情期间,园区通过电商帮助当地20多名果农搭建起线上销路,共卖出砂糖桔9.5万公斤;通过直播活动帮助当地农户、农企销售3.4万元的农产品。直播带货新模式的运用,为农产品销售拓展了思路与渠道。

三、淘宝田园星创天地［茂名市信宜市（县级）］

（一）基本情况

淘宝田园星创天地由信宜市三保惠民信息服务专业合作社于2014年1月成立，场地面积1200平方米，农业用地面积300亩，入驻创客、创业服务团队和企业28家。

（二）主要特色

淘宝田园星创天地返乡青年众创平台是以"数字农业＋互联网＋智能菜篮子"为内容，以帮助返乡青年实现"互联网＋现代农业"创业梦为目标，推动智慧城乡一体化，通过利用计算机、GIS、传感器、互联网技术，有效整合数字农业、城市社区生鲜食品供应、农产品质量安全溯源、电子商务、物联网技术等垂直系统信息平台，建立的一个村级实现城乡社区管理、食品安全溯源、乡村电子商务、生鲜自提站（智能菜篮子）、返乡青年创业的有效新众创平台载体。星创天地通过在城镇居民小区建设生鲜自提站，既让市民吃上质量安全可溯源的新鲜农产品，又让农民的农产品安全、快速、低成本、订单式进城，实现农业经营利益最大化，帮助返乡青年实现"互联网＋现代农业"创业梦。

（三）取得成效

淘宝田园星创天地全方位、多角度的融资方案与措施，为青年创业提供强有力的资金支撑和保障。当前，农业产业融资难已成为制约茂名市农业经济发展和农民增收的关键问题。信贷抵押担保物不足、抵押担保模式不完善、信贷信息不对称是阻碍"三农"信贷发放的主要原因。淘宝田园农业供应链金融服务平台改变了传统农业信贷的点对点模式，平台立足农业供应链的角度，基于当地优势农业产业，以供应链的核心企业为中心，捆绑上下游中小企业、农户和消费者，提供"保险先行，实贷实付，智能监管，全程服务"农业供应链金融解决方案。平台与中国建设银行茂名分行、信宜市淘宝田园科技发展有限公司签订了投融资合作协议，为创业者提供融资投资保障和创业咨询指导。比如，平台为百香果深加工、三黄鸡林下生态养殖等多个项目先后融资1200多万元。

大力发展农产品加工、保鲜产业，拓展了农产品产业经营效益。基于电商的信宜怀乡鸡保鲜技术，淘宝田园星创天地与广东石油化工学院进行产学研合作，使怀乡鸡光鸡的保鲜时间延长至6天，怀乡鸡电商的快递成本降低了70%，怀乡鸡的网络销售半径扩大至除西藏、新疆以外的所有省份，大大拓展了怀乡鸡的产业经营效益，增加了农民收入。淘宝田园星创天地与淘宝网"挑食"频道先后合作开展第一届网络荔枝文化节和中国三华李网络文化节，文化节以果为媒，以互联网为载体，严格把控食品溯源和质量安全，实现了"生产基地—互联网—消费者"的成功对接，成功销售荔枝5万多单、三华李10万多单，并带动了信宜特色产业、特色农产品、乡村旅游及信宜城市形象的传播推广，彰显了信宜作为中国长寿之乡、中国南玉之都、全国生态建设和保护示范区、中国三华李龙头县、全国农业百强县的魅力和魄力。"农村数字化社区服务平台"已获发改部门立项，并被列为广东省"互联网+"试点项目和2016年信宜市重点项目，成为广东省23个"互联网+"试点项目经典推广案例之一。

建设淘宝田园"互联网+农业"返乡青年创业平台。淘宝田园"互联网+农业"返乡青年创业平台打造了"1+6"运营模式。该模式以淘宝田园星创天地为载体，以建设智慧城乡一体化为目标，以智能菜篮子工程信息平台、农产品质量安全追溯系统、农业物联网四情监测平台、淘宝田园电商体验馆、返乡青年电子商务创业为内容，致力打造一个地面和远程相结合，线上线下一体化的全要素的返乡青年创新创业平台，进一步完善和发挥淘宝田园星创天地的创新创业孵化功能作用，为创业青年提供良好的创业导师帮扶、项目路演、创投资金等创业服务。平台以数字农业、智慧农业作为现代农业的注脚，为返乡青年和现代农业发展提供互联网创新创业提供支撑服务。在生产基地建设方面，提供包括蔬菜、猪肉、禽肉、鸡蛋、鲜牛奶规模化、集约化、标准化农业生产的技术支持与解决方案。该平台是国家科技部备案星创天地，先后被评为广东省农产品电子商务示范企业、广东省"互联网+"试点项目单位、省级惠农信息社、广东省科普教育基地。在国家科技部1872个国家级星创天地2018年度创新能力评价中荣获第18名，广东省排名第一。

四、河源市源城区弘稼农业科技星创天地

（一）基本情况

河源源城区弘稼农业科技星创天地（以下简称"弘稼农业"）是农村双创孵化平台，是科技成果展示窗口与现代农业示范区和新农民培训基地，致力于完善农产品互联网交易平台，建成农科文融合发展的区域优势创新创业平台。

（二）主要特色

弘稼农业运用通信、多媒体、传感、大数据等技术进行农业作业过程的数据采集，精确指导生产，已实现农业管理的智能化，经营决策的精准化和

科学化。弘稼农业依托现代互联网平台建设、用户深度服务体系和用户运营管理技术，搭建了完整的用户体验、渠道服务、品质管控体系。实施种植一致性管控，产出全年高度一致性产品。打造"农科旅+"创新创业平台，弘稼农业面向普通创客、科技特派员、大学生、返乡农民工、职业农民等创新创业主体集中打造融合科技示范、技术集成、成果示范服务新平台，串联智慧农业、生态特色小镇建设优势，凸显"农、科、文、旅"要素特色。

（三）取得成效

弘稼农业成立了指导小组，指导创新创客，提高企业收入。平台重视技术创新，引进了全球知名农业科学家团队和国际顶级的农业技术，并与广东省农科院结成战略联盟，成立专家指导小组，聘请荷兰知名无土栽培专家担任顾问，每周定期进行咨询，解答疑难问题，开展创业课程、创业培训、技术培训；指导入驻企业和创客，举行培训会，培训农事操作技术、选种育苗、环控水肥、病虫害防治、产量预估、农产品加工与贮藏、销售，培训入驻企业和创客开展特色农业种植、采摘、旅游观光、特色农旅融合等；指导团队参加各项创新创业比赛，如指导团队参加河源市青年创新创业大赛，并获得创业组二等奖；指导团队开展文旅参观及产学科普活动，2018—2020年，开展活动200多场，3000多人次参与，每年为入驻创业团队及周边创收100万元以上。

建设互联网电商服务平台，为入驻企业及创客提供网络销售渠道。目前，弘稼农业已经开通建设的电商平台，包括自有的微信商城——春沐源商城，以及京东、网易严选、每日优鲜、叮咚买菜、美团买菜。其中京东商城日销售量500～1000千克，销售额20000～40000元；评论上万条，客户好评率90%以上。与此同时，弘稼农业还开通了公司商城，作为自有商城平台，可有效了解用户的需求，听取用户的意见，以精细化的服务形成消费黏性，在建立口碑宣传的同时让产品与用户之间建立通畅的用户反馈渠道。硬件方面，弘稼农业拥有2000多平米的室内办公场所和100亩的锯齿形高科技温室实践生产基地，以及1000亩农业用地和农旅融合用地。软件方面，弘稼农业利用现代化先进农业技术及设备、智能化管控平台、智慧管理平台、专家培训平台，为入驻企业和团队提供农事、水肥环控等技术服务。

提供多元化人才服务团队信息，完善联农带动机制。随着创客不断聚集、创业企业的入驻，服务平台逐渐成型。科技特派员、大学生、职业农民、企业退休技术人员纷纷前来咨询新创业事项，社会效益显著。弘稼农业通过龙头企业引领、产业链延伸、股份合作、社会化服务等模式不断完善联农带动机制。2018年辐射带动产业园内蔬菜种植户2047户，带动农户增收425万元,平均每户增收 2076 元;2019 年辐射带动产业园内蔬菜种植户 205 户,带动农户增收 487 万元,平均每户增收 2376 元。

构建农村一二三产业融合发展体系,建设乡村休闲旅游及电商等新产业新业态融合发展。通过充分发挥省级、市级重点农业龙头企业带动作用,弘稼农业采取"公司+基地+农户/合作社+市场"的经营模式,带动 2040 户农户进行标准化种植、产业化经营,培育家庭农场、新型职业农民 500 余人。同时,还大力开发农业休闲观光等业态,建设旅游及电商一体的农业全产业链,挖掘农业生态价值、旅游休闲价值、文化价值。2019 年接待参观人数 15 643 人,带动区域旅游上万人。河源春沐源农业科技有限公司依托河源弘稼科技创新平台的各项基础设施设备和指导,面向学生、企业、政府工作人员等,每周接待参观人数上百人次,举行 1～3 场大型活动,致力于打造优质的生态旅游体验与科普游学活动。

五、兴尚农·韶大·现代农业星创天地(韶关市武江区)

(一)基本情况

韶关市兴尚农科技服务有限公司是从事食品科学技术、农业技术、生物防治技术的研究、咨询和推广服务、企业管理咨询服务、企业形象策划服务、标准化服务、设计、制作、代理、发布广告、产品检测咨询服务的企业。该公司与韶关学院共建的兴尚农·韶大·现代农业星创天地服务平台(以下简称"兴尚农"),在各级政府部门和高校、农业科研机构等支持下已建成集现代农业科研、科技成果转换、教学、培训、财务管理、标准制定、知识产权申报、农机使用等为一体的"一站式"农业社会化服务体系。服务平台于 2019 年通过广东省科技厅星创天地备案,有近 200 位来自栽培、土壤、畜牧等农业领域以及食品加工、药学、环境、检测、农业机械、传媒、财务等行业的教授,以及研究员、高级工程师组成的专家团队。平台 2020 年集聚在孵企业 35 家,创客 8 人,农村科技特派员 32 人。

(二)主要特色

兴尚农在始兴县、曲江区大塘镇和樟市镇、南雄等地设立了星创天地服务点,定期组织相关沙龙交流活动。星创天地整合自身优势,深入企业提供"点对点、以点到面"的科技帮扶,以增加农民收入和提高农民生活质量为目标,以培育发展新型农村生产经营主体与科技服务为重点,全面推进科技人员深入农村一线进行创新创业服务活动的转化、推广和应用。2020 年,为进一步提升服务平台农村科技特派员的服务素质及专业技能,星创天地选派入库韶关市农村科技特派员参加广东省科技厅和农业厅组织的培训活动。

调整和建设平台专家团队，做到"一站式"服务。平台专家团队由首席创业导师顾问、创业导师（不同级别、不同专业）、技术专家（农业、财务、法律、企业管理、检测、电商、机械等不同专业）、农村科技特派员等创业服务团队组成，从当地青年返乡创业、大学生创业人才培训与创业引导、经营主体规范注册登记、土地流转、种植/养殖品种选择、品牌建设与提升、种植技术支撑、财务管理、政府项目培育与申报、产业规划、知识产权、产品检测与认证等方面全方位地进行农业创新创业的孵化与培育，各个层次的农村农业创业者在平台上可享受到专业的"一站式"服务，提高服务的便捷性和工作效率。

挖掘成熟企业和创业者的价值，兴尚农发挥平台下的各个小型服务平台的载体作用。有些在孵企业规模巨大，如始兴集忠农业流转农业用地3744亩，只开发了1000多亩。于是兴尚农在始兴增设了平台服务场所，以始兴集忠农业流转的土地为孵化基地，对接平台在孵农业创业或投资者，提供一站式的解决方案；有些在孵企业经营者文化素质较高，通过专业的培训后，取得了"新型职业农民经理"资质。

（三）取得成效

实施"一村一品、一镇一业"镇村建设。兴尚农通过嵌入式的科技服务，参与曲江区大塘镇、樟市镇"一村一品、一镇一业"专业镇村建设。2020年韶关市曲江区大塘镇、樟市镇被认定为省级"一村一品、一镇一业"专业镇，同时大塘镇、园村、塘口村、大塘村还被认定为省级"一村一品、一镇一业"专业村。在专业镇村建设中，兴尚农还为大塘镇、园村、塘口村提供专业的宣传设计及制作服务，制作"一村一品、一镇一业"宣传片及宣传资料。

（四）服务企业亮点

2019年创业指导老师派驻企业，并在"农村科技特派员助力贫困村特色水果产业产品质量及品牌提升"项目中取得"夏黑葡萄"广东省名牌认定，产品入选2020年广东省"粤字号"目录；葡萄、火龙果、柑桔获得"无公害农产品"证书；"大塘镇左村特色水果"项目入库2020广东省"一村一品、一镇一业"专业村建设；开展培训5场次以上。兴尚农定期组织不同专业专家对接广东仙塘红茶业有限公司，了解该公司的技术需求，组织该企业的管理层到韶关学院开展技术交流活动。该公司在孵期间取得了茶叶种植和加工的"有机产品"认证证书，获得"仙塘"等4项商标注册证书、"广东省名牌产品"证书、"全国名特优新农产品"证书、"一种罗坑茶的制备方法"等2项发明专利证书、"包装盒（正雅高山原茶）"等3项外观设计专利证书、"一种罗坑茶生产线"等7项实用新型专利证书以及"HACCP体系认证"证书、"质量管理体系认证"证书等认证证书；2019年承接"一村一品、一镇一业，新塘村茶叶专业村"项目入库项目，目前已实施完成；2020年公司取得"广东省农业重点龙头企业"认定；获得"2017年南北斗茶赛高山原茶类——金奖"等近20项奖项；兴尚农组织该企业员工参加中小企业质量管理体系、信息员等多项培训活动，并获得结业证书。其他孵化公司也获得不同产品证书、专利证书等。

六、梅州市五华县潭丰农星创天地

（一）基本情况

潭丰农星创天地创建于2017年，主要从事蛋鸭养殖及鸭蛋深加工、鸭生态养殖与茭白种植等业务，致力于打造种鸭选育、商品苗出售、蛋鸭养殖、蛋品加工与蛋鸭屠宰等蛋鸭特色产业链。自进驻梅州市五华县潭下镇（原中央苏区）以来，在当地政府和群众的支持下，星创天地盘活了潭下镇撂荒田地和部分山地共12 100亩，是五华县龙头企业。通过"公司+农户"的方式引导当地农户参与蛋鸭养殖与茭白种植产业，带领当地农户共同致富。经过4年的发展，目前员工30人，其中管理人员6人，技术人员12人。通过蛋鸭养殖、鸭蛋加工和茭白种植产业，直接带动当地至少100户农民实现增收致富。

（二）主要特色

鸭蛋旱养助农致富产业一体化。养殖采用"公司+基地+农民（贫困户）"模式，实现集蛋鸭养殖、鸭制品加工、电商加工、品牌销售为一体的全产业链发展，是粤北地区最大的全产业链蛋鸭旱养规模基地，基地联合省农科院、省科院共同研发产品有咸鸭蛋、皮蛋、鸭粪发酵加工的有机化肥。构建"线上+线下"相结合模式，已取得出口备案证，2019年出口鸭蛋2000万枚。蛋品加工厂设备先进、自动化程度高，基地与广东省科学院生物工程研究所深入开展产学研合作，增强加工技术，提升产品附加值，持续增加经济效益。

立足粤港澳大湾区，辐射全国。通过一二三产业融合发展，打造全国优质鸭产品全产业链基地，加快融入粤港澳大湾区"菜篮子"体系。目前粤北蛋鸭产业尚未出现能从理念、技术、服务、规模上满足全产业链发展的企业，桃花缘蛋鸭产业链既有经济效益又有社会效益，不仅项目的盈利范围大，而且抗风险能力强。

（三）取得成效

发展优质蛋鸭养殖，提高劳动生产效率及经济效益。蛋鸭养殖基地分布于潭下镇模石村、新田村、金石村、柏洋村、布坪村、南华村、光华村、大玉村、百安村、文里村、中村村、福灵村等村庄，共12 100亩，养殖蛋鸭100万只。基地联手省、市农科院共同研发升级旱养鸭蛋技术，劳动生产效率及经济效益明显提高。蛋品加工厂占地面积6600平方米，拥有蛋品裂痕检测分级机、蛋品清洗机、水平履带式双出全自动真空包装机、盐蛋绞泥机、锅炉杀菌锅等先进设备，已取得SC生产许可证，鲜鸭蛋年商品化处理能力3000万枚。种蛋孵化厂占地面积100多亩，拥有66个孵化车间，孵化能力500万羽/年。

依托农电商创业产业园，带动农户增收脱贫。园区建筑面积5000多平方米，是全市首个镇级农电商创业产业园，利用"互联网＋"特色产业基地、农电商企业作用，在天猫旗舰店、拼多多、十荟团等农产品电商平台，线上线下齐发力。公司计划在3年内建成集蛋鸭生态养殖与繁育及蛋品深加工、茭白种植、仓储物流、电商销售于一体的一二三产业融合的综合农业产业示范园，并力争获得广东省现代农业产业园建设资助，打造粤北蛋鸭特色产业集群。积极发挥联农带农，向当地贫困户免费发放鸭苗，免费提供技术指导，最后通过保价回收贫困户的鸭蛋的模式——目前按照4.5元一斤的价格进行回收，带动贫困户从事蛋鸭养殖产业。同时电商产业园还收购贫困户的其他农产品，帮助贫困户进一步实现长效脱贫，助力打赢脱贫攻坚战。

加快影响产业链环节的关键技术研发与突破。引进蛋种鸭父母代苗1万只（公鸭1500只，母鸭8500只）；同时通过自有种鸭场自繁自养的方式进行蛋鸭补栏（计划补栏3万只），彻底解决鸭蛋供应量下降问题。在前期深度合作的基础上，产业园与广东省农科院动物科学研究所共建的研发机构已在2020年完工，通过与研究所共同研发，2020年完成蛋鸭养殖、加工、粪污处理产业链中1～2个关键环节的技术突破（如种鸭旱养的授精技术、夏季抗热应激技术），提高种鸭的受精力和胚蛋质量，降低集约化饲养条件下鸭子的抗应激能力，减少鸭子的发病率与死亡率。在继续完成预期规划的基础上，增加新型蛋品检测与加工设备投入，主要包括蛋品裂痕检测分级机、蛋品清洗机、全自动真空包装机等设备8套，蛋品加工生产能力达到360万枚（60万斤）/月。此外，产业园汲取本次疫情教训，进一步投入鸭蛋冷库建设，建设2个冻库（990立方米），为紧急情况鸭蛋贮存提供避险基础条件。

七、围屋星创天地（梅州市大埔县）

（一）基本情况

围屋星创天地以农业创新创业和助力特色产业发展为目标，探索构建"互联网+农业+旅游+创客"星创天地运作模式，着力打造星创之家、星创金融、星创旅游、星创营销、星创商场等五大创业服务体系，聚集创新资源和创业要素，促进农业创新创业的低成本、便利化和信息化，以推动农业和农村经济发展。

（二）主要特色

星创之家：以创业为核心目的，从"培训指导+项目孵化+场地实践"三个方面进行全程指导，对种植户、合作社等意愿强烈的潜在创业者进行培训。

星创金融：提供科技金融服务。引入相关专业天使投资团队在星创天地开展的公开课，推荐第三方金融银行机构到申请单位星创天地普及相关融资政策，帮助企业尽快融资；设立种子基金，吸引社会资本为创业者提供资金支持。

星创旅游：围绕"互联网+蜜柚产业+乡村旅游"三大主题，按照"一星带多点"的布局，围屋星创天地将进行全方位的旅游文化梳理及展示，打造以"林果采摘、农产品加工展示、乡村餐饮"为主的集群组合，推动蜜柚第三产业的发展，促进三产融合。

星创营销：迎合消费者"天然、健康"的需求，星创天地搭建了"网红销售"体系，建设网红直播、三农内容创作区，利用新媒体新渠道进行农产品销售。同时，创业者可以使用星创天地较为完善的销售渠道。

星创商场：向创业者提供产品展示及推介平台；定期举办电商培训会；搭建"互联网+"电商平台，引进京东、淘宝、唯品会、微商等平台入驻，为入驻企业或者创业者提供产品上架服务，以实现O2O产品销售模式。

（三）取得成效

开展系列创新创业培训，建设创新创业服务团队。开设示范现场会、专题培训会、创新创业沙龙、创业大讲堂、创业训练营等活动5场次，培养创新创业人才60人，培养新型企业农民10人。着力打造天使投资人、成功企业家、资深管理者、技术专家、市场营销专家等组成的专业导师团队。组建高素质管理团队，包括项目负责人在内的公司核心人员组成高素质的管理团队，对星创天地平台进行管理。

集聚蜜柚业创新创业者,"互联网+产业"初见成效。以符合创业项目为核心工作任务,通过培训、指导、实践三个步骤对具有创业意愿的创客进行培养,对具有良好市场前景的项目进行孵化。网络销售是本地区种植大户的痛点,通过完成搭建"互联网+"线上平台1个,将农业、旅游等农业内容融入线上,实现"线上+线下"的有机集合,从而直接提高种植效益,让种植户直接享受高额的销售红利。

截至2020年12月,星创天地运营新增实用新型专利3个,完成星创天地场所升级,完成科技金融服务优化;完成创业团队培训300人次,完成电商平台搭建,完成构建梅州市中小企业公共服务平台;完成入驻企业孵化培训,完成企业孵化3家,入驻企业实现营业额620万元,增加就业岗位115个,带动贫困农户530户。

八、广东万顷园艺世界(佛山市南海区)

(一)基本情况

广东万顷园艺世界(以下简称"万顷园艺")于2012年正式运营,首期开发面积2040亩,其兰花产业是华南地区首个亿元产业。万顷园艺所建成的兰花产业基地有1000亩,高档小盆栽产业基地500亩,国际苗木交易区300亩,形成了以蝴蝶兰为主打产品,高档小盆栽和罗汉松等高值苗木为重点的特色农业产业链。2021年万顷园艺入驻企业近300家,其中兰花企业近150家,各类温室大棚面积1500多亩。

(二)主要特色

万顷园艺按照"三个重点三个优先"原则运营管理。公司独立运营,负责前后期的管理工作。万顷园艺将项目集中起来线上线下多渠道统一包装推广,充分利用户外、电台、短信、报纸、网站、微信、微博等平台。以现代农业文化为主题,辅以周边传统农业发展业态,以多主题、多业态的方式通过人流共享来带动周边区域发展。对新品、名品、名企进行重点招商,文化项目优先,名优品牌优先,特色项目优先。

为顺利推动工作开展,万顷园艺推出"三项保证""六大措施"。"三大保证"是指保证政府项目指导中心保驾护航;保证专业团队担纲招商运营;保证富有经验的专家进行操作。"六大措施"包括实施高举高打,打造旅游新景点;政府支持重点招商引资项目;专业招商团队推进;实施全年度系列推广活动,通过与政府联办,以与知名媒体行业协会联办的形式举办各类活动;在政府媒体多种渠道进行推广,实现园区景点全方位覆盖;与行业协会、旅行社建立长期密切的合作。

（三）取得成效

携手科研院所共同发展。万顷园艺与中山大学、华南农业大学、广东仲恺农业工程学院等科研院校开展技术科研合作。万顷园艺与广东省农科院环境园艺所筹建的广东兰花研究院是国内首家兰花专业研究单位。园区还有资材中心、花卉物流区、电商中心、产学研实践基地等配套服务区，在行业内形成巨大的竞争优势，其兰花产业已形成华南地区首个亿元级产业集群。

鼓励创业完善制度，提高创业成功率。为扶持全民创业，万人创新，帮助创业人员降低创业成本与风险，提高创业成功率，万顷园艺根据《广东省人民政府关于进一步促进创业带动就业的意见》的文件精神，积极编制并修订了基地物业管理制度、基地入孵企业评估考核办法、基地入孵标准和毕业标准等多个创业孵化基地管理制度，重点开展创业孵化服务、农业培训服务、融资服务、农业会展等产业服务，规范基地的日常管理，提升管理效率，帮助基地创业人员降低创业成本与风险，提高创业成功率，提升周边片区就业率。

重点推进农业培训，提升农户的发展能力。2016年至今，万顷园艺举办农业专场技术培训会近30场，累计培训农民、农户约2000多人次。邀请广东仲恺农业工程学院、企业家、企业高管、投资人等导师开展培训活动，培训内容包括植物环境与栽培设施、繁殖技术、盆花栽培技术、鲜切花栽培技术、花卉应用、传授自身的企业运营经验、案例教学、模拟商战、增值服务等。

多渠道进行市场推广和产业对接服务。2016年至今，万顷园艺已举办近50场客商对接洽谈会，承接举办意大利、哥斯达尼加、西班牙等多个国家的产品推介会，以及广西北海罗汉松商会等内地同行的客商洽谈会，建立并完善产业服务平台，推动了园区企业向外发展。

专业会展服务优势。南海区里水镇是中国香水百合名镇，万顷园艺已成功举办了九届百合花文化节，累计接待游客400万人以上。在百合花文化节的带动下，本地的现代农业观光产业得到了良好的发展。

九、广东工贸"万讯七子"镇安致富中心星创天地

（一）基本情况

广东工贸"万讯七子"镇安致富中心星创天地（以下简称"万讯七子"）由"万讯七子"镇安致富中心电商扶贫购物平台学校扶贫办、经济贸易学院、广东工贸职业教育集团第一、第二届理事会理事单位广州市茂名商会、茂名金陶电子商务有限公司和丽岗镇人民政府共同为特色扶贫项目联合打造。"互联网＋"时代下的农村电商公益创业项目是广东工贸职业技术学院精准帮扶化州市丽岗镇镇安村的重要工作之一，是发挥"政校行企"资源

优势和展现学校精准扶贫特色创新项目。在"互联网+"的背景下，建设"一中心两超市"，在镇安村创建电商平台线下致富中心超市，在校内创建大学生创业超市。万讯七子通过"致富二超"模式帮助乡村振兴地区和单位进行平台运营及宣传，"致富二超市"项目以"消费扶贫"为理念，实现"搭一带六"的成效，形成了二超市、四精准、六帮带的"246"帮扶模式，并通过将交易利润75%作为扶持基金，持续助力乡村振兴。

（二）主要特色

政校党建联动，校村协同育人。学校和村委联合建立党支部，由学校派出驻村干部担任第一书记，驻村开展工作。第一书记通过加强党支部建设，带领当地党员开展组织建设、脱贫工作，校村党建联动，利用优势互补，依托人才优势参与品牌的设计、商标注册、营销推广运作，打造党组织育人联合体。

多方协同打造"一中心两超市"实践育人基地。万讯七子、学校扶贫办、经贸学院及广东工贸职业教育集团以人才培养、成长成才为目标，根据实际情况探索建立可持续发展的管理模式和运行机制。协同打造"一中心两超市"（即万讯七子平台、镇安致富超市、大学生创业超市）育人基地。

联动指导打造创业团队。由经贸学院党总支指导，选拔有创业和公益梦想的电子商务专业群大学生组成的团队（同心燃梦队）。团队通过与广东万讯农业股份有限公司、茂名金陶电子商务有限公司等企业共建销售平台，把贫困村的农（特）产品推出去，把城市的电器、日常用品等优质产品引进村，以"消费扶贫"理念（每一笔消费纯利润75%）为贫困学生助学、贫困户农业生产成本投入等筹集帮扶资金，助其脱贫。

（三）取得成效

以"搭一带六"为基础，在乡村振兴的道路上取得新成效。经过近几年的努力和实践，项目效果显著，共建了一批种养产业基地，帮扶了一批农户增收脱贫，扶持了一批农特产品品牌，支助了一批贫困学生，带动了一批项目落地建设，培养了一批创新创业人才，实现了"搭一带六"的帮扶成效。扶持带动了镇安村农村产业和经济发展，促使镇安村在乡村振兴的道路上取得新成效。至2020年1月，种养殖产业基地增至420亩，带动项目落地增至11项，扶持的农特产品品牌增加了5个，支助贫困学生93人次，增加就业岗位380个。

"精准对接+精准施策""精准落地+精准育人"。至2020年6月30日，万讯七子建档立卡贫困户101户292人，其中一般贫困户37户146人，低保贫困户38户119人，五保户26户27人。无劳动力户45户64人，有劳动力户 56 户 228 人。按照广东省扶贫办的要求，在 2020 年 6 月 30 日前 101 户贫困户均已达到"八有"脱贫指标。

"一人就业、全家脱贫"。通过搭建"致富 e 超市"镇安致富中心，万讯七子不仅为当地的农户直接提供就业岗位，实现了"一人就业、全家脱贫"，还直接扶持了贫困户生态散养"怀乡鸡"产业项目，在村共建 120 亩原生态蔬菜种植产业基地、120 亩南药药材种植基地、80 亩橘红种植产业基地、100 亩佛手瓜种植基地，组织近 100 多户农户利用自有的林地山地、田地或者闲置场所开展散养鸡、牛等。已为 101 户实现脱贫增收，农户的生活条件得到了很大改善。开展各类调研、支教、展销等活动 185 场次，参与人员近 6000 人；"1+N"助学活动资助贫困学生 105 人次，发放 35.5 万元助学金。

打造农特产品品牌。通过搭建"致富 e 超市"镇安致富中心，万讯七子引进了一批合作企业，利用企业的资源、资金和技术，助力在村开展种养乡村振兴产业。项目直接扶持农户生态散养"怀乡鸡"产业项目，增加农户的收益分红，有效地解决了就业难的问题。化橘红种植面积从 2016 年的 34 亩迅速发展到 2019 年的 80 亩，产量不断增高。2016 年，化橘红产量约 13 吨；2019 年，化橘红产量为 79 吨。下一步将加大招商引资力度，拓展化橘红深加工产业链，让化橘红真正成为农业经济发展的支柱产业，实现"种植向规模化标准化转变，产品开发向精深加工方面转变，市场由分散经营向品牌销售转变"。截至 2020 年 12 月，养殖场养殖海鸭 8000 多只，每天产蛋 1000 多斤，该产业逐步成为茂名市农业经济发展的支柱。

"致富 e 超市"带动了一批项目建设落地。截至 2020 年 12 月，已开设线上致富站 3000 余个，线下致富中心意向签约超过 400 个，致富站意向签约超过 2100 个，已建成致富中心 267 个，覆盖了广东、广西、湖北、河南、安徽 5 省 12 县。"致富 e 超市"正发挥着示范引领和辐射作用，并以崭新姿态深度融合发展。

培养了一批创新创业人才。2020 年疫情防控期间，万讯七子逐步探索出新的助农方式，结合直播持续开展直播带货，组织约 3000 名学生参与广州市首届直播节，与 20 多家电商平台达成合作，以厂家合作的方式以最低价格向湖北疫情地区以及茂名地区输送了 200 万只口罩、20 吨消毒用品，直播带货 8000 多场次，开拓新型就业创业新渠道。截至 2020 年 12 月，学生个人或团队平台开设致富站超市达 3000 余家，直接参与人数已超过 1.5 万人次，店铺会员总数 168 472 人，订单 65 864 单，创造营业额 1700 多万元。学生个人或团队通过经营致富站，在实践中不断提高专业技能和综合素质。参与项目的学生毕业后创业成立公司 12 家，人数超 50 人。

参 考 文 献

[1] 王崇杰. "绩效"悖论中的农业"双创"平台可持续发展机制研究——基于对河南首批"星创天地"的调查[J]. 行政科学论坛, 2021: 27-31.

[2] 卢凤君, 金琰, 李志军, 等. 基于创业生态系统理论的"星创天地"的运行模式与演化研究[J]. 农业科技管理, 2017 (36): 50-52, 70.

[3] 蔡颖慧. 星创天地促进农业农村现代化的机制与运营模式研究[J]. 图书情报导刊, 2021 (6): 71-78.

[4] 潘晓东. 河南省"星创天地"发展模式与机制研究[J]. 农业科技通讯, 2019: 23-24, 122.

[5] 李金霞, 李明珍, 劳慧敏. 浙江省星创天地发展的思路与对策研究[J]. 科技通报, 2020 (10): 4.

[6] 翟媛媛, 张瑞. 河南省新增116家省级星创天地[J]. 河南科技, 2020 (17): 1.

[7] 单鹏, 裴佳音. 众创空间绩效评价指标体系构建与实证[J]. 统计与决策, 2018, 34: 185-188.

[8] 任兴旺, 王猛, 刘凯. 众创空间绩效评价指标体系研究[J]. 创新与创业教育, 2019 (10): 44-50.

[9] 沈强, 荆晔, 陈茂清. 广东科技企业孵化器高质量发展探析[J]. 科技创新发展战略研究, 2021, 5: 7-10.

[10] COLOMBO M G, GRILLI L, MURTINU S. R&D subsidies and the performance of high-tech start-ups [J]. Economics letters, 2011, 112: 97-98.

[11] 俞立平. 高技术产业研发经费投入绩效的地区差距研究——基于动态面板变系数模型的估计[J]. 北京理工大学学报(社会科学版), 2013 (15): 63-67.

[12] COOKE P. Introduction: origins of the concept [C] //BRACZYK H Z. Regional innovation systems: the role of governances in a globalized wold. London: UCL Press, 1998: 72-75.

[13] ALI M, PARK K. The spiral model of indigenous technological innovation capabilities for developing countries [C]. Izmir Turkey: 6th International Student Conference, 2010: 106-109.

[14] COHEN B. Sustainable valley entrepreneurial ecosystems [J]. Business Strategy and the Environment, 2006 (15): 1-14.

[15] SPILLING O R. The entrepreneurial system: on entrepreneurship in the context of a mega-event [J]. Journal of Business Research, 1996 (36): 91-103.

[16] ISENBERG D J. The big idea: how to start an entrepreneurial revolution [J]. Harvard Business Review, 2008, 86: 107-111.

[17] 周文龙. 星创天地监测体系和评价体系的构建与应用 [J]. 中国农村科技, 2018: 44-47.

[18] 广东省科学技术厅. 关于组织开展2020年星创天地创新能力数据采集填报工作的通知[EB/OL]. http//gdstc.gd.gov.cn/zwgk_n/tzgg/content/post_3290217.html.

[19] 广东省人民政府. 关于印发广东省科技创新"十四五"规划的通知[EB/OL]. http://www.gd.gov.cn/zwgk/jhgh/content/post_3576065.html.

[20] 中国农村技术开发中心. "国家级星创天地培训班"举办[EB/OL]. http://www.crtdc.org.cn/cms/web/sarticle.jsp?id=164.

[21] 中国农村技术开发中心. 夯实建设基础 提升建设质量——第三届全国星创天地建设培训班在无锡成功举办[EB/OL]. http//www.crtdc.org.cn/cms/web/sarticle.jsp?id=1377.

[22] 江苏省科学技术厅. 我省星创天地建设有序推进[EB/OL]. http://kxjst.jiangsu.gov.cn/art/2022/11/16/art_82536_10666903.html.

[23] 谢新玲. 现代农业科技推广体系发展的策略分析 [J]. 吉林农业, 2019: 36.

[24] 刘涛. 浅议国家现代农业科技推广体系发展策略 [J]. 农业科技管理, 2019, 38 (2): 50-52.

[25] 王伟楠, 孟燕萍, 李浴. 乡村振兴战略背景下"星创天地"发展的现状与对策 [J]. 科技中国, 2018: 60-61.

[26] JEFFERSON G H, HUAMAO B, XIAOJING G, et al. R&D performance in Chinese industry [J]. Economics of Innovation & New Technology, 2006, 15: 345-366.

[27] 许君如. 新经济形态下高技术产业创业孵化发展研究: 基于政府

资本效用发挥视角 [J]. 软科学, 2019, 33 (4): 48-52.

[28] 科农. 着力打造"星创天地"推进农村科技创新创业——安徽省"星创天地"典型经验介绍 [J]. 安徽科技, 2017 (2): 27-30.

[29] 武圣俊. 构建支持"星创天地"需求的农村创业金融体系 [J]. 中国农村科技, 2016 (10): 3.

[30] 洪秋妹. 常州市农业星创天地可持续发展探索 [J]. 合作经济与科技, 2018, (24): 58-61.

[31] 王勇德, 尹希果. 重庆市农业星创天地可持续发展机制与模式探索 [J]. 中国农村科技, 2016 (7): 6.

[32] 田京京, 谭新喜, 胡仪元. 乡村振兴下星创天地评价与发展路径分析 [J]. 农业经济, 2021 (11): 52-54.

[33] PILINKIEN V, MAIULIS P. Comparison of different ecosystem analogies: the main economic determinants and levels of impact [J]. Procedia-Social and Behavioral Sciences, 2014, 156: 365-370.

[34] 黄美娇. "星创天地"创业服务运行机制优化研究 [J]. 沈阳农业大学学报（社会科学版）, 2022, 24 (1): 37-43.

[35] 谢桂花, 王林萍. 星创天地对乡村创业活动影响分析——以三农互联网星创天地为例 [J]. 福建农业科技, 2020 (5): 6.

[36] 马晨飞. 我国农业科技创新存在的问题与对策研究 [J]. 长沙: 湖南农业大学, 2016.

[37] 李刚, 穆光远. 精准扶贫背景下星创天地减贫机制研究 [J]. 山西科技, 2020, 35 (5): 5.

[38] 亓李清. 星创天地创新能力成熟度模型探究 [J]. 福建质量管理, 2020 (20): 278-280.

[39] 潘英豪, 吴守悦, 栾锟, 等. 众创空间的运行模式与影响因素研究——基于山东省众创空间的案例研究 [J]. 现代营销（学苑版）, 2021 (2): 2.

[40] 张宁, 方凯. 创业生态系统视角下的"三农"科技孵化育成体系特征与准则研究——以广清农业众创空间为例 [J]. 价值工程, 2021, 40 (21): 4.

[41] 罗光, 华宋昌. 数字经济助力乡村产业振兴研究与实践——以广清农业众创空间大数据平台建设为例 [J]. 新一代信息技术, 2022, 5 (3): 90-92.

[42] 王雯慧, 田硕. 根力多星创天地: 为创客提供创新土壤 [J]. 中

国农村科技，2022（11）：56-57.

［43］任志宽，刘永子. 让"星创天地"成为广东农业创客的栖息地［J］. 广东科技，2017，26（5）：4.

［44］翟虎渠，曾希柏，沈贵银，等. 现代农业科技园区评价指标体系研究［J］. 农业现代化研究，2003，24（1）：5.

［45］潘嘉念. 以科技进步推动现代农业建设——广东农业科技创新和推广的成效与新的工作思路［J］. 南方农村（6）：4-9.

［46］张朝华. 广东农业科技推广投入：问题、原因与政策建议［J］. 科技管理研究，2010（21）：6.

［47］刘月秀，刘辉. 新农村建设背景下农业院校大学生创业素质的培养途径［J］. 广东农业科学，2012，39（6）：170-172.

［48］王维，谭英，肖兆. 浅析三阶段引导模式培养现代农业创新创业型人才［J］. 文存阅刊，2021（27）：185-186.

［49］陈琴苓. 2020年广东科技助力农业产业提质增效报告［R/OL］. https://xianxiao.ssap.com.cn/catalog/5535604.html.

［50］罗广宁，孙娟，任志超，等. "十二五"期间广东农业科技园区科技成果转化现状和对策［J］. 科技管理研究，2019，39（13）：9.

［51］袁波，高凯，周鹏飞，等. 广东、浙江现代农业科技园建设对江苏的启示［J］. 江苏科技信息，2022，39（29）：1-4.

［52］梅双，邵卓，杨新辉. 农业科技推广模式创新与探索实践——以广东省农业科学院惠州现代农业促进中心为例［J］. 广东农业科学，2021，48（4）：10.

后 记

在国家大力推进"十四五"建设以及广东提出建设更高水平科技创新强省、推进农业现代化，迈进全国第一方阵的背景下，研究星创天地现代农业创新创业平台具有重要意义。

星创天地建设是广东省农业科技社会化服务体系建设的重要一环，它有利于增强农业科技服务在广大农村的有效供给及技术推广。如今，这项工作取得了巨大成就，已成为广东省科技创新支撑引领乡村振兴的主要抓手。目前，广东省正在着力推动"百县千镇万村高质量发展工程"的实施，致力于把县、镇、村的发展短板转化为广东省高质量发展的"潜力板"，促进城乡区域协调发展，全面推进乡村振兴。星创天地的发展也面临多方面的挑战，其建设规模、建设模式、创业特征、孵化成效、体制机制等方面仍需开展深度实践，对取得的经验也需加以认真研究总结。

广东省星创天地的成长模式、运营机制、创新实践研究是对农业科技高质量创新理论和实践的深入思考，我们希望这项研究能为引领广东省农业农村创新创业提供可复制、可借鉴的样本，从而推动广东省实现高水平创新创业和科技自立自强目标。

广东各地市科技管理部门和星创天地建设单位为我们提供了大量素材和资料，在此深表谢意。我们还要特别感谢本课题研究团队成员的深度参与，正是他们的付出和支持，我们的研究工作才充满了活力。

由于时间有限，加之研究团队经验不足，书中难免会出现一些纰漏，请读者不吝赐教。

作　者

2023 年 12 月